本书的出版得到北京外国语大学"双一流"建设重大标志性项目经费资助

"十三五"国家重点出版物出版规划项目

外国文学研究
核心话题系列丛书
Key Topics in Foreign
Literature Studies

◆ 心理分析·伦理研究
Psychoanalytical/
Ethical Studies

外语学科核心话题
前沿研究文库

书写

*

Writing

王涛 著

外语教学与研究出版社
FOREIGN LANGUAGE TEACHING AND RESEARCH PRESS
北京 BEIJING

图书在版编目 (CIP) 数据

书写 / 王涛著. -- 北京:外语教学与研究出版社,2022.10 (2023.10 重印)
(外语学科核心话题前沿研究文库. 外国文学研究核心话题系列丛书. 心理分析·伦理研究)
ISBN 978-7-5213-4072-3

I. ①书… II. ①王… III. ①文学理论-理论研究 IV. ①H023-49

中国版本图书馆 CIP 数据核字 (2022) 第 211315 号

出 版 人　王　芳
选题策划　常小玲　李会钦　段长城
项目负责　王丛琪
责任编辑　解碧琰
责任校对　步　忱
装帧设计　杨林青工作室
出版发行　外语教学与研究出版社
社　　址　北京市西三环北路 19 号（100089）
网　　址　https://www.fltrp.com
印　　刷　北京盛通印刷股份有限公司
开　　本　650×980　1/16
印　　张　15
版　　次　2022 年 11 月第 1 版　2023 年 10 月第 2 次印刷
书　　号　ISBN 978-7-5213-4072-3
定　　价　62.90 元

如有图书采购需求，图书内容或印刷装订等问题，侵权、盗版书籍等线索，请拨打以下电话或关注官方服务号：
客服电话：400 898 7008
官方服务号：微信搜索并关注公众号"外研社官方服务号"
外研社购书网址：https://fltrp.tmall.com

物料号：340720001

出版前言

随着中国特色社会主义进入新时代，国家对外开放、信息技术发展、语言产业繁荣与教育领域改革等对我国外语教育发展和外语学科建设产生了深远影响，也有力推动了我国外语学术出版事业的发展。为梳理学科发展脉络，展现前沿研究成果，外语教学与研究出版社汇聚国内外语学界各相关领域专家学者，精心策划了"外语学科核心话题前沿研究文库"（下文简称"文库"）。

"文库"精选语言学、应用语言学、翻译学、外国文学研究和跨文化研究五大方向共25个重要领域100余个核心话题，按一个话题一本书撰写。每本书深入探讨该话题在国内外的研究脉络、研究方法和前沿成果，精选经典研究及原创研究案例，并对未来研究趋势进行展望。"文库"在整体上具有学术性、体系性、前沿性与引领性，力求做到点面结合、经典与创新结合、国外与国内结合，既有全面的宏观视野，又有深入、细致的分析。

"文库"项目邀请国内外语学科各方向的众多专家学者担任总主编、子系列主编和作者，经三年协力组织与精心写作，自2018年底陆续推出。"文库"已获批"十三五"国家重点出版物出版规划项目，作为一个开放性大型书系，将在未来数年内持续出版。我们计划对这套书目进行不定期修订，使之成为外语学科的经典著作。

我们希望"文库"能够为外语学科及其他相关学科的研究生、教师及研究者提供有益参考,帮助读者清晰、全面地了解各核心话题的发展脉络,并有望开展更深入的研究。期待"文库"为我国外语学科研究的创新发展与成果传播作出更多积极贡献。

外语教学与研究出版社
2018年11月

"外语学科核心话题前沿研究文库"学术委员会

主　任：孙有中　王文斌　王克非　文秋芳　张　剑
委　员：蔡金亭　陈　红　刁克利　董燕萍　高一虹　韩宝成
　　　　黄立波　蒋　严　马秋武　秦洪武　司富珍　谭惠娟
　　　　王东风　王立非　徐　浩　许家金　许　钧　杨金才
　　　　袁毓林　张　辉　张　威　朱　磊

"外国文学研究核心话题系列丛书"编委会

总主编：张　剑

传统·现代性·后现代研究系列主编：张　剑
社会·历史研究系列主编：杨金才
种族·后殖民研究系列主编：谭惠娟
自然·性别研究系列主编：陈　红
心理分析·伦理研究系列主编：刁克利

目录

总序 ··· 张　剑　ix
前言 ··· 王　涛　xviii

第一章　概说　　　　　　　　　　　　　　　　　　　　　　1

  1.1　话题缘起 ··· 1
  1.2　何谓书写 ··· 5
  1.3　当代意义 ··· 11

第二章　渊源与流变　　　　　　　　　　　　　　　　　　13

  2.1　"药"、替补与替罪羊 ·· 13
      2.1.1　柏拉图的"药" ·· 14
      2.1.2　从斐洛到宗教改革 ·· 20
      2.1.3　从笛卡尔到黑格尔 ·· 27
      2.1.4　卢梭的"替补" ·· 31
      2.1.5　作为替罪羊的书写 ·· 36
  2.2　介入、沉默与中性 ·· 41
      2.2.1　萨特：介入文学与责任 ··· 42
      2.2.2　巴特：零度、中性与文本 ·· 47
      2.2.3　布朗肖：文学空间、沉默与中性 ···································· 58
  2.3　差异、心灵书写与心灵独白 ··· 65
      2.3.1　索绪尔：符号的任意性与差异性 ···································· 66

v

		2.3.2	弗洛伊德：梦的文本与心灵书写 ································ 68
		2.3.3	胡塞尔：现象学的声音和书写的现象学 ···················· 73
	2.4	文字学、延异与述行 ·· 81
		2.4.1	从结构主义书写到文字学 ·· 81
		2.4.2	从差异到延异 ·· 87
		2.4.3	从符号到痕迹 ·· 91
		2.4.4	从述行到签名 ·· 93
	2.5	倾听、痕迹与《托拉》 ·· 96
		2.5.1	倾听与书写 ·· 96
		2.5.2	痕迹与隐退 ·· 101
		2.5.3	口传《托拉》与书写《托拉》 ································ 104
	2.6	自传、死亡与他者 ·· 112
		2.6.1	自传：自我的书写 ·· 112
		2.6.2	死亡、书写与哀悼 ·· 119
		2.6.3	从面向"他者"到"它者"的目光 ························ 125

第三章　原创案例：论韩德尔曼对犹太教书写观的梳理　　　　134

3.1	书写与犹太教 ·· 135
3.2	重写与弑摩西者 ·· 140
3.3	喀巴拉与布鲁姆 ·· 145
3.4	流亡与荒野 ·· 149

第四章　经典案例分析　　　　153

4.1	案例一：《她们自己的文学》与《美杜莎的笑声》············· 154
	4.1.1　女性书写与女性传统 ·· 154

  4.1.2 从女性作家的男性笔名到天使与疯女人 ·············· 157
  4.1.3 从惊悚小说中的抗议到失败的传奇 ················· 161
  4.1.4 从"双性同体"到"大笑的美杜莎" ················ 163
 4.2 案例二:《逆写帝国：后殖民文学的理论与实践》·········· 167
  4.2.1 "白色神话"与《逆写帝国》 ····················· 168
  4.2.2 地方与移置 ································· 170
  4.2.3 本土性与理论重置 ··························· 174
  4.2.4 "帝国逆写"与身份批评的当下困境 ················ 178

第五章 研究建议与趋势展望 181

参考文献 194
推荐文献 203
索引 206

总序

外国文学研究在二十世纪的中国经历了作品译介时代、文学史研究时代和作家+作品研究时代，如果查阅申丹和王邦维总主编的《新中国60年外国文学研究》，我们就可以看到，在改革开放后的中国，特别是在九十年代以后，外国文学研究进入了文学理论研究时代。译介外国文学理论的系列丛书大量出版，如"知识分子图书馆"系列和"当代学术棱镜译丛"系列等。在大学的外国文学课堂使用较多、影响较大的教程中，中文的有朱立元主编的《当代西方文艺理论》；英文的有张中载等编的《二十世纪西方文论选读》和朱刚编著的《二十世纪西方文艺批评理论》。这些书籍所介绍的西方文学理论和批评理论，以《二十世纪西方文论选读》为例，包括俄国形式主义、新批评、原型批评、结构主义、精神分析批评、接受美学与读者反应理论、后结构主义、西方马克思主义、女权主义、后现代主义、新历史主义、后殖民主义、文化研究等等。

十多年之后，这些理论大多已经被我国的学者消化、吸收，并在外国文学研究领域广泛应用。有人说，外国文学研究已经离不开理论，离开了理论的批评是不专业、不深刻的印象主义式批评。这话正确与否，我们不予评论，但它至少让我们了解到理论在外国文学研究中的作用和在大多数外国文学研究者心中的分量。许多学术期刊在接受论文时，首先看它的理论，然后看它的研究方法。如果没有通过这两关，那么退稿即是自然的结果。在学位论文的评阅中，评阅专家同样也会看这两个方面，并且把它们视为论文是否合格的必要条件。这些都促成了我国外国文学研究理论时代的到来。我们应该承认，中国读者可能有理论消化不良的问题，可能有唯理论马首是瞻的问题。在某些领域，特别是在博士论文和硕士论文中，理论和概念可能会被生搬硬套地强加于作品，导致"两张皮"的问题。但是，总体上讲，理论研究时代的到来是一个进步，是一个值得我们去探索和追寻的方向。

一

如果说"应用性"是我们这套"外国文学研究核心话题系列丛书"（以下简称"丛书"）追求的目标，那么我们应该仔细考虑以下两个问题：第一，我们应该如何强化理论的运用，它的路径和方法何在？第二，我们在运用西方理论的过程中如何体现中国学者的创造性，如何体现中国学者的视角？我们先看第一个问题。十年前，当人们谈论文学理论时，最可能涉及的是某一个宏大的领域，如新历史主义、女性主义、后殖民批评等。而现在，人们更加关注的不是这些大概念，而是它们下面的小概念，或者微观概念，比如互文性、主体性、公共领域、异化、身份等等。原因是大概念往往涉及一个领域或者一个方向，它们背后往往包含许多思想和观点，在实际操作中有尾大不掉的感觉。相反，微观概念在文本解读过程中往往具有很强的操作性，在分析作品时能帮助人们看到更多的意义，帮助人们更好地理解人物、情节、情景，以及这些因素背后的历史、文化、政治、性别缘由。

在英国浪漫派诗歌研究中，这种批评的实例比比皆是。比如莫德·鲍德金（Maud Bodkin）的《诗中的原型模式：想象的心理学研究》（*Archetypal Patterns in Poetry: Psychological Studies of Imagination*）就是运用荣格（Carl Jung）的原型理论对英国诗歌传统中出现的模式、叙事结构、人物类型等进行分析。在荣格的理论中，"原型"指古代神话中出现的某些结构因素，它们已经扎根于西方的集体无意识，在从古至今的西方文学和仪式中不断出现。想象作品的原型能够唤醒沉淀在读者无意识中的原型记忆，使他们对此作品作出相应的反应。鲍德金在书中特别探讨了塞缪尔·泰勒·柯尔律治（Samuel Taylor Coleridge）的《古水手吟》（The Rime of the Ancient Mariner）中的"重生"和《忽必烈汗》（Kubla Khan）中的"天堂地狱"等叙事结构原型（Bodkin：26–89），认为这些模式、结构、类型在诗歌作品中的出现不是偶然，而是自古以来沉淀在西方集体无意识中的原型在具体文学作品中的呈现（90–114）。同时她也认为，不但作者在创作时毫无意识地重现原型，而且这些作品对读者的吸引也与集体无意识有关，他们不由自主地对这些原型作出了反应。

在后来的著作中，使用微观概念来分析具体文学作品的趋势就更加明显。大卫·辛普森（David Simpson）的《华兹华斯的历史想象：错位的诗歌》（Wordsworth's Historical Imagination: The Poetry of Displacement）显然运用了西方马克思主义理论，但是它凸显的关键词是"历史"，即用社会历史视角来解读威廉·华兹华斯（William Wordsworth）。在"绪论"中，辛普森批评文学界传统上将私人领域与公共领域对立，将华兹华斯所追寻的"孤独"和"自然"划归到私人领域。实际上，他认为华氏的"孤独"有其"社会"和"历史"层面的含义（Simpson：1–4）。辛普森使用了湖区的档案，重建了湖区的真实历史，认为这个地方并不是华兹华斯的逃避场所。在湖区，华氏理想中的农耕社会及其特有的生产方式正在消失。圈地运动改变了家庭式的小生产模式，造成一部分农民与土地分离，也造成了华兹华斯所描写的贫穷和异化。华兹华斯所描写的个人与自然的分离以及想象力的丧失，似乎都与这些社会的变化和转型有着密不可分的关系（84–89）。在具体文本分析中，历史、公共领域、生产模式、异化等概念要比笼统的马克思主义概念更加有用，更能产生分析效果。

奈杰尔·里斯克（Nigel Leask）的《英国浪漫主义作家与东方：帝国焦虑》（British Romantic Writers and the East: Anxieties of Empire）探讨了拜

伦（George Gordon Byron）的"东方叙事诗"中所呈现的土耳其奥斯曼帝国，雪莱（Percy Bysshe Shelley）的《阿拉斯特》(*Alastor*)和《解放了的普罗米修斯》(*Prometheus Unbound*)中所呈现的印度，以及托马斯·德·昆西（Thomas De Quincey）的《一个英国瘾君子的自白》(*Confessions of an English Opium-Eater*)中所呈现的东亚地区的形象。他所使用的理论显然是后殖民理论，但是全书建构观点的关键概念"焦虑"来自心理学。在心理分析理论中，"焦虑"常常指一种"不安""不确定""忧虑"和"混乱"的心理状态，伴随着强烈的"痛苦"和"被搅扰"的感觉。里斯克认为，拜伦等人对大英帝国在东方进行的帝国事业持有既反对又支持、时而反对时而支持的复杂心态，因此他们的态度中存在着焦虑感（Leask: 2-3）。同时，他也把"焦虑"概念用于描述英国人对大英帝国征服地区的人们的态度，即他们因这些东方"他者"对欧洲自我"同一性"的威胁而焦虑。

如果我们的目标是批评实践，是用批评理论进行文本分析，那么拉曼·塞尔登（Raman Selden）的《实践理论与阅读文学》(*Practicing Theory and Reading Literature*)一书值得我们参考借鉴。该书是他先前的《当代文学理论导读》(*A Reader's Guide to Contemporary Literary Theory*)的后续作品，主要是为先前的著作所介绍的批评理论提供一些实际运用的方法和路径，或者实际操作的范例。在他的范例中，他凸显了不同理论的关键词，如关于新批评，他凸显了"张力""含混"和"矛盾态度"；关于俄国形式主义，他凸显了"陌生化"；关于结构主义，他凸显了"二元对立""叙事语法"和"隐喻与换喻"；关于后结构主义，他凸显了意义、主体、身份的"不确定性"；关于新历史主义，他凸显了主导文化的"遏制"作用；关于西方马克思主义，他凸显了"意识形态"和"狂欢"。

虽然上述系列并不全面，我们现在所使用的概念的数量和种类都可能要超过它，但是它给我们的启示是：要进行实际的批评实践，我们必须关注各个批评派别的具体操作方法，以及它们所使用的具体路径和工具。我们这套"丛书"所凸显的也是"概念"或者"核心话题"，就是为了实际操作，为了文本分析。"丛书"所撰写的"核心话题"共分5个子系列，即"传统·现代性·后现代研究""社会·历史研究""种族·后殖民研究""自然·性别研究""心理分析·伦理研究"，每个子系列选择3—5个核心的话题，分别撰写成一本书，探讨该话题在国内外的研究脉络、发展演变、经典及原创研究案例等等。通过把这些概念运用于文本分析，达到介绍该批评派别的目的，同时也希望展示这些话题在具体的文学批评中的作用。

二

中国的视角和中国学者的理论创新和超越，是长期困扰国内外国文学研究界的问题，这不是一套书或者一个人能够解决的。外国文学研究界，特别是专注外国文学理论研究的学者，也因此承受了巨大的压力。有人甚至批评说，国内研究外国文学理论的人好像有很大的学问，其实仅仅就是"二传手"或者"搬运工"，把西方的东西拿来转述一遍。国内文艺理论界普遍存在着"失语症"。这些批评应该说都有一定的道理，它警醒我们在理论建构方面不能无所作为，不能仅仅满足于译介西方的东西。但是"失语症"的原因究竟是因为我们缺少话语权，还是我们根本就没有话语？这一点值得我们思考。

我们都知道，李泽厚是较早受到西方关注的中国现当代本土文艺理论家。在美国权威的文学理论教材《诺顿文学理论与批评选集》(*The Norton Anthology of Theory and Criticism*)第二版中，李泽厚的《美学四讲》(*Four Essays on Aesthetics*)中的"形式层与原始积淀"("The Stratification of Form and Primitive Sedimentation")成功入选。这说明中国文艺理论在创新方面并不是没有话语，而是可能缺少话语权。概念化和理论化是新理论创立必不可少的过程，应该说老一辈学者王国维、朱光潜、钱锺书对"意境"的表述是可以概念化和理论化的；更近时期的学者叶维廉和张隆溪对道家思想在比较文学中的应用也是可以概念化和理论化的。后两者在这方面做了很多工作,但要在国际上产生影响力,还需要有进一步的提升,也需要中国的学者群体共同努力,去支持、跟进、推动、应用和发挥,以使它们产生应有的影响。

在翻译理论方面,我国的理论创新应该说早于西方。中国是翻译大国,二十世纪是我国翻译活动最活跃的时代,出现了林纾、傅雷、卞之琳、朱生豪等翻译大家,在翻译西方文学和科学著作的过程中积累了大量的经验。在中国翻译家提出"信达雅"的时候,西方的翻译理论还未有多少发展。但是西方的学术界和理论界特别擅长把思想概念化和理论化,因此有后来居上的态势。但是如果仔细审视,西方的热门翻译理论概念如"对等""归化和异化""明晰化"等等,都没有超出"信达雅"的范畴。新理论的创立不仅需要新思想,而且还需要一个整理、归纳和升华的过程,这就是我们所说的概念化和理论化。曹顺庆教授在比较文学领域提出的"变异学"就是一个有意义的尝试,我个人认为,它有可能成为中国学者的另一个理论创新。

理论创新是一件重要而艰巨的工作,最难的创新莫过于思维范式的创新,也就是托马斯·库恩(Thomas S. Kuhn)在《科学革命的结构》(*The Structure of Scientific Revolutions*)中所说的范式(paradigm)的改变。哥白尼(Nicolaus Copernicus)的"日心说"是对传统的和基督教的宇宙观的全面颠覆,达尔文(Charles Darwin)的"进化论"是对基督教的"存在的大链条"和"创世说"的全面颠覆,马克思(Karl Marx)的唯物主义是对柏拉图(Plato)以降的唯心主义的全面颠覆。这样的范式创新有可能完全推翻以前人们对世界的认识,从而建立一套新的知识体系。福柯(Michel Foucault)在《词与物:人文科学考古学》(*The Order of Things: An Archaeology of the Human Sciences*)中将"范式"称为"范型"或"型构"(épistémè),他认为这些"型构"是一个时代知识生产与话语生产的基础,也是判断这些知识和话语正确或错误的基础(Foucault: xxi–xxiii)。能够改变这种"范式"或"型构"的理论应该就是创新性足够强大的理论。

任何创新都要从整理传统和阅读前人开始，用牛顿（Isaac Newton）的话来说，就是"我之所以比别人看得远一些，是因为我站在巨人的肩膀上"。福柯曾经提出了"全景敞视主义"（panopticism）的概念，用来分析个人在权力监视下的困境，在国内的学位论文中得到比较广泛的应用，但是这个概念来自英国功利主义哲学家杰里米·边沁（Jeremy Bentham）；福柯还提出了一个"异托邦"（heterotopia）的概念，用来分析文化差异和思维模式的差异，在中国的学术界也很有知名度，但这个概念是由"乌托邦"（utopia）的概念演化而来，它的源头可以追溯到古希腊的柏拉图和十六世纪的英国作家托马斯·莫尔（Sir Thomas More）。雅克·拉康（Jacques Lacan）对"主体性"（subjectivity）的分析曾经对女性主义和文化批评产生过很大影响，但是它也是对弗洛伊德（Sigmund Freud）心理分析的改造，可以说是后结构主义语言观与弗洛伊德心理分析的巧妙结合。詹明信（Fredric Jameson）的"政治无意识"（political unconscious）概念常常被运用在西方马克思主义批评中，但是它也是对马克思和路易·阿尔都塞（Louis Althusser）的"意识形态"（ideology）理论的发展，可以说是传统的马克思主义与后结构主义和心理分析的巧妙结合。甚至文化唯物主义和新历史主义批评的两个标志性概念"颠覆"（subversion）和"遏制"（containment）也是来自别处，很有可能来自福柯、雷蒙·威廉斯（Raymond Williams）或其他马克思主义批评家。虽然对于我们的时代来说，西方文论的消化和吸收的高峰期已经结束，但对于个人来说，消化和吸收是必须经过的一个阶段。

在经济和科技领域也一样，人们也是首先学习、消化和吸收，然后再争取创新和超越，这就是所谓的"弯道超车"。高铁最初不是中国的发明，但是中国通过消化和吸收高铁技术，拓展和革新了这项技术，使我们在应用方面达到了世界前列。同样，中国将互联网技术应用延伸至电子商务、共享经济、线上支付等领域，使中国在金融创新领域走在了世界前列。这就是说，创新有多个层面、多个内涵。可以说，理论创新、方法创新、证据创新、应用创新都是创新。从0到1的创新，或者说从无到有的创新，是最艰难的创新，而从1到2或者从2到3的创新相对容易一些。

我们这套"丛书"也是从消化和吸收开始，兼具**学术性、应用性**：每一本书都是对一个核心话题的理解，既是理论阐释，也是研究方法指南。"丛书"中的每一本基本都遵循如下结构。1) 概说：话题的选择理由、话题的定义（除权威解释外可以包含作者自己的阐释）、话题的当代意义。如果是跨学科话题，还需注重与其他学科理解上的区分。2) 渊源与发展：梳理话题的渊源、历史、发展及变化。作者可以以历史阶段作为分期，也可以以重要思想家作为节点，对整个话题进行阐释。3) 案例一：经典研究案例评析，精选1—2个已有研究案例，并加以点评分析。案例二：原创分析案例。4) 选题建议、趋势展望：提供以该话题视角可能展开的研究选题，同时对该话题的研究趋势进行展望。

"丛书"还兼具**普及性**和**原创性**：作为研究性综述，"丛书"的每一本都是在一定高度上对某一核心话题的普及，同时也是对该话题的深层次理解。原创案例分析、未来研究选题的建议与展望等都具有原创性。虽然这种原创性只是应用方面的原创，但是它是理论创新的基础。"丛书"旨在增强研究生和年轻学者对核心话题的理解和应用能力，进一步扩大知识分子的学术视野。"丛书"的出版是连续性的，不指望一次性出齐，随着时间的推移，数量会逐渐上升，最终在规模上和质量上都将成为核心话题研究的必读图书，从而打造出一套外国文学研究经典。

"丛书"的话题将凸显**文学性**：为保证"丛书"成为文学研究核心话题丛书，话题主要集中在文学研究领域。如果有社会学、经济学、政治学领域话题入选，那么它们必须在文学研究领域有相当大的应用价值；对于跨学科话题，必须从文学的视角进行阐释，其原创案例对象应是文学素材。

"丛书"的子系列设置具有一定的合理性：分类常常有一定的难度，常常有难以界定的情况、跨学科的情况、跨类别的情况，但考虑到项目定位和读者期望，对"丛书"进行分类具有相当大的必要性，且要求所分类别具有一定体系，分类依据也有合理解释。

在西方，著名的劳特利奇出版社（Routledge）从二十世纪七八十年代开始陆续出版了一套名为"新声音"（New Accents）的西方文论丛书，产生过很大的影响。这个系列一直延续了三十多年，出版了大量书籍。我们这套"丛书"也希望能够以不断积累、不断摸索和创新的方式，为中国学者提供一个发展平台，让优秀的思想能够在这个平台上呈现和发展，发出中国的声音。"丛书"希望为打造中国的学术思想和学术派别、展示中国的视角和观点贡献自己的力量。

张剑

北京外国语大学

2018年10月

参考文献

Bodkin, Maud. *Archetypal Patterns in Poetry: Psychological Studies of Imagination*. London: Oxford University Press, 1934.

Foucault, Michel. *The Order of Things: An Archaeology of the Human Sciences*. New York: Vintage Books, 1970.

Leask, Nigel. *British Romantic Writers and the East: Anxieties of Empire*. Cambridge: Cambridge University Press, 1992.

Simpson, David. *Wordsworth's Historical Imagination: The Poetry of Displacement*. New York: Metheun, 1987.

前言[1]

人与人之间的信息交流、知识传承,人类精神世界的文学艺术创造,信仰精义的铭刻,历史或琐事的记载,这些都需要符号。诉诸声音的言语,诉诸图景的图像,诉诸书写的文字,这些符号对于如今的人而言早已是再熟悉不过的事物,我们很难想象一种不使用其中任何一类符号的交流方式。

然而在西方的人文思想史中,较之言语与图像,书写实际上长期处在一个派生的次级位置上:若以本体论而言,依赖声音的言语因与逻各斯的密切关联而一直端坐"言语中心主义"的王位;若从知觉的角度出发,我们可以将很长一段时间视为"视觉中心主义"的天下。书写则大多是被压抑、遏制、边缘化的陪衬,或不得已时才被使用的"替补"(supplement)。

这种局面表面上是被二十世纪六十年代后结构主义引领的"理论革命",甚或是"书写革命"所打破的。然而,不论是沿着古希腊和希伯来这两条西方思脉中的哪一条,都会发现书写于当代的"正名"其实并非毫无根基:语言学、现象学、结构主义(人类学)、精神分析学,以及依靠犹太教传承的希伯来思想,都为这场变革提供了养料。

---

[1] 本书为国家社科基金重大项目"西方文论核心概念考绎"(19ZDA291)阶段性成果。

书写革命不仅引领了喧嚣一时的后结构主义，或曰解构主义，还引领了政治学向度上的女性主义和后殖民主义，以及伦理学向度上对于死亡、他者的关注与探究。进入二十一世纪以后，尽管伴随着各种新技术兴起了"图像转向"和"声音研究"，但与书写相关的理论并不会真的过时。因极端主义、民粹主义思潮与建立共同体的美好愿望之间的张力，我们更需要不断反思这些理论，而新技术手段带来的多感官联动的可能性，将书写与图像、声音、触感连接在一起，能为更多新的可能带来灵感。

对这样一个勾连古今、面向未来的核心话题加以系统研究，正与"外国文学研究核心话题系列丛书"的理念相符。按照丛书的体例，本书共分为五章。

第一章为"概说"，简略讨论话题缘起，历数何谓书写的各种界定与观点，并思考这一话题的当代意义。

第二章"渊源与流变"细致、系统地梳理了国外书写理论的源流与脉络。本章从逻各斯中心主义对书写的抑制开始讨论，并以重要理论家或主要理论思潮的代表性人物为节点，呈现书写的六个不同面向。"'药'、替补与替罪羊"一节将以柏拉图、圣奥古斯丁（St. Augustine）、让-雅克·卢梭（Jean-Jacques Rousseau）、黑格尔（G. W. F. Hegel）等人的理论为主，阐明他们将书写及象形文字视为一种"必要的恶"的思想史；"介入、沉默与中性"一节以法国战后一度最具影响力的三位文论家让-保罗·萨特（Jean-Paul Sartre）、罗兰·巴特（Roland Barthes）和莫里斯·布朗肖（Maurice Blanchot）为主要对象，展现他们各自对于书写不尽相同的理念；"差异、心灵书写与心灵独白"一节则梳理了索绪尔（Ferdinand de Saussure）、弗洛伊德、胡塞尔（Edmund Husserl）等人为书写革命的诞生留下的"馈赠"与"伏笔"，展现了贬抑书写的思想史中存在的另一种维度；"文字学、延异与述行"一节围绕掀起书写革命的主将雅克·德里达（Jacques Derrida）的相关理论展开；"倾听、痕迹与《托拉》"一节梳理了书写理论的希伯来—犹太教资源；"自传、死亡与他者"

xix

一节则将与书写相关的探讨引向了伦理学的向度,在自传中重新认识自我,在死亡与哀悼中面向他者。

第三章作为原创案例,以美国犹太女学者苏珊·韩德尔曼(Susan Handelman)的"弑摩西者"理论为研究对象。韩德尔曼在其两部犹太教研究代表作中梳理了犹太教书写观。在她看来,犹太教长久以来都因循一种异端的阐释模式,即以移置、重写的方式对待传统。这一思路无疑为更好地理解德里达等人的当代书写理论的希伯来书写传统提供了更多的可能。

第四章"经典案例分析"分别选择女性主义书写观和后殖民主义书写观中颇具代表性的三个文本,探究了书写理论对女性主义和后殖民主义这两大文学批评思潮的影响,及其在书写问题上的挪用与阐发。

第五章"研究建议与趋势展望"归纳、预判了未来书写研究的热点或值得进一步研究的问题。

虽然受个人的资质与精力所限,书稿的写作并不十分顺利,留下了很多遗憾,但还是要衷心感谢由导师耿幼壮教授主持的项目团队在学术方面的各种指引和支持,感谢丛书子系列主编刁克利教授的引荐,感谢丛书总主编张剑教授的认可,感谢所有在书稿撰写期间给予我帮助的学友们,以及在我遇到困难时宽容、懈怠时适当鞭策、鼓励我的两位编辑王丛琪、万紫薇老师。这部书稿如果还有几分可取之处,真的应当归功于他们。

王涛

中国社会科学院外国文学研究所

2021年9月

第一章 概说

1.1 话题缘起

　　于近几十年内成为我国外国文学研究核心概念的"书写",主要用于翻译二十世纪六十年代以降法国理论中的écriture一词。一般认为,在这之前,écriture一词基本上还是相当于中文中的"写作",指以写字的方式表达,并无后结构主义的特殊意义。

　　因此,当我们追溯"书写"理论时,往往会从1966年谈起。不少学者都会选择以这一"事件"作为开场:1966年10月18至21日,为了让美国学界更好地了解当时在法国如日中天的结构主义,在福特基金会的资助下,一场名为"批评的语言和人的科学"("The Languages of Criticism and the Sciences of Man")的盛会在约翰·霍普金斯大学巴尔的摩校园内召开;在群星璀璨的受邀法国学者中,有一位时年仅36岁甚至还未正式取得博士学位的学者,发表了一篇据称是在十天内完成的文章《人文科学话语中的结构、符号和游戏》("Structure, Sign, and Play in the Discourse of the Human Sciences"),向以列维-斯特劳斯(Claude Levi-Strauss)为代表的结构主义,乃至结构主义背后的"在场神话"发难,结果由此拉开了后结构主义(又称"解构主义")的序幕。次年,这个名叫德里达的奇人,又接连出版三部著作——《声音与现象》(*La voix et le phénomène*)、《论文字学》(*De la grammatologie*) 和《书写与差异》(*L'écriture et la différence*)，从而正式掀起了一场理论革命，使"书写"一跃成为哲学、文学、精神分析学的核心话题。

在德里达看来，从柏拉图时代一直到海德格尔（Martin Heidegger）时代，这段漫长的由形而上学长期占据主导地位的西方学术思想史，完全可以被视为一段推崇"言语"中心，压抑、贬低、边缘化"书写"的历史（Derrida, 1976: 270）。正如美国哲学家理查德·罗蒂（Richard Rorty）所说："对于海德格尔及那些康德主义者来说，哲学的书写，真正的目的恰恰在于终结书写；而对于德里达而言，书写却总是意味着无穷增多的书写"（Rorty: 145）。[1] 这也正为德里达《论文字学》中一个极为重要的章节名称作了极佳的注解："书的终结和书写的开端"——大写之书从此终结，无尽的书写从此展开。

然而，这种充满传奇色彩的开场白，往往会以偏概全，过分戏剧化。一个概念得以成为一个核心话题，往往并非一蹴而就，更非一人之功。

如果只讲德里达这种于异国学界一鸣惊人的特殊"出道"方式，很多人便会过分津津乐道于结构语言学背景中的他"一手终结了结构主义，开创解构主义"这种更像说书的叙述，同时过分依赖1966年会议后逐渐形成的美国解构学派对德里达的解读，而忽略他从胡塞尔现象学入手，借重海德格尔的学术背景。如今习惯"XX元年"表述的人们，很容易被"序幕""开创""革命"等词语迷惑，忘了理论思想不是在某一时刻突然产生，随即风起云涌、席卷天下的，它真正得到解读和研究，往往至少需要几年的时间——1966年那次在后世描述中犹如"华山论剑"般的大会后，德里达并未自此扬名立万于美国，实际上，美国学术界的反响仅限于"发行量极小的翻译和某些法语系审慎的漩涡"（库塞: 31）。直到十年

---

[1] 文中引用外文文献内容均为本书作者个人翻译，故参引括号内仍保留引用作品作者的原名。本书此类引用参照此做法，不再特别说明。

后，印度裔女学者佳亚特里·斯皮瓦克（Gayatri C. Spivak）说服约翰·霍普金斯大学出版社出版由自己翻译的《论文字学》，并写了篇长达100页的英文序言时，德里达作品在美国的推广才真正开始（106）。德里达的传奇出场产生的"墙里开花墙外香"式印象，也让不少国内学人学子误以为他在美国比在法国更受欢迎，而忽略了其思想与美国主流分析哲学之间的格格不入，有意无意间无视了美国学界对于这个"白发解构狂""道德相对主义者""非理性主义和虚无主义者"，甚至"知识界的欺世盗名之徒"始终未绝的争议和指责。对德里达持欢迎、接受态度的，大多还是英语系的文学批评者，比如被称为"耶鲁四子"的保罗·德曼（Paul de Man）、哈罗德·布鲁姆（Harold Bloom）、杰弗里·哈特曼（Geoffrey H. Hartman）和希利斯·米勒（J. Hillis Miller），以及结构主义和解构主义在美国的双重传道人乔纳森·卡勒（Jonathan Culler）。这也许是因为英美"新批评"看重文本细读、乐于探究词语修辞的传统，可以在某种意义上于德里达的理论中觅得志同道合之处。而这或许也能为"书写"这样一个反对形而上学传统、看似更偏重于哲学领域（尽管是传统哲学的边缘）的概念，为何会在文学批评和文学理论研究领域中成为焦点，提供一种解释。

过分强调德里达一人之于书写革命的重要性，也会弱化在文学领域提出"书写的零度"（writing degree zero）的巴特在这场革命中的作用，更会忽略早于巴特的布朗肖对于"书写的沉默""中性"等主题的追求，以及上述三人均或多或少继承了斯特凡·马拉美（Stéphane Mallarmé）的遗产。而过分强调人，也会容易忽略二十世纪六十年代为巴特、德里达等人提供法国本土的发声平台，并围绕其形成一个文人团体的先锋杂志《泰凯尔》（*Tel Quel*，又译为《原样》或《如是》）。这份同样继承了马拉美遗产的文学季刊（多斯：457），聚集或吸引了巴特、德里达、茱莉亚·克里斯蒂娃（Julia Kristeva）、拉康、阿尔都塞、福柯、热拉尔·热奈特（Gerard Genette）和茨维坦·托多洛夫（Tzvetan Todorov）等重要文学理论家、评论家。尽管在主编菲利普·索莱尔斯（Philippe Sollers）的带领下，这份刊物"反复无常"地先后追逐过新小说、结构主义、后结构主义的思潮，很难说它真的一直在屡践其创刊时的宣言（沃林：266，268），但《泰凯尔》派基本上还是在很长时间内都相信，相比遥不可及的"现实"，"书写"或者"文本性"（textuality）才是理解历史现在时的钥匙（282-283）。作为最先将德里达的理论译介到美国的学者之一，芭芭拉·约翰逊（Barbara Johnson）也认为，思想看似杂糅的《泰凯尔》基本上可以被认为是接受了马克思主义理论和弗洛伊德理论，而二者的一种调和则是索绪尔的语言学及由此产生的结构主义范式，这些思想都对书写理论的形成产生了或多或少的影响（Johnson，1998：40）。

尽管《泰凯尔》一度跟从德里达，使"书写"成为一时的流行语（沃林：282），可《泰凯尔》的"朝三暮四"，以及在随后的"五月风暴"中的"错误"站队，一定程度上导致了德里达的理论并未在法国学界和法国大学生当中及时获得更为广泛的重视。和很多其他法国理论一样，如果没有在异域美国的"理论旅行"，"书写"也就不会经过美国学界的推介甚至"包装"，形成一股"理论热"，对整个世界的知识界造成广泛的影响，更不会因此在那个特殊的"场域"中，进而对女性主义、后殖民主义产生影响，并被"改装"成它们的理论武器。

由是可见，终结了"大写之书"的"书写"，绝非在某一时刻横空出世，也绝非什么孤胆英雄。溯其来源，其实还是无尽的"众书"；论其影响，更涉及不断的延宕与重写。所谓"缘起"，在思想史中，不过是一场"革命"的导火索和时间标志；在宣讲话语中，又往往会沦为或简化或夸张的修辞。

1.2 何谓书写

那么，究竟何谓"书写"？

借助德里达的眼睛回望西方思想史，在西方形而上学的"开山宗师"柏拉图眼中，书写的文字是僵死的，唯有具有灵魂和智慧的言语才是活生生的，其自发、直觉的性状可以直接传达真理，因而是更为本源的；而书写的文字只不过是它的影像，是更次一级的派生物（*Phaedrus*：276a）（Plato：532）。亚里士多德在这一思路的基础上发展了著名的"心境说"："语音就是灵魂中的感受的符号，而文字则是语音的符号"（亚里士多德，2017：47）。

在这两者理论基础上建立起来的传统形而上学——逻各斯哲学当中，实际上达成了这样的共识：言语与书写文字相比，更接近内在的心灵，是"逻各斯"的体现，它和"在场"之间具有一种同一、透明、直接的稳定关系，因而是中心的；文字则由言语派生，是外在于言语的"摹本的摹本"，是必须注入生气的物质标志，因而处于次要和从属地位。

哲学领域内的这种书写观，从希腊化时代开始便影响着后来在西方长期占据宗教信仰统治地位的基督教。后者本源自犹太教，却因希腊化时代种种特殊的原因，更多地承继了古希腊思想的传统。经由自使徒到早期教父，再到奥古斯丁的努力，形而上学的"逻各斯在场"在早期基督教理论中成功地转向了基督耶稣或"圣言在场"的"神圣自我呈现"，"道成肉身"（incarnation）的耶稣成为纯粹在场的完满中介，也使得书写文字失去了效用。于是，作为犹太教"异端"的基督教在经历希腊化转向后，对书写同样报以了贬抑态度，这种态度在奥古斯丁那里达到了一种顶峰：他将书写文字视为指向精神的象征符号和工具，提出如果将它与精神本质加以混淆，就是一种疏远上帝、背离独一神的"偶像崇拜"，无异于一种堕落（奥古斯丁，2004：100）。

与柏拉图对书写远离源头、破坏真理可靠性的质疑态度相承接，卢梭将书写视为一种"危险的替补",因为书写文字往往被误认为完整的言语,从而破坏了言语的自然优先性,进而威胁到人类认识的真正源头(卢梭,2003:113)。相似的,索绪尔也在阐述其语言学时提出,书写是一种僭越了言语王位的替补之物,所以他在肯定其效用的同时,也提醒人们要认识到它的缺点和危险(Saussure:26)。

不难看出,不论柏拉图后世的信徒们开启了怎样崭新的哲思时代,在对待言语和书写的问题上他们却几乎毫无例外地以各自的方式,或多或少地重复着一种崇尚"逻各斯中心主义"(logocentrism)或"言语中心主义"(phonocentrism),贬抑书写的理论姿态。

而在1966年德里达在"哲学的边缘"掀起书写革命之前,被托多洛夫视为第二次世界大战后法国文学的三位代表人物——萨特、布朗肖和巴特(托多洛夫:44),已经先就何为文学的书写展开了论战。萨特在《什么是文学?》("What Is Literature?")中提出"介入文学"(committed literature/littérature engagée)的主张,可谓结构主义、后结构主义各领风骚之前的一桩重要文学事件。也正是在对萨特"介入"式写作的反对过程中,巴特和布朗肖就与文学写作相关的语言、世界、作者、读者、作品诸多方面各executing已见,开始不断完善各自的理论体系。也正是在三人就"写作"问题产生的这些分歧当中,尤其是在后两位的"零度""中性""沉默""文学空间"等一系列理论阐发中,以往简单的"写作"问题,悄然产生了具有后结构主义色彩的"书写"意涵。这完全可以视为那场关于书写的理论革命的一段前奏。

德里达在1966年的会议和次年的《书写与差异》《论文字学》等著作中讨伐逻各斯中心主义,就是为了强调:以往对应"善的书写"或"神圣书写"的"大写之书",只是一种为保护逻各斯中心的构建之物;时至今日,人们应当认识到,书写之中所谓的稳固的同一性已经不复存在,每一次书写都是不同的、敞开的、可供不断重写的,故而存在的永远都是"众书"。

随后，德里达在索绪尔理论的基础上自创了一个概念——"延异"（différance），并用其来说明，即使是在备受传统形而上学推崇的表音文字系统中，发挥作用的也往往不是读音，而是一些书写上的表征，以此宣告了言语中心神话的终结，质疑了书写派生性的地位。德里达用在场的延异动摇了在场/不在场的二元对立模式，用符号间差异的游戏和相互指涉关联的关系，说明了意义永远都不是自我完成的，只会在差异的重复中不受控制地"播撒"（dissemination）下去，发散出新的意义。书写也就可以被视为一种不断涂抹/刻画"痕迹"（trace）的过程，由此消解了作为超越性"本源"的逻各斯。倘若"痕迹"才是本源的本源，恰恰说明并不存在绝对的本源，本源只是占据着源头之位的痕迹而已。

此外，诸如空白、字体、页面布局、标点、间隔、边缘等属于书写文本的物质性构成，也因其可能产生的含混、模糊、不确定的意指，而使得"书写"成为一种可以和弗洛伊德解析梦与口误的理论形成关联的、有关多重意义解读的"阐释"理论，并进而在深层意义上牵涉权威和力量的问题。

对于巴特、德里达等人，当代神学家大卫·特雷西（David Tracy）认为，从某种意义上说，他们引领的书写理论论争，鼓励了对犹太教书写观念的再思考（Tracy: 390）。换言之，书写革命的出现，是需要放到当代法国和德国理论界再度重视和重新评价希伯来—犹太教传统的大背景当中去认识的——在德里达和与他同时期、对其有很深影响的伊曼努尔·列维纳斯（Emmanuel Levinas）之前，就已经有恩斯特·布洛赫（Ernst Bloch）、格肖姆·肖勒姆（Gershom Scholem）、瓦尔特·本雅明（Walter Benjamin）等一批德国犹太乌托邦思想家在理论界产生影响。因此，德里达等人的书写理论本身，也可以在不同程度上视为对犹太教资源的变相承继。

不同于基督教上帝的存在和神性需要通过道成肉身的耶稣来呈现，犹太教上帝的存在和神性是被铭写于文本之中的——上帝与犹太人的亲近关系，是一种以《托拉》(Torah)为中介的精神联系。在犹太教的信仰中，《托拉》是先于世界的，它不是人工造物，而是造物的蓝本，存在的一切方面都与《托拉》相关联，没有什么能够外在于它。因此，当不可见的上帝通过《托拉》来传达启示时，这种宗教信仰的正是"隐退"的、仅以"痕迹"来显示自身的上帝，对《托拉》经文的阐释自然也就没有所谓的唯一正确性，这便使得后世保留的各种包含口传《托拉》阐释意见的犹太典籍，体现了一种包含真理多元性的独特书写方式。在这个思想脉络中，书写愈发和阐释的问题关联起来。

与特雷西的论断相似，深谙这些犹太教观念传统的当代美国犹太女学者韩德尔曼在其《弑摩西者：拉比解经法在当代文学理论中的显现》(The Slayers of Moses: The Emergence of Rabbinic Interpretation in Modern Literary Theory，下文简称《弑摩西者》)中抓住德里达理论中带有"弑父"色彩的重写、重释思想，将他与弗洛伊德、拉康等人一道称为"弑摩西者"(the slayers of Moses)，提出他们都是在用一种扭曲、替换和移置的方式，对起源进行重写，甚至篡夺了"父亲"的地位，打破了传承的线性链条(Handelman，1982：137)。在韩德尔曼看来，"通过异端来回归传统"，是犹太教思想中一直存在的思路。在一代又一代的犹太教思想者中，总有人以自己的背叛、颠覆或移置使《托拉》或传统不断更新，这或许就是犹太教信仰能够在离散的境遇中保持不灭的活力所在。

深受肖勒姆、德里达等犹太裔学者影响的布鲁姆，用其理论实践为韩德尔曼的理论提供了最佳的素材和注脚。布鲁姆将犹太教喀巴拉(Kabbalistic)思想认知为一种有关书写的根本性理论，并将自己对于喀巴拉主义的理解运用到其后结构主义的文学批评理论之中。对于他而言，喀巴拉就是一种能够使诗歌和批评变得更为有力的模式，甚至就连犹太教本身也被他解释为一种文学的修正论，一种努力克服过去并成为自身起源的尼采式诗学，这正是他的"影响的焦虑"(the anxiety of influence)和"误读"(misreading)理论的根基所在。

由于犹太民族在漫长的西方历史当中一直被边缘化，加之二战中的种族大屠杀将排犹主义推到了极致，犹太裔思想家列维纳斯等人以推崇"他者"（the Other）的方式，开始反思和质疑从古希腊至海德格尔的自我—同一——总体的传统。而在西方乃至全世界的语境中，被视为他者的自然不是只有犹太这一个民族，还有相对于男性的女性，相对于西方白人的有色人种，尤其是曾被殖民的有色人种。

特雷西认为，德里达、巴特等人强调书写物质性的理论，有助于揭示潜藏于书写中沉默、冲突及压抑的部分，激发它们去反对那些占据主导地位的话语的控制力量，正如书写能够使任意文本中仅以痕迹形式存在或被压抑而沉默的声音得以彰显一样（Tracy：391）。约翰逊也指出，德里达的"边缘书写"一类的策略，使得在文本内阅读物质性、沉默、空白和冲突的可能性有所增加，极大地拓展了学习语言政治学的方式。如果每一个文本都被视为对于一种主要诉求的呈现，即试图支配、抹除或歪曲多种"其他"诉求，那么广义上的"阅读"就涉及了权威和权力的问题（Johnson，1998：46–48）。

两人的观点无疑解释了一向被西方男性中心主义者视为"他者"的女性和有色人种，何以能从德里达等人的书写理论中汲取养分，并各自生发出女性主义和后殖民主义理论。书写之所以被西方传统的主导性文化所"压抑"，也许是因为书写总是能够传到"他者"的手中，"他者"总是能够借此学会读懂压抑他们的机制，压抑书写的欲望也就成了西方（男性）中心主义者压制"他者"被他们所压迫这一事实的欲望（Johnson，1998：48）。因此，"他者"如果想要改变被压抑的地位，争取自己的权利，掌握属于自己的话语，"书写"就是一条不得不去考虑的途径。

在占据主导地位的男性书写中，女性总是难以逃脱被"构造"的命运，她们往往被简化为善良、纯真、阴毒、淫荡等符号象征，成为男性诉诸欲望的对象，或是被他们视为实现自己价值或支配性的场所。在这种构造中，"女性"变成了二元对立中那个被压制的次一级概念。二十世纪七十年代，由于理论背景和关注焦点的差异，女性主义理论逐渐形成了所谓的"英美学派"和"法国学派"。前者继承的是带有传统经验主义色彩的"女性批评"，主要讨论女性书写的特别性、女性作家的传统和女性自身的文化；而后者更多受到了德里达、拉康等法国思想家理论的影响，并不更多强调"女性"这一"性别"，而是关注文本的"书写效果"，更由此明确提出了"女性书写"（écriture féminine，又译为"阴性书写"）的说法。

"女性书写"之所以能够成为七十年代法国政治文化讨论的核心问题，与埃莱娜·西苏（Hélène Cixous）的努力密不可分。她认为，要改变女性被排斥的"他者"地位，要消解男权压制女性的二元对立并推翻父权制，就要从"书写"这种改变主体的颠覆性力量开始。所以她提出：妇女必须参加书写，必须书写自己；只有通过出自妇女并且面向妇女的书写，妇女才能改变被奴役的历史地位，才能解放被束缚和压抑的女性身体。吕斯·伊里加雷（Luce Irigaray）也主张克服语言中阳性的、男权的霸权结构，寻求对所谓"父亲之法"或"父亲之名"的超越，提倡从女性内部重新书写女人，既不模仿男人，也不寻求成为其社会契约的一部分。总的说来，就是要用女性用语的多元性、流动性、节奏感、差异性和恰当性，代替男性"真理"中的单一性、线性，由此打破僵化的二元对立模式。

与男性—女性二元对立相似，西方的白人思想家往往有意无意地将与他们相对的其他族裔，尤其是有色人种边缘化、他者化。在后殖民主义阵营中，深受德里达影响的斯皮瓦克，其身份远比前者更为边缘，也就更能体会被视为"他者"或"第三世界的女人"的处境。正是这种特殊的身份和处境，使得她能够感同身受地提出，其实所谓的"第一世界"的人们是期望获得一个"他者"的，因为这样他们才能更好地建构自身——正如言语中心主义仍然需要书写，男性特权也不能完全抛弃女性一样。本着这种认识，斯皮瓦克在英语文学中发现了这样一种规律：所谓的"主人文本"（master text），实际上需要设定一个"他者"以建构自身的主人地位，但又没有意识到或是不愿承认这一需要。

而与西方"白色神话"中的白色最为截然对立的，恐怕还是黑色。那些因特殊的历史原因进入欧美的黑色人种与书写的问题，可以说是所有后殖民主义理论的讨论中最为复杂的。很多黑人理论家都留意到了流散到欧美的黑人主体性的"两面性"，并提出了自己的观点。比如小亨利·路易斯·盖茨（Henry Louis Gates, Jr.）认为，最重要的姿态还是回归黑人自己的古老文学传统，发展出与自身文化相适应的书写方式和批评理论，发出自己的声音，此外还要回到黑人文本的"文学性"上，因为英美形式主义的批评方法实际上阻隔了这种"文学性"。但他同时也强调，黑人的创作和书写与主流白人文学之间应当呈现一种对话式的文本间性，以避免简单的二元对立，并提出不应再将"黑"与"白"视为思考的独立基点，而应将它们视为相辅相成的。

在黑色种族书写的问题中，更为复杂的又是黑人女性的书写问题。当黑人被谈论时，谈论的焦点是男性黑人；当女人被谈论时，谈论的焦点又往往是白人女性。所以在一些黑人女性主义者看来，种族绝不是一个"附加的"问题，不能被简单地划归到性别差异的讨论之中。在她们的文学创作和批评理论这些总体意义上的"书写"中，种族、性别以及阶级的问题是同等重要的，三者形成了一种"交互诉求"。不过与女性主义选择的出路相似，发出自己的声音，建立可供识别的自己的话语和书写传统，体现自身的差异性等，仍然是她们的基本策略（塞尔登等：283-288）。

1.3 当代意义

然而，当书写的差异性成为以往的"边缘""他者"过分执着的手段时，便很有可能形成一个个新的中心与边缘的小体系，沿用二元对立的方式将自身之外的他者置于对立面。如此一来，激进的文学批评、政治诉求层出不穷。进入二十一世纪之后，一面是对于多元化的更多呼求，女性、少数族裔、性少数群体的权益成为某种政治正确，另一面则是民粹主义、白人至上主义等卷土重来。两方面的声音此起彼伏，轮流抢夺话语权，因而在全球经济一体化的大背景下，真正的共同体却很难建立。这并非强调差异的书写理念的错误，反而是书写的理念并没有得到真正的思考和落实的表现，因为书写革命的真义不是要将书写簇拥到原本属于语音或图像的王位上，更不是要以差异来抵制所有的同一，成为新的中心。

因此，系统地了解书写观念的渊源和流变，深入地研究相关理论，尤其是以往相对较为忽略的书写的伦理学向度，也就更具当下现实性。书写对于"他者"观念的重视，必然会引发伦理学意义上对于自我、他者、死亡等问题的探讨，从而涉及"生命书写"的问题，这也有利于突破将他者只限于现实中弱势群体的认知。对此，德里达、列维纳斯、布朗肖等人的探讨提供了很多启发。

此外，书写理论和相关实践活动的发展，也与媒介技术的发展息息相关。从手抄本到"古腾堡革命"后的大规模印刷，书写活动在不断变化。如今不断成熟的数字技术所带来的新的书写技术、视觉媒介和虚拟空间，不仅延续了印刷文本所具有的书写心灵的能力，更实现了机器协作书写。而新媒介时代大背景下图像和声音对人类认知、文艺创作的新一波冲击，也对书写形成了新的挑战与要求。这就更需要人们在既往书写理论的研究基础上，结合时代的变化，寻找新的理论增长点。

斗转星移间，不论文明如何发展变化，人类文化的传统总是需要通过某种书写的方式加以传承，新的、异质的、不同的文化也需要通过书写来理解、阐释和沟通，即便是在越来越不依靠纸笔的今天，书写的价值也不会随之减少，只会愈发生出新意。考虑到"书写"本身就是对一种占据两千余年主导地位的思想传统的反思，是在对另一种思想传统的重估中获得讨论价值的核心观念，在纷繁复杂的新世纪，对它的讨论绝不会拘囿于单一学科之内。

第二章 渊源与流变

在西方文论的历史上，与言语、图像相比，尽管书写同样会使用或留下"符号"，也一直在被使用，却不像前两者那样几乎从一开始就得到了相当的重视。书写如何从被贬抑和边缘化的漫长历史中跃居为当代的核心话题，这个过程是怎样草蛇灰线、伏脉千里，又有着怎样的伦理指向，可在以下书写的六种面向中一窥究竟。

2.1 "药"、替补与替罪羊

西方文学史往往以荷马史诗为起点，而《伊利亚特》(*Iliad*)中其实便隐含着一次极易被人忽略的对于书写的表态：当格劳科斯(Glaucus)和狄奥墨得斯(Diomedes)在两军阵前对峙时，前者用口述家世的言语而非发起决斗的姿态回应了后者的叫阵；那段家世中包含着一段英雄作为信使传递写有致命话语的书信而差点被人陷害致死的故事，结果听到这个故事的狄奥墨得斯与格劳科斯握手言欢、互赠礼物(荷马：135-139)。在这一叙事中，书写的文字仿佛有毒一般，致使英雄陷入阴谋和一系列难关，九死一生，而讲述故事的言语却带来了短暂的和平。

我们虽然无法据此判定荷马是否在推崇言语、贬抑书写，但通过德里达对西方文论史的回望却不难看出，从柏拉图到黑格尔，的确存在着一条贬抑书写及象形文字的明线。虽然观点各有不同，但他们均将书写及象形文字视为一种不得不使用，但又存在着明显危害的"药"或者"替补"，亦即一种"必要的恶"。

2.1.1 柏拉图的"药"

为阐明并分析形而上学压抑书写的传统观念，德里达敏锐地在柏拉图的众多作品中拣选出《斐德若篇》(*Phaedrus*)作为论述的突破口。在这篇文章中，最吸引德里达注意的，是柏拉图借他那位"述而不作"的导师苏格拉底(Socrates)之口所讲述的有关书写的神话。

埃及有位专司发明的古神名叫图提(Theuth)，他发明了数字、算术、几何、天文，还有跳棋和骰子，但他自己最为钟爱的发明似乎还是文字。图提在觐见众神之王塔穆斯(Thamus)时，将自己的各种发明呈献给他，希望他能下令将这些发明推广到全埃及，因此塔穆斯要求图提每呈上一种发明便说明其相应的用处，他再据此作出评判。轮到"书写"所用的文字时，图提出于偏爱对它作了特别推介，说它"可以使人变得更加聪慧，促进记忆，对于才智和记忆都是一剂特效良药"。然而这番说法却遭到了塔穆斯的否决，在他看来，这份呈给自己的特殊礼物异常危险：它用外在、任意、毫无生气的符号替代了鲜活的心灵经验以及真实的在场，它提供的只是智慧的假象，更会用"回想"败坏"记忆"，由此导致遗忘。柏拉图在这则不知典出何处的神话中历数书写的罪状，可以说为日后形而上学和本体论神学的书写观奠定了最基本的态度；也恰恰是这段柏拉图讨伐书写的文字本身，成了德里达颠覆式思考的切入口。

首先，柏拉图认为，文字是僵死的，而具有灵魂和智慧的言语才是活生生的，也是更为本源的，文字只不过是言语的影像(*Phaedrus*: 276a)(Plato: 552)。也就是说，由于言语具有自发、直觉的性状，所以它可以直接传达真理，是忠实的摹本；而文字只是对这一摹本的模仿，是言语的派生物，是更次一级的。在《克拉底鲁篇》（*Cratylus*）中，我们更能看出经由视觉感官上的图像向数理化、抽象化的符号转变的逻辑，以及其背后的"理念"观。

亚里士多德继承并发扬了柏拉图的文字观和以数理化模式作为探寻逻辑、理念之基础的思维模式。其《解释篇》（*On Interpretation*）中那句可以被视为传统语言、文字理论源头的名言，正是对这一思路的继续阐发："语音就是灵魂中的感受的符号，而文字则是语音的符号"（亚里士多德，2017：47）。在亚里士多德看来，言语作为第一符号的创造者，在本质上直接贴近心灵，它表达了心境，而心境本身则反映或映照出言语与事物间的自然相似性。由是，在存在与心灵、事物与情感之间，存在着一种表达或自然意指的关系，而这种与自然、普遍的意指秩序直接关联的最初规约，便是语音/言语；文字只是将这种规约固定下来，并使其他规约与之关联，它自始至终只具有技术性和典型性，而没有构造的意义（Derrida，1976：11）。

德里达认为，在上述理论基础上发展建立起来的传统形而上学/逻各斯哲学，实际上达成了这样的共识：与书写文字相比，语音/言语更接近内在的心灵，是逻各斯的体现，它和在场之间具有一种同一、透明、直接的稳定关系，它与价值的起源，与作为神圣法则的良知的声音，与心灵、情感等具有同样的尊严，因而是中心的（Derrida，1976：11，17）。而文字则是由语音/言语派生的，是外在于它的"摹本的摹本"，与本源、真理隔了两层，是看到了也不懂意思、必须灌入生气的物质标识，因而处于次要和从属的地位。随之确立的还有一系列蕴含着等级关系的二元对立概念，如内/外、源头/派生、在场/不在场、记忆/遗忘、生/死、真/假，这些前者优于后者的概念，几乎都隐含在前述的书写神话中。

其次，柏拉图认为书写文字是不纯的。它们貌似庄严，看似有知觉，但若是请它们将所说的意思再说明白些，它们就只会机械地重复其物质性符号，强行推行自己的系统，好像无所不知，实际上却一无所知，用智慧的假象败坏记忆。像斐德若一样的人，就可以在没有真正理解的情况下记忆并复述书写的文字。这样一来，那些留下文字或接受文字的人，以为它们是确凿可靠的，头脑就实在太简单了（*Phaedrus*: 275c）（Plato: 552）。

文字的这种重复会引起解释和再解释的活动，可它又无法控制传达的对象，被看不懂或无关的人误解也无力为自己辩护，更无法得到作者的救援（*Phaedrus*: 275e）（Plato: 552）。所以，书写不像言语是对源头的再现，而是一种不断远离源头的重现，从而会破坏真理的可靠性。正如在《斐德若篇》的开头，苏格拉底正是被斐德若藏有的文字手稿引出城外一样，又像俄瑞蒂娅（Orithyia）是被仙女法玛西娅（Pharmacia）引得误入歧途一样，"外在"的书写总会使人脱离正轨。此外，书写所意味着的言说者的不在场，更进一步打破了"内在"的言语与在场之间的直接性，造成了在场的推延。

当柏拉图提到文字的"作者"不能为其辩护时，实际上是在暗指文字的"父亲"不在场的同时，确立了一种"父亲"的权威。逻各斯的起源是父亲，逻各斯就是儿子，而与逻各斯同一的言语就是嫡亲的儿子；相比之下，没有父亲在场守护的文字，不论是法律上还是道德上，都让人无法辨认其本源，所以其地位便犹如孤儿、私生子一般（Derrida, *Dissemination*: 76–77）。失去父亲的儿子是可怜的，但是父亲的不在场，恰恰也可能是儿子自己抛弃乃至弑杀父亲而造成的。在书写的神话中，众神之王塔穆斯和发明神图提正像一对父子，身为儿子的图提向父亲塔穆斯献上被后者视为毒药的书写作为礼物，实际上也暗藏着某种弑父的意图，对已经确立的父/子的等级秩序构成了威胁。

德里达对这种父子关系隐喻的阐发，显然并非穿凿附会，因为柏拉图在很多地方都明显使用了父子关系这一比喻。比如《理想国》（*Republic*）中就提到，"我可以谈一谈善的儿子，它看上去很像善本身"（*Republic*: 506e）（Plato: 1127），"像一对多产的父母，使城里的雄蜂和乞丐越来越多"（*Republic*: 555e）（1167）。不过，这些比喻从来不直接谈论或使用

"父亲"一词，正如在著名的"向日隐喻"中人无法直视太阳一样。由于无法直接讨论善的形式，柏拉图在讨论"善本身"的问题时，必须要借助形象和隐喻。逻各斯的"父亲"也是无法直接谈论的，而言语这与之同一的"儿子"由于转瞬即逝而无法捕捉，于是往往要借助文字来作为补充甚至替代，才能理解源头。

德里达留意到，身为儿子的图提虽然常常被描述为"臣子—月亮—死亡"的代表，恰恰与父亲塔穆斯所代表的"君王—太阳—生命"相对，犹如父亲的对立或镜像一般，但也常常会被当作后者的替代，所以他提出，书写之神可以"同时是他父亲的他者、他的父亲、他的儿子和他自身"（Derrida, *Dissemination*: 93）。这种身份的迷乱与不确定，就好像能指在不断流动、嬉戏，而这并不有失图提创造之神的身份，毕竟，他也是跳棋和骰子一类游戏的发明者。

然而，德里达眼中的柏拉图显然是禁绝这种书写的游戏的，甚至在后者看来，也许根本就不存在什么文字，它不过是一种书写下来的、弱化了的言语，不过是或多或少仍然活着，又或多或少远离自身的逻各斯而已。在柏拉图看来，不确定的书写就像是一种将死未死、虽死不僵的活死物，只是鲜活话语的幻影和幻觉，无法意指太多，又或总是指涉相近之物，永远无法真正到达所指，也不知道自己源自何方，就像是迷途的孤魂、延宕的幽灵，永远徘徊在路途之上（Derrida, *Dissemination*: 143–144）。

尽管对书写有诸多指责，柏拉图还是无法真正离开文字，因为即便他拒绝承认，苏格拉底的对话也还是只有在被书写下来之后才能获得持久的效果。而为保护内在真理的内核，也为给自己借助文字的行为寻找一种合理性，柏拉图退让了一步，将书写割裂成忠于言语的"善的书写"和腐蚀、曲解真理的"恶的书写"。对于柏拉图来说，"善的书写"是为了阐明正义、荣耀、善良，为了训导，唯有这种体现内在精神性的、鲜活自然的文字，铭写到相契合的灵魂中，才能对读者的灵魂起到矫正的作用，也只有这种"善的书写"才能够为自己和作者辩护，并且开花结果，在别的灵魂中生出新的话语来，生生不息，这样的书写才是言语的合法子女，才是应当追随的榜样；而"恶的书写"则充满了谬误，只是外在的物质性文字，充其量只能起到一种提醒的作用（Phaedrus：276d–277a，278a–b）（Plato：553–554）。

柏拉图的书写二分法，对德里达而言更像一种双重性，他认为柏拉图实际上是将书写比作了pharmakon（药），《斐德若篇》中反复出现其同源词如pharmacia（仙女法玛西娅），以及近义词如specific（特效药）和spell（秘诀）。在希腊语中，pharmakon同时具有"良药"与"毒药"的双重含义，所以它最为贴切地体现了书写的双重性：图提眼中改善才智和记忆的特效良药，在塔穆斯眼中却是威胁真理、败坏记忆的危险毒药；忠于言语、铸造灵魂的"善的书写"，却也是推延在场、威胁真理的"恶的书写"。尽管pharmakon一词并未直接出现在《斐德若篇》的行文之中，德里达还是强调，书写与pharmakon之间的联系，绝非仅仅是人为的或偶然的（Derrida，Dissemination：69–72）。

柏拉图曾不止一次地将其推崇之物比作"良药"。比如在《法律篇》（Laws）中，他将作出正确判断所需要的灵魂中的书写，作为应对其他话语的解毒药（Laws：957c–958a）（Plato：1605–1606）；在《克里底亚篇》（Critias）中，一开始他就乞求众神"将知识，这一最有效、最优秀的药赐给他们"（Critias：106b）（1293）；而他精通逻各斯哲学的老师苏格拉底，更是在《美诺篇》（Meno）中被人称为使用魔术秘药的pharmakos（意为巫师、魔术师和毒药师，正与parmakon同源）（Meno：80a–b）（879）。不难看出，柏拉图实际上把逻各斯哲学当作一剂"良药"。可是，柏拉图总是将书写与同自己的辩证哲学对立的智者学派（the Sophists）联系在一起，而智者学派其实也曾将言语，亦即逻各斯，描绘为一种"药"；更令人瞠目的是，根据德里达的考察，柏拉图对书写的许多指控之辞，其实恰恰是从智者学派那里借用的（Derrida，Dissemination：108–109，115–116）。

德里达在发现这种令人费解的悖论的同时，也留意到在柏拉图的"药"的观念中出现了一种"辩证的倒置"，那就是要求哲学家在开始感受到（恶的）书写"毒药"逼近的威胁时，就要开出一剂（贴近）逻各斯的"良药"来作解毒剂。由此，"药"的含义显然无法再具有一种稳定的同一性。特别是对苏格拉底被判死刑后所饮下的"药"而言，一方面它是致命的毒药；而另一方面，它使得苏格拉底死后的灵魂得以对死亡进行哲学探索，并获得永恒的认知，就又变成了"起死回生"的妙方（Derrida, *Dissemination*: 123–127）。

然而柏拉图显然并不喜欢"药"的这种双重性。他强调，不论良药毒药，始终都是人工性的，更多是从外部产生而不是内部自发的，所以即便是良药也绝不可能是单纯有益的。首先，药的有益性并不代表可以避免伤害或痛苦，《普罗泰戈拉篇》（*Protagoras*）中就提到，即使是对身体有益处的药，也会引起痛苦和呻吟（*Protagoras*: 354 a）（Plato: 783）；其次，药总是痛苦和快乐的混合，比如《斐莱布篇》（*Philebus*）中提到，止痒时的抓痒，就总是混杂着快乐和痛苦，无法辨别清楚；最后，抛开痛苦的问题不提，只要是从外界介入自然生命体之中的，即使是良药，也必然会在某种程度上损害自然生命体（*Philebus*: 45 e–46 a）（435）。柏拉图对于人工性的指摘，实际上是对人的心灵以及人的自然本质预设了一种天然的完满性，这在日后的人类学研究当中得到了进一步的阐发。

正如德里达所说，药总被人比作化在水、墨水、精液、油彩、香精等液体之中的东西，所以它容易被吸收、饮入，也就是从外部侵入内部之中。在所有形而上学的二元对立中，内部与外部的对立可以说是前提，因而将"药"视为对内部纯洁性的外部威胁，也就成为整个形而上学的倾向（Derrida, *Dissemination*: 128, 152）。所以，尽管"药"的双重性是如此含混难分，柏拉图还是竭力将之变成了一种二元对立——图提和塔穆斯虽然在书写之"药"的价值和影响问题上意见相左，但无疑都默认

pharmakon是一个能够被明白无误地理解和解释的单义词，绝无含混的双重性。

在亚里士多德看来，语言的本质或目的就在于"意义的单义性"，它甚至就是哲学本身。一个词往往有几层含义，但若不加以限制，就不可能被理解，"不确定一个命意等于没有什么命意，若字无命意，人们也无从相互理解，这样，理知就被取消了"（亚里士多德，1997：66）。根据托利弗·伯曼（Thorleif Boman）的研究，逻各斯在希腊语当中本来就含有"收集在一起排序整理"的意思，也就是说，对于希腊人而言，多重的意义本就是可以整合为一个概念，结成一个可以理解的整一的，所以希腊思想的精神趋向，也是朝向普遍性、同一性、单义性的（伯曼：75—76）。这种思想趋势经由亚里士多德有关一般和个别的哲学主张，以及意义非此即彼的单义性旨趣的发扬，对后世的基督教神学产生了深远影响：神学和《圣经》阐释在整体上表现为确定教义、从文本中提炼一般性表述、否弃文字模棱两可和多义解释的游戏。

2.1.2　从斐洛到宗教改革

神学家保罗·蒂利希（Paul Tillich）在梳理基督教思想史时提出，基督教虽源于犹太教，但却承继了更多希腊思想的传统，不少观念都有柏拉图传统的影子，在书写的问题上也是如此。不过，蒂利希也强调，基督教思想的直接来源更多的还是同时代的希腊化时期的希腊哲学，其中影响最大的莫过于斯多葛学派（the Stoic）。尽管它与基督教更多表现为一种竞争关系，但实际上基督教还是从其竞争对手那里吸收了许多基本的思想，最为主要的就是逻各斯的学说（蒂利希：11—15）。

另一方面，犹太教本身在《旧约》《新约》之间的时期也提出了一些观念和态度，影响了使徒时期的思想。上帝观念的发展走向一种彻底的超越，上帝越来越成为绝对超越而又绝对普遍的神，逐渐失去一个民族神所具有的许多具体特征，这造成了人们对《旧约》中上帝的激情不复存在，转而去强调一种抽象的神。这样，希腊哲学中用相似的抽象去指称上帝的思想，也就能够和犹太人中的普世主义者心目中的上帝观念联系起来，而最好地实现了这种联系的，正是亚历山大里亚的斐洛（Philo of Alexandria）（蒂利希：17）。

作为两希文化和基督教文化纽带上的关键人物，斐洛认为自己是一个绝对的犹太人，他坚信全部哲学思想都起源于启示上帝意志的"摩西五经"，但他也同时认为，真正的哲学家必须首先掌握外国文化的思想财富，然后才能研究上帝律法中更深的哲学含义。所以，斐洛抱着在希腊化世界中解释《圣经》、传承犹太教思想的本意，吸收和借用希腊哲学来阐述"摩西五经"。然而他未能说服与之同时代的犹太人，其思想并未对犹太教的发展构成多少直接影响。结果，他在两种文化思想传统之间建立起的桥梁"没有被他为之建立的那些人所利用，反之，却被基督徒用来制定自己的教条"（埃班：83—84）。斐洛的这种尝试使得犹太本土的释经法在基督教这里产生了希腊哲学化的转向，基督教思想也开始逐步希腊化。

斐洛首先借鉴了柏拉图的理念论。柏拉图将善的理念比作心灵及心灵对象的太阳，并认为善是知识和真理的源泉。相似的，对于斐洛而言，上帝是知识和真理的源泉，而理念却并不等同于上帝，它是上帝创造的、创世前就有的思想，也是用来创造"理念世界"的工具。"逻各斯"则是最高的理念，甚至是理念的全体，也就是"理念中的理念"。在斐洛看来，"人的心灵"被塑造成形，"与理想的理念，即最伟大的逻各斯相一致"，这等于是在逻各斯和心灵之间建立了一种原型与摹本的关系（傅有德等：86—90）。这种逻各斯实际上成为亚里士多德和斯多葛学派用以表示理性能力或心灵"奴斯"（nous）一词的替代品，它不再仅限于指"超验上帝的神圣思想"，也意指语词或言语中所表达的、心灵的理性思想，是在上帝自身的绝对实在之内、宇宙的自然秩序之内，以及人本身之内呈现出来的某种东西（威廉逊：112）。逻各斯在斐洛这里被分成了两个阶段：一个是存在于上帝自身之内并与上帝同一的,另一个则是外在于上帝、无所不在于尘世间的被创造的灵魂性存在(斐洛,《论摩西的生平》: 184)。

斐洛的逻各斯实际上可以被认为是上帝与人的心灵之间的一种中介。因为在他看来,上帝是超验的,却绝不会沉默不语,为人所不能及;上帝要言说、要传授,其思想至少要间接地易于为人接近、理解并接受。所以逻各斯作为一种贯通两个层面的中介,也就代表着上帝的言语及其显现(威廉逊: 114)。斐洛的逻各斯将希腊哲学的 logos 和犹太教的 memra (上帝之言)联系到了一起。他用本就包含"话语"意义的"逻各斯"替换"奴斯"一词,就是为了指称《旧约》中的"圣言"。对于斐洛来说,上帝的形象就是上帝之言,逻各斯因此也就成为上帝的"形象"(eikōn),一种人格化的代理。但由于斐洛所信仰的犹太教上帝是不会直接显现的,于是以智慧、理念之光的形式向人显现的逻各斯,就不能用肉眼去观看,那只能看到照在地上的光芒;只有脱离肉眼,用清醒的"心眼"去看,才能够领会(斐洛,《论律法》: 41-44)。

在斐洛的逻各斯理论中,逻各斯、中介、圣言、形象紧密地联系在一起。如此,尽管斐洛从未在逻各斯和犹太教的救世主弥赛亚(Messiah)之间建立任何关联,更未暗示逻各斯是弥赛亚的化身,但这并不妨碍约翰(John)的"太初有道,道成肉身"之说与其逻各斯理论的部分契合。在约翰这里,斐洛的逻各斯的第二阶段成为由耶稣身体所代表的"道"(Word)。

在伯曼看来,逻各斯哲学中对不可见、不可感知世界的热望,以及由此产生的模仿观的背后,隐藏的其实是希腊人对于"注视"的推崇,一种用心灵而非肉眼去见不可见之理念的冲动,即使见到的不过是"太阳的影子"(伯曼: 280-281)。大多数希腊哲学的重要概念都是通过视觉来呈现的。比如:"理念"一词本身就包含着观看的意义:柏拉图将时间称作一幅不变的永恒运动图像;对亚里士多德而言,"沉思"的一部分意思指目视以及与此相关的调查,另一部分意思则指由此建立起来的学说，即希腊哲学通常说的"理论"（148）。

正因这种对于"注视"的推崇，当承继了"逻各斯—道"观念的使徒保罗（Paul）在一个希腊化的世界中阐发基督教的神性时，才会不可避免地使上帝成为一种物质性的形象——"道成肉身"的耶稣。也就是说，一方面，保罗将耶稣当成犹太律法的化身，并进而用他取代律法，强调耶稣正是为了将人类从律法的重压下解放出来而牺牲的，这使得当时不少饱受严苛刻板律法之苦的犹太人逐渐倾向于这个新兴的教派，加剧了基督教与犹太教的决裂（埃班：104）。另一方面，保罗更令"道成肉身"的耶稣当仁不让地担当了这样一种中介：调和上帝与世界、犹太人与异教徒、灵魂与肉体、生命与死亡、自由与奴役、男性与女性等不可调和的对立，弥合了思想与事物之间的鸿沟，以其自身的身体作为一个完满的符号。作为实质性的存在和纯粹的在场，耶稣的降临成了唯一也是最终的参照，书写文字也就失去了效用，从而摆脱了在文本中与纯粹在场之间交流的延迟和中介，终结了差异对直接性的阻碍，而这些正是基督教徒孜孜以求的（Handelman，1982：84—89）。

可由于基督教在诞生时处在被犹太教和异教世界双重敌意包围的尴尬境地之中，它毕竟还是需要一部用文字书写而成的《圣经》，来和犹太教的《托拉》相区别，并以此阐发教义。熟知希腊哲学和修辞学的保罗更懂得如何向异教世界说明：在《圣经》看似粗鄙的物质性文字背后，其实隐藏着可以被希腊人所接受并追求的精神性真理；文字是暂时性的，但精神性的阅读和解释却能够还恰切之意于文本，正所谓"字句是叫人死，精意是叫人活"（《哥林多后书》3：6）。因此物质性文字和精神性真理之间的对立，亦即肉体和灵魂之间的对立，对于基督教信仰的清晰表述和合理存续，都显得至关重要（Handelman，1982：86）。

早在斐洛时，在柏拉图《斐多篇》（*Phaedo*）观点的影响下就出现了灵肉二元论的观念——肉体被视为灵魂追求德性的严重障碍，会把灵魂真正的功能和渴求拖入感官和激情的世界中去。相应的，在释经方面，斐洛主张一种"寓意解经法"。在他看来,《圣经》的经文有两重含义,即字面意义和隐喻意义,隐喻意义对大多数人都是模糊的,只对那些能够沉思赤裸真相的人才是清晰的,它只吸引研究灵魂特性、而不是肉体形式的少数人(斐洛,《论摩西的生平》: 37–38)。在斐洛这里,内在、深层的隐喻意义之于字面意义的关系,就类同于灵魂与肉体的关系。从而,用寓意解经法解释经文的隐喻意义便显得十分必要。《圣经》中的每一样东西,从名称、日期、数字,到历史事件和人类行为规则,对斐洛来说都应该用寓意解释。

在犹太教思想史中,似乎只有十二世纪摩西·迈蒙尼德(Moses Maimonides)的"显白之意"和"隐秘之意"之分与斐洛的寓意解经法相呼应。然而在早期基督教中,斐洛却不乏知音:保罗对文字和精神的区分,以及奥古斯丁的"专有符号"和"比喻符号"之分,都在显义和隐义之间设置了一种截然相对的关系,而隐义最终都会指向耶稣。

这一系列显然深受希腊哲学影响的显义和隐义的预设,正是日后索绪尔语言学中偏重物质的能指和偏重精神的所指之划分的一种预演,而索绪尔的这种划分,以及对于能指外在于所指的假定,其形而上学——神学根源所在,也正在于基督教神学观念和希腊哲学的契合。根据索绪尔的语言学理论,言语无须借助于外在的、会对其施加影响的其他能指因素,这种"能指的消隐",使得物质的能指和精神的所指天衣无缝地合为一体,并给人一种直接呈现思想的印象,为真理的直接呈现创造了条件,就像道成肉身的耶稣直接呈现了上帝的在场一样(Handelman, 1982: 168)。

奥古斯丁是为索绪尔的语言学奠定神学根源的早期基督教神学家之一。他的"符号学"在书写文字问题上为基督教确立了最为明确的基调理论。奥古斯丁认为,一切释经的基础在于确定准确含义的方式和把所确定的含义表达出来的方式,而这两种方式显然都离不开符号。在其《论基督教教义》(On Christian Doctrine)中,奥古斯丁提出,符号是"用来意指别的事物的事物",是"除了它在感觉上留下印象外,还导致另外的东西进入心灵"的事物（奥古斯丁，2004：16，45）。比如：看到一个脚印，就知道有动物经过；看见了烟，就知道是因为有火；听到某个人的声音，就可能会想到他内心的感受。奥古斯丁将符号分为"自然符号"（natural signs）和"约定俗成的符号"（conventional signs）。前者没有任何动机或意愿将自身用作符号，但它们仍意指着事物；后者则是生命存在为了表现内心的情感、感知或思想而相互交换的符号。奥古斯丁希望人们去讨论和思考的显然是后者。而在各种约定俗成的符号中，话语作为表达思想的手段在奥古斯丁眼中无疑占据了主要的位置，因为"人用来表达思想的符号中有非常大的一部分是由话语构成的"（47）。

但是，由于话语难以持久，一遇上空气就会消失，人们便不得不借助于以可视的物质形式出现的文字符号，在人们无法直接交谈，"彼此倾诉自己的思想和观点"时作为补充和指代——"理性在仔细留意并区分了嘴巴和舌头发出的所有声音之后，发明了字母（文字）"（奥古斯丁，2017：121），这就是奥古斯丁眼中书写的起源。与斐洛和保罗相似，奥古斯丁也将文字分为依照字面意义的"专有符号"和借前者意指的事物表示他物的"比喻符号"。在这种划分的基础上，他提出，导致书写的文字不能理解的原因有两个：一是对专有符号的未知，或是标点、发音及语词本身的歧义性引起的意指模糊；二是比喻符号的模棱两可、含糊晦涩。前一类问题，可以通过联系上下文、学习语言知识，比较各种译文，或者参考原文版本等方法解决，并非棘手之事。更多的读者还是因为后一类问题，混淆多种可能的意义而导致理解的谬误。

奥古斯丁认为，比喻符号之所以总是要将意思深藏，是出于上帝的安排，目的在于用劳苦防止人骄傲自满，他们总是对不费吹灰之力就发现的东西缺乏尊敬。想要理解比喻符号的含义，一部分要靠语言知识，另一部分则要靠对事物的认识。同时，还必须避免犯这样两种错误：（1）把比喻意义解释成字面意义——那是肉体、物质的理解，而非精神性的理解，只会使理智盲目信赖字句，进而成为身体的附庸，灵魂也就无法将心眼从有形的物质上移开，去看永恒之光，而只会陷入可悲的奴役中；(2)把字面意义解释成比喻意义，即不必要的过度阐释(奥古斯丁，2004：96，100)。为了区别字面意义和比喻意义，奥古斯丁制定了一系列分辨的规则，其中最为一般性的原则就是：凡是字面意义看起来与纯洁的生命不一致的，或者与教义的准确性相违背的，那就必然要从比喻意义上进行理解。

奥古斯丁承认，对于《圣经》里的同一句话，很可能存在多重解释，他甚至也强调多种多样的解释是有益的，但他从来就不认为文本在每个方面都应当同时具有多重意义，在他看来，那只是一个给定的文本在本质上应当去被阅读的层面而已(转引自Handelman，1982：109)。无论有多少种解释，读者还是要参照《圣经》其他段落表述的旁证，这样才能与真理保持一致，与圣灵所借助的作者的意图保持一致，因为这多种解释根本就是圣灵预备好让读者去发现的，也就是建立在真理的基础之上的。奥古斯丁由此感叹道："还有什么能比——允许同一个句子有不同的含义……更慷慨，更丰富的呢？"(奥古斯丁，2004：115)即使《圣经》的其他段落无法澄清意义的模糊性，也要靠理性来理清它。在奥古斯丁这里，文字本身其实对圣灵预备好的多重意义根本毫无贡献，只不过是指向精神的象征符号和工具而已，而人必须清楚这一点，才不会受符号的捆绑，才能成为属灵的、自由的人，在灵性的领会中发挥自己的智慧，否则就会有背离上帝的危险。

所以，在奥古斯丁看来，事物以及灵魂活动远比指称它的符号(书写文字乃至话语)更为重要，《圣经》解释的关键还是在于由符号转向事物，并最终朝向沉默。只有沉默中才有完美的交流。言语不能，书写文字更不可能，表达真理和人天性间的完美相似性，只有道成肉身的耶稣才能成为跨越两者间鸿沟的桥梁。

这样，形而上学的"逻各斯在场"便在早期基督教的理论中，成功地转向了基督耶稣或"圣言在场"的"神圣自我呈现"。如此一来，尽管基督教教徒被称为"圣书的子民"，书写《圣经》在基督教中也只是圣言的记录和见证。托马斯·阿奎那（Thomas Aquinas）便认为："事情是写在物质的书上以帮助记忆的。因此，上帝是藉他的知识牢固地记住他曾经预先指定一些人具有永恒生命的，而这种知识便被称作生命之书"（阿奎那：450）。然而这种"善的书写"本身却并不具有绝对的中心地位，书写对于基督教自身理解的重要性由此渐渐被轻慢。至文艺复兴初期，库萨的尼古拉（Nicholas of Cusa）仍然表示："书写只是具有持久形式的说话……一切被创造的文字都是上帝的'道'或'话'的代表"（库萨的尼古拉：156）。

而基督教的母教犹太教也被误读为拘泥字面意义的、守旧的物质主义宗教，其所重视的文字符号以及与之相关的不在场，被基督教的本体神学观念视为偶然事件，意味着堕落和与上帝的疏远，与基督教"圣书"相对的犹太教律法书更是作为"现存的最不愉快的书籍"被蔑视（Tracy：385–386）。

及至宗教改革，马丁·路德（Martin Luther）、约翰·加尔文（John Calvin）不再视《圣经》为圣灵口述而成的，而是思想受到神性的启迪和经历过神性真理的世俗呈现之人写就的。蒂利希认为，这极大地改变了书写《圣经》被贬抑的工具性地位，甚至提升了《圣经》文本的权威地位（蒂利希：220，247–248）。但是韩德尔曼在梳理犹太教与基督教思想的关系时强调，新教思想始终还是想要达到这样的目标：回到直接、无中介的上帝之"道"，重返并重获作为内在导师的耶稣的直接在场（Handelman，1982：123）。所以即使经历了宗教改革，甚至启蒙运动和现象学的时代，由保罗开启的希腊化的书写观仍被潜移默化地传承下来，长期占据着西方思想的主导地位（98）。这种对于新教改革之后基督教思想的看法还值得商榷，但其中暗含着一种完全正确的思路，那就是基督教对于书写的态度也在反过来影响着形而上学的哲学思想。

2.1.3 从笛卡尔到黑格尔

在德里达看来，确定在场始终是逻各斯中心主义的母题，而在逻各斯中心主义在哲学上的开端和完成之间，也就是从柏拉图的《斐德若篇》到黑格尔的《哲学科学全书纲要》(Enzyklopädie der philosophischen Wissenschaften)之间，在场的动机得到了清晰明确的表达。受到在欧洲思想与信仰中取得主导地位的基督教思想的影响，从勒内·笛卡尔(René Descartes)到黑格尔的这段时期尽管存在着各种各样的差异，但上帝始终是使"绝对纯粹"和"绝对自我呈现"的自我认识成为可能之物的名称和基本概念。这一时期的主流观点也始终坚持，只有通过言语这一能指秩序，逻各斯才可能是无限的和自我呈现的，才可能成为自发冲动，且主体也是通过能指从自身进入自身，不会在自身之外去借用它制造出来并对之施以影响的能指。这种倾听自身言说的经验，正是通过驱除书写文字才得以存在并显现的(Derrida, 1976: 97—98)。

笛卡尔作为欧洲近代哲学的奠基人，干脆将符号(特别是书写符号)从"我思"(cogito)和显而易见的明证中驱逐出去。因为"我思"是理念对灵魂的直接呈现，而符号则被视为一种在感觉和想象的领域中被抛弃的附属工具，根本就不在"我思"的讨论范围之内，所以笛卡尔对文字并无专论。

而稍晚于笛卡尔的英国思想家约翰·洛克(John Locke)则在其《人类理解论》(An Essay Concerning Human Understanding)中历数了书写文字的缺陷和滥用之处，可以视为对柏拉图和奥古斯丁的综合。在洛克看来，文字最大的缺点在于其意义的含混，"任何文字在听者心中所刺激起的观念同说者心中所有的观念如果不一样，则在通俗的意义和哲学的意义两方面，文字都不能尽其功用"，而由于各种声音同人们心中的观念没有自然的联系，都是人们后天附加的，含混不定也就成为必然(洛克: 463)。

相比笛卡尔和洛克，黑格尔对于言语和文字的问题有着更为详尽的论述。首先，他继承发扬了亚里士多德的"心境说"，同样追求对于心灵的直观，而感性直观不可避免地需要体现为一种符号。黑格尔提出，作为一个直观符号的真正形状，应当"是一个时间中的定在，即定在在其存在瞬间的一种消逝，而按照这定在进一步的外在的、心灵的规定性来看则是一种由理智所设定的来自其……自己自然性的存在，即声音"（黑格尔，2006：280）。对于黑格尔而言，声音比实际独立存在的物体更富于观念性，它"和内在的主体性（主体的内心生活）相对应"，因此是"一种符合内心生活的表现方式"（黑格尔，《美学》（第三卷上册）：331-332）。为种种特定的表象而进一步清晰发音的声音，也就是话语和话语的系统——语言。而与声音相关联的听觉，虽然像视觉一样是一种认识性而非实践性的感觉，但它比视觉更具观念性，它"无须取实践的方式去应付对象，就可以听到物体的内部震颤的结果，所听到的不再是静止的物质的形状，而是观念性的心情活动"（331）。听觉也就成为感性认识的最理想形式，最容易超越主体与客体、心灵与自然、理性与经验之间可憎的对立，从而成为呈现真理和本源的最佳也是唯一的形式。

正是在这一观念的基础上，书写文字对于黑格尔而言，只是语言借助于外部实践活动的一种进一步的发展，是在直接的空间直观活动领域内所采取和产生的符号（黑格尔，2006：281-282）。但不管怎样，黑格尔还是将被笛卡尔驱逐的感觉符号重新交给了理念。只是在他看来，在书写文字当中，只有与听觉密不可分的表音文字才是纯粹的符号，是在本质上更为智慧的文字。在这种文字里，"词，即理智表达其表象的特有的最相称的方式，已被带到意识之中而成为了反思的对象"（283）。也就是说，它保持了声音语言的好处，所有表象都有严格的名称，这些名称也都是简单的、表象的。这样才符合黑格尔所认为的一般语言的根本需要，即"不管这直接表象的内容本身被理解为多么丰富，对于精神来说在名称上都是简单的"，并且"必须有一个简单的、直接的符号"，它"作为一个存在本身并不提供什么给思考，而只具有意指着和从感性上代表着那个简单表象本身的使命"（284）。对于黑格尔来说，表音文字更适合传达、描述理念化的声音和精神内在的运动，也更容易理解，所以它在所有文字形式中处于更高的等级（Derrida, 1982: 95-96）。

在黑格尔的论述中，与表音文字相对的象形文字，则是通过空间的图形来标志表象，把声音语言的具体符号分解为简单的要素，并给这些要素作出记号；由于声音本身就已经是符号，所以这种象形文字也就是由"符号的符号"（类似柏拉图的"摹本的摹本"）组成的。象形文字不像表音文字那样，是对感性符号的直接分析，而是从对表象的先行分析中产生的。如此一来，符号就会变成是按照任意性和偶然性定义的，事物的名称也就会随着对其专有属性看法的差异而有所不同，甚至不断改变，从而导致"名不符实"。此外，象形文字还缺少表音文字在发音中所获得的客观确定性，不符合黑格尔所设定的"一般语言的根本需要"。因此，黑格尔判定，这种象形文字的阅读和书写，全都忽视了声音、在场和真理之间的先定联系，成了"聋子的读和哑巴的写"（黑格尔，2006：285），所以它作为"东方思想"的代表，应当被排除在哲学史之外。

德里达认为，黑格尔实际上是将文字与其负载的理念之间的关系类比为躯壳和灵魂：躯壳是僵死的，就像一座坟墓，封闭着灵魂，而灵魂又需要躯壳来保护自己（Derrida，1982：77）。进一步说，象形文字就像金字塔，只适合直观，与理性格格不入，在这个巨大的古墓之下，灵魂（理念）完全像个外来的移民；金字塔（象形文字）表现的只是形象，而不是抽象的理念本身。在这个意义上，东方的象形文字是象征性的，是"摆脱直接客观存在"的，这种象征的国度犹如一个亡魂的世界，就像金字塔一样，是对死亡观念的表现（黑格尔，《美学》（第二卷）：72）。基于此，黑格尔提出，只有使西方的表音文字和东方的象形文字这两种语言秩序保持分离状态，才能阻止非言语形式的书写对意义的同一性和真理的逻辑性产生破坏性的影响。

这种对表音文字的青睐，以及对表音、象形文字进行区分的主张，在逻各斯中心主义的时代并非个例。索绪尔便在区分了表意和表音两种文字体系之后，明确表示自己的语言学研究对象只限于表音体系，特别是今天使用的以希腊字母为原始型的体系（Saussure：26）。逻各斯的特权，从而也就成了表音文字的特权,而这种特权的背后,其实体现着一种深刻的西方中心主义。

在德里达看来,与笛卡尔一样,黑格尔并没有真正抓住书写文字的问题进行实质性的批判(Derrida, *Positions*: 78)。而笛卡尔和黑格尔之间的十八世纪,恰恰是感性、想象和符号为自身恢复权利的时代。莱布尼茨(G. W. Leibniz)对东方文化的向往和介绍,以及他对于"普遍文字"(characteristica universalis)的追求,都在逻各斯中心主义的坚固壁垒上敲开了一个缺口,尽管他的"普遍文字"计划因同样求助于逻各斯中心主义而丝毫不会对其造成中断。这种"普遍文字"计划甚至可以上推至略早于笛卡尔的弗朗西斯·培根(Francis Bacon),他1605年便在《学术的进展》(*Of the Advancement of Learning*)中提出了文字的初步构想(培根: 121–123),后来也在《新工具》(*Novum Organum*)中进一步讨论了构建这种普遍文字的可能性。从培根到莱布尼茨对普遍文字计划的追求,都与十六世纪末欧洲对中国文明及汉字了解的不断加深密不可分。

在这一非表音文字向表音文字挑战的危机时代,德里达眼中逻各斯中心主义最伟大的辩手是卢梭——他"无疑是笛卡尔和黑格尔之间,唯一或者说第一个提出了整个时代所隐含的文字还原主题或文字还原系统的人"(Derrida, 1976: 98)。

2.1.4 卢梭的"替补"

尽管卢梭关注的是主体在意识或情感中的自我呈现,但他其实还是在重复柏拉图和亚里士多德的最初动机,只不过换了一种新的在场模式而已。对于卢梭而言,医治这个世界的苦难的最好办法就是专注于现在,现在就是本源,出生就是在场的出生,在此之前没有在场。不过与笛卡尔和黑格尔之间的其他人相比,卢梭显然更多地受到文字的吸引和折磨。他在黑格尔之前,就明确地批判了莱布尼茨的"普遍文字"计划,认为后者"似乎忽视了言语",显然卢梭更清楚地意识到了文字对于言语的威胁，而且这种威胁绝非偶然。在通用思想符号计划和非欧洲文字的发现，以及解码技术的巨大进步背后，是文字对于言语施加的巨大压力，为捍卫言语的本体地位，一场抵抗文字的战争不可避免（Derrida，1976：98–99）。

卢梭在其专论语言和文字问题的《论语言的起源：兼论旋律与音乐的摹仿》（*Essai sur l'origine des langues: où il est parlé de la mélodie et de l'imitation musicale*）开篇便提出：言语将人和动物区分开来，它是人与生俱来的、属于人的本性，正是由于这人类独有的约定的语言，人才能够获得动物所不能的发展。一个人一旦将另一人视为与自己类似的、能感知能思想的存在，那么交流感觉与思想的渴望或需要，就会促使他寻找交流的方式。这些方式只能产生于感觉，这是一个人能够作用于他人的唯一手段。表达思想的感性符号的产生，也就成为一种必然。而作用于他人感官的基本方法只有两种：动作和声音（卢梭，2003：2）。在卢梭看来，既然"激情是使人开口说话的始因"，那么言语显然就比动作更能"有效地激发听者的意欲"，因为前者造成的持续效果会因累积而渐增，而且能够"渗入心灵的最深处"，不知不觉中激发内心的情感，而后者则纯粹是走马观花，尽管它确实有助于更精确的模仿，但却未必像前者那样令人感同身受（5，18）。

卢梭认为，由于激情往往会首先控制人的眼睛，令人产生幻象，使人走火入魔，误以为最初来到心中的观念是不真实的，象形的词便诞生了，所以原始语言是形象化的。因此，当文字作为探究语言古老程度的另一种方式时，它的完善程度是和语言的年龄成反比的，即文字愈简陋，语言愈古老。

卢梭列出了文字的三种形式：最初的形式并不描绘言语，而是直接描绘对象自身，或是以象形的方法来描绘对象，比如墨西哥人和古埃及人的文字；第二种则是用约定俗成的文字来表示词语及命题，只有当语言有了完善的发展，整个民族为共享的规则所凝聚时，这种文字形式才有可能，因为这种形式包含了听觉和视觉的双重约定——汉字就是这种类型;第三种是将语音切分成一些元素,如元音、辅音之类,以使一切可以想到的词与音节均能组合,这种为欧洲人所采纳的字母文字是由商业民族创造的,因为商人在众多国家游历,不得不讲各种各样的语言,为此被迫发明能够为这些语言所共用的字母——这是一种分析而非描绘语音的方式。在卢梭看来,这三种文字形式恰好对应三种民族及社会状态:描绘对象的方式适合原始民族;用符号来表示词语及命题的方式适合野蛮民族;字母的方式则适合文明民族(卢梭,2003:25–27)。我们不难在这种划分中看出日后在黑格尔那里愈发明显的欧洲人种中心主义的观念,而这种观念更是在当代结构主义人类学家列维-斯特劳斯的人类学理论,以及媒介理论家马歇尔·麦克卢汉(Marshall McLuhan)关于拼音文字优于表意文字的论述中得到"升级版"的复现(麦克卢汉:103–109)。

卢梭表示,在由前两种文字形式代表的表意文字和由第三种形式代表的表音文字之间,存在难以忽视的差别。在时间上更为本初的表意、象征文字,反而是第二性的人工文字,它一旦被书写下来,就"丧失了温暖与生命力",书写就像"照着一个人的尸体给他画像",而这种文字无异于搬运尸体的工具;表音文字才是自然的、神圣的活文字,它与价值的起源、作为神圣法则的良知的声音、心灵情感等具有同样的尊严,理应受到崇拜(卢梭,2003:81–82)。

由此,在卢梭看来,表音文字非常接近宗教忏悔中那种内在的神圣声音,接近人们在自省时听到的声音,它是神圣声音向人的内部感官完整而真实的展现,而"良知是灵魂的声音,欲念是肉体的声音",所以自然的表音文字是灵魂乃至上帝在内心深处留下的"不可磨灭的字迹","自然的神圣的声音"也与上帝的铭文和启示融为一体(卢梭,1996:410–411)。基于这样的观点,卢梭实际上也如柏拉图和早期基督教神学家一样,对文字进行了二分:善的自然文字是内心和灵魂深处的神圣铭文,而堕落的人工文字则是被放逐于肉体外在性中的技巧;灵魂/肉体、内在/外在、良知/

欲念的二元对立也一一呈现。卢梭的"主体在意识或情感中的自我呈现"这一新的在场模式，也就此在对柏拉图和基督教传统的双重继承中得以展现（Derrida，1976：17–18）。

然而，在卢梭眼中，即使是表音文字，也还是不如言语，并不真的是思想的自然表达，它和其他文字形式一样，都只是在言语不能支持在场时姑且用来补充言语的替代工具——创造语言是为了言说，而文字仅仅是言语的补充。可倘若缺少这一工具，在场往往又无法呈现，就像卢梭自己在《忏悔录》（*Les Confessions*）中所说，如果他不把在脑海中成形的文章马上写下来的话，不久就会忘得一干二净，所以只好雇人笔录自己的口授，或者干脆平时就带上纸笔，随时把所想的东西记录下来。若是没有文字这一再现回忆的工具，卢梭甚至都不可能完成《忏悔录》。

然而，由于文字并非自然的，它总是将思想向言语的直接呈现变为表象和想象，这种做法不仅奇怪，而且危险。结果，文字身为对言语的援助，却总是辜负人们对其寄予的固定言语、使之具有稳定性的期望，反过来阉割言语；它不仅改变了语言的言语，更改变了言语的灵魂，并以其传达观念的精确性，取代了言语传达情意的表现性。通过音质的变化，言语可以随心所欲地赋予言辞以丰富的含义，且受清晰性的限制越少，表达就越有说服力；而到了文字中，每一个词都必须合乎最普通的用法，写下来的只是语词，而不是声音，结果自然无法保持言语的活力（卢梭，2003：32）。

因此，书写文字对于卢梭而言，始终是一种"危险的替补"。"替补"也就成为德里达从对卢梭的分析中提炼出来，用以描述书写特性的重要概念之一（Derrida，1976：143）。德里达指出，"替补"同时包含两种相悖的含义：（1）它是一种剩余物，是实现在场的完满手段，并对在场加以累积，如各种艺术和技艺；（2）它是一种附属物，对在场原有的欠缺进行描述和模仿，同时又必然进行替代。因为符号始终是物本身的替代物，而替代物又总是使人忘记其替代功能，所以文字便可能会被人误认为完整的言语,从而破坏了属于言语的自然优先性,导致自然之音逐渐被遗忘,进而威胁到人类认识的真正源头(144–145)。不论这种"替补"是补充还是替代,它始终都是外在的,总是处于被它所替补的积极因素之外,是外在于后者、替代后者,且又不同于后者之物。所以与单纯的补充不同,"替补"是"外在的增加"。它既非在场亦非不在场,无限替补的过程只会不断对在场造成损害,始终铭写着重复的空间和自我的分裂,这对于卢梭而言无疑是一种噩梦。

既然替补是外在的,它的降临无疑也是偶然的,被其补充的内在之物,则是自然和自足的。也就是说,在场应该是自足的,也始终是自然的,它在卢梭那里比在其他人那里更具有母性的意义。德里达认为,自然、母爱对于卢梭来说,在本质上就是在场的别名,完全可以通过在场的框架来理解。而卢梭在《爱弥儿:论教育》(*Émile, ou de l'éducation*)中就明确提出,像自然之爱一样,母爱是无法替代的,因为它是充分自足的。任何"保姆"都不会等同于母亲,任何替补也都不会等同于在场,而只是一种权宜之计(卢梭,1996:17–20)。因而,相对的,在场的完满性也同样不会因为替补而有所改变。

在完满的在场和危险的替补问题上,索绪尔与卢梭的观点惊人地相似。索绪尔强调,语言是一个自我包容的完满系统,并不需要书写,书写对于语言完全是外在的,文字"唯一的存在理由就在于表现语言";同时,他的语言学研究对象也只由口说的词单独构成,而不包括与内部系统无关的书写的词,后者只是借用来表现语言的手段而已(Saussure:24–25)。可由于较之音响形象,书写的视觉形象在物质性上更为恒久、稳固、明晰,再加上文学语言增强了其"不应具有的重要性",本是作为替补的书写逐渐篡夺了语言的王位,使得人们把它看得更为重要(26)。由此可见,索绪尔和柏拉图、卢梭一样,都认为书写是言语的外在污染物,是人造的外衣,甚至是对意义的伪装、掩盖或曲解。在他看来,书写意象的牢固和永恒是虚假的,所以他才会在肯定其效用的同时,提醒人们也要认识到它的缺点和危险。

卢梭的创见不仅限于现代语言学，还在于他较早地开辟了人类学研究，并从人类学的角度批判了一切外在的替补。在他看来，替补违背了他所推崇的"天赋自然权利"观念，因为替补总是与邪恶为伍，恶在天性之外，总是要去替代、弥补其实完美自足的天性，从而破坏自然的自足。

卢梭在其开辟了人类学研究的《论人类不平等的起源和基础》(*Discours sur l'origine et les fondements de l'inégalité parmi les hommes*)中提出，尽管原始人本身也许没有任何本能，但他们却具有会学习的优点，人的身体经过锻炼可以适应各种不同的用途，很容易就能满足基本的生存需要，因而身体本身就是原始人"所认识的唯一工具"，根本不需要任何外在的替补(卢梭，1962：75–76)。处在这种自然状态中的人，其天性是朴实无华、未受玷污的，情感上的平静和对邪恶的无知阻止了他们作恶，自然的怜悯心更杜绝了弱肉强食。因此，卢梭认为，精神上或政治上的不平等在自然状态的人中是感觉不到的。但随着知识的累积，人的智慧越来越发达，各种技巧也趋于完善，人发明了各种作为替补的工具，催生出了人与人之间的差异，而这正是人类走向不平等的第一步，也是走向邪恶的第一步(115，118)。对于卢梭来说，人类所有的进步，其实都是在不断地与人类原始状态背道而驰，文明和礼仪的背后是整个人类的败坏，科学与艺术都是从文明的罪恶中诞生的，它们是束缚人类的枷锁上的点缀，使他们喜爱自己被奴役的状态，成为所谓的文明民族(卢梭，2007：21)。从而，包括书写技能在内的增补系统带来的文明，这属于外在偶然的人类第二起源，这"药房"的诞生，本身就像疾病一样败坏了自然，败坏了自然所等同的纯粹在场(斯蒂格勒：138–139)。

2.1.5 作为替罪羊的书写

正如卢梭在提到书写自我的初衷时所提到的，如果他时刻在场，人们就永远不会知道他是何等样人，与人直接的交谈也往往让他感觉不到自己的在场；而恰恰是作为恶的书写赋予了他这样一种能力，即通过写下来让别人阅读的方式把经历现实化，这使他避免了直接的在场，随时都可以解释自己的动机，展示思想在任何给定时刻的复杂性和多变性，从而消除现时在场的疏离感，实现一种更为理想的"自我呈现"（卢梭，1986：141）。这样一来，替补又变成了补偿内在自然的偶然缺陷和偏离的特效药：没有书写的文字，卢梭就无法让他人真正了解自己。替补的运动由此以完全异化的离开起源的方式，实现了卢梭所追求的自我呈现，在背离中悖论般地满足了在场的需要（Derrida，1976：295）。

实际上，从柏拉图—早期基督教—卢梭—索绪尔这一系列不同时代对于书写的指责中，我们可以看到这样一种普遍的逻辑悖论：他们贬抑书写这种"药"或替补，却又不得不使用它，利用这种必要的恶。

德里达认为，这种逻辑与弗洛伊德在《梦的解析》（*Die Traumdeutung*）中用以说明梦之逻辑的"水壶逻辑"十分相似，同样充满了悖论：(1) 我还给你的水壶是崭新的；(2) 壶上的洞在你借给我的时候就已经有了；(3) 我根本就没有从你那里借过什么水壶。德里达将这种逻辑类推为：(1) 书写明显外在于并且次于活生生的记忆和言语，所以不可能对言语构成威胁，自身完满的言语也根本不需要书写的帮助；(2) 书写确实贻害无穷，因为它能够麻痹言语，从而对言语产生影响；(3) 倘使人不得不求助于书写，不是因为看中了它的内在价值，而是因为活的记忆本身存在缺陷，在书写为它留下痕迹之前，它就已经有了漏洞（Derrida，*Dissemination*：111）。

根据这种"水壶逻辑"，不难在上述一系列贬抑书写的理论中发现更多的二律背反式悖论：书写作为言语—逻各斯—上帝在场的补充，却替代了后者；书写作补充是多余的，但却弥补了后者的不在场；书写篡夺了后者的位置，污染了它的纯洁性，却又弥补了后者本身存在的不足；书写是后者达到契合和满足所必需的，可又是后者自身中疏离出的一种偶然；没有书写，后者就会缺失，但书写的存在又造成了后者的缺失；书写对后者有巨大的威胁，但又是对后者的医治；书写虚妄的魅力诱惑着人们偏离正轨，永远都不能满足对后者的欲求，但同时又避免了与后者直接相对（Johnson，1998：45）。

既然在言语和书写的二元对立中出现了如此多的悖论，它们之间预设的那种父子、内外间的等级关系便随之不再那么稳固了。比如，在书写的神话中，其实是图提先于自己的父神塔穆斯对书写等技术进行了解释和评价——儿子在父亲之前，甚至父亲本就是儿子带来的一种效应。这样一来，父亲便未必一定高于儿子，言语也就未必一定高于书写，彼此之间的关系并非不可颠覆的（Derrida，*Dissemination*：80）。

相似的，如果要讨论外在化，那么就意味着存在一个先于外在的内在，然而这个内在不可能脱离外在孤立地存在，这样一来，便很难界定内部与外部之间的边界，也就根本没有内外的先后本末之分。唯一的解释是，所谓的内在与外在本就不是相互对立的，而是相互依附、同时产生的，是同一起源在不同视角的反映。因而，被视为内在的言语与被视为外在的书写，在根本上具有相同的结构——言语是一种书写，书写是一种言语。柏拉图在说明忠实记录言语的善的书写时，实际上也是在用隐喻的方式将言语描绘为一种书写："把种子播种在文字的花园里"，"在心灵中种下言词的种子"（*Phaedrus*：276d–277a）（Plato：553）。何况，又有哪个柏拉图的信徒会否认，作为感性和外在的书写作品的柏拉图文本在本质上是一种智慧和内在的言语呢？所谓的毒药、疾病、污染，在内与外、言语与书写的对立形成之前其实就都存在，而所谓的"外在"，只不过是从原有的"内在"一体中划分出来的替罪羊而已（Derrida，*Dissemination*：129–130）。

德里达注意到，在希腊语中，"替罪羊"恰恰与用来称呼苏格拉底的"毒药师""魔术师"是同一个词——pharmakos，它也是pharmakon（药）的同源近义词（Derrida，*Dissemination*：130）。"替罪羊"是一种古希腊城邦国家的传统祭神仪式。根据詹姆斯·乔治·弗雷泽（James George Frazer）所著《金枝》（*Golden Bough*）的描述，雅典城邦在遭到瘟疫、旱灾或饥荒等灾难时，以及每年五月的献祭节萨格里亚节（Thargelia）时，都会选出两个男人（一个代表男人，一个代表女人）或一男一女作为替罪羊来献祭，他们先被领着在城里走一遍，然后被带到城外用石头砸死，通过这样一种仪式来达到净化城市和避免城市灾祸的目的，其他城邦以及之后的古罗马也有类似的替罪羊仪式。作为替罪羊的祭品在这种仪式当中代表着城邦的罪恶，他们往往并非真正的罪人：被选作替罪羊的人，都是城邦内部的人，甚至有人还是自愿的，没有任何迹象表明他们真的犯了什么罪（弗雷泽：815-818）。也就是说，替罪羊仪式其实是在选择无辜的个别人来承担整个群体的所谓的恶，然后通过类似驱魔的仪式，换来整个群体的平安存续。

根据法国人类学家勒内·吉拉尔（René Girard）的理论，"替罪羊"其实已经超越了单纯人类学或宗教学的意义，成为文明当中的一种普遍规律——通过一个"罪人"的死亡来换取大家的生存。从俄狄浦斯（Oedipus）的神话、耶稣的受难，到从中世纪开始直至现代驱逐和屠杀犹太人的行为，其实都是替罪羊现象。这些替罪羊往往会被冠以某种罪名，一般都是暴力侵犯他人乃至整个群体的利益，侵犯最高权力的象征者或是违背习俗和禁忌，亵渎宗教圣物。有了这些罪名，驱逐甚至屠杀的迫害行为便看起来合理合法，迫害者会认为自己是在为群体利益"伸张正义"，因为他们坚信一小部分人，甚至一个人都可能极大地危害整个社会——就像坚信弱小的文字可以败坏言语一样（吉拉尔：9）。这些罪名其实根本就经不起质疑和推敲，比如瘟疫是犹太人投毒所致，或是所谓的"女巫"崇拜魔鬼所致。吉拉尔解释说，他们被选为替罪羊，并不是因为莫须有的罪名，而是因为他们身上特殊的"标记"，比如人种和宗教中的少数派、不合群的小团体或个人、老弱病残、精神错乱者等，就像希腊城邦中充当替罪羊的大部分都是穷人（21）。这些替罪羊的地位正如书写一般，在整个等级秩序中是次一级的，甚至是最低层级。

替罪羊是危机的发起者，却也是平息危机的人，他承担了一切责任，甚至颠倒了迫害与受害的关系，把迫害者变成了在进行迫害之后心有余悸，有时甚至还会反过来将替罪羊敬为神明的受害者，这是何等的自相矛盾？（吉拉尔：54-55）就像德里达在分析希腊城邦的替罪羊时所说，替罪羊象征来自城邦外部、可能侵入内部的不可预测的罪恶他者，可他们城邦内部下等人的身份以及城邦共同体出钱供养他们的事实，又无不说明他们其实是内部的。于是，替罪羊既是外在的，也是内在的，既是毒药，又是良药，替罪羊的仪式在内在与外在的边境线上反复上演着，成为差异和分歧的根源。德里达进一步提示，"药师"苏格拉底出生和饮"药"而逝恰逢雅典萨格里亚节前后，这种巧合为他阐发的文字游戏镀上了一层神秘的色彩，因为如此一来，苏格拉底也可以被视为一个替罪羊。从这个角度看，作为"药"的书写同样也被当作了替罪羊：驱逐文字意味着净化言语，使得逻各斯——上帝之光普照心灵的城邦；但它同时又作为一种必要的恶，被默许存在，因为只有这样才能反复进行那净化的仪式，以防范更大的恶。所以，柏拉图和基督徒无法彻底驱逐文字，无法彻底逐走诗人和撒旦（Satan），因为那样就无法映衬出哲学王和上帝的荣光。

柏拉图绝非没有思考过这种令人抓狂又无奈的悖论，他已认识到自己留下文字作品的行为恰恰与自己的书写理论相悖，所以只好不时自己否定自己著作的存在："我肯定没有写过这一主题的书，今后也不打算这样做，因为这是无法见诸文字的"（Letter VII：341 c）（Plato：1659）。《第二封信》（Letter II）中也写道：

> 用心学习比把想法写下来要安全得多，有些想法一旦成文就不可能再隐藏起来。这就是我不写关于这些事情的文章的原因，这些事情都不会成为柏拉图著作的内容。现在所谓的柏拉图著作，实际上是经过修饰的苏格拉底的著作。再见吧，相信我。另外，这封信您用心反复阅读几遍之后，就把它烧掉吧。（Letter II：314 c）（Plato：1639）

这种辩解和否认的方式实在有些像掩耳盗铃。如果按照柏拉图所说，所谓的柏拉图著作其实是苏格拉底的著作的话，那么这些在苏格拉底被执行死刑后书写下的文字，大概就是幽灵所书写的了，又怎么还能是他所推崇的"善的书写"呢？德里达在牛津大学伯德雷恩图书馆曾发现一幅十三世纪的插图，并据此绘制了一幅画，这幅画后来被放在他的《明信片：从苏格拉底到弗洛伊德及其后》(*La carte postale : de Socrate à Freud et au-delà*)英译本的封面上，画中的苏格拉底正在奋笔疾书，而柏拉图则站在他的背后指指点点，仿佛在指挥着自己的老师一样。这幅画似乎说明，一个权威的声音如果不借助某种形象或书写的隐喻，是无法被回想起来的。那么，画中的柏拉图和苏格拉底，究竟谁是父亲，谁是儿子？谁是言语者，谁是书写者？这些问题连同以上所有的问题，又该由他们中的哪一位来回答呢？

2.2　介入、沉默与中性

1947年，萨特在他所创办的《现代》(*Les Temps Modernes*)杂志发表了著名的《什么是文学？》，系统阐述了他对于文学和写作的构想，并正式提出了"介入文学"的主张。这桩文学事件对法国文坛和理论界产生了深远影响：不仅掀起了文学界和理论界无数的思考与批判，使阿尔贝·加缪（Albert Camus）、乔治·巴塔耶（Georges Bataille）、西奥多·阿多诺（Theodor W. Adorno）纷纷加入批判的队伍当中，间接催生了文学的新流派、新主张，更令被托多洛夫视为二战后与萨特并称为"法国文学三位代表人物"的巴特和布朗肖就"文学"和"写作"问题各抒己见。正是在他们的探讨中，écriture一词惯有的"写作"之意开始悄然向"书写"转变，这种转变可以视为书写革命在文学领域的一段前奏。也正因如此，在巴特和布朗肖的前期理论中，écriture就已经既可以被译为"写作"，又能被理解为"书写"了。[1]

2.2.1 萨特：介入文学与责任

在《什么是文学？》一文中，萨特多少偷换了概念，用写作代替了本来应当探讨的"文学"，并用"什么是写作""为什么写作"和"为谁写作"这一连串自问自答，作出了自己的详尽解释。

在"什么是写作"一节中，萨特将写作区分为诗歌和散文两大类，尽管两者都使用文字，但两种写作行为的"共同点仅是手画出字母的运动而已"，"在其余方面，两者的天地是彼此隔绝的"（萨特，1998：79）。在萨特看来，诗歌是与绘画、雕塑、音乐更为相近的艺术，诗人是拒绝利用文学语言的人，从作为工具的语言当中脱身而出，将词语看作自然的物，而非模棱两可的符号，从而也就不以"阐述真理"为目的，自然也就无从去"介入"什么。

对于萨特而言，如果说诗歌是服务于文字的，那么散文则使用文学的语言——或者说词语明确地指涉世界上某些东西或某一概念，重要的是将内容和想法传递给他人，而传递时使用的词语则完全可以在事后忘却。作为散文作者的作家，其职责就是向他人揭示世界和人，并让他人面对"赤裸裸向他们呈现的客体负起他们的全部责任"，"使得无人不知世界，无人能说世界与他无关"，一旦进入这个"意义的天地"，作家也就无法真正从中脱身，这时候，就连他的沉默，也是一种言说（萨特，1998：82–83）。不管作家是以何种方式进入文学界，不管他曾持何种观点，文学都会把他投入到战斗之中，因为"一旦你开始写作，不管你愿意不愿意，你已经介入了"（116）。介入与自由一样，是绝对的、无可逃避的。

1　巴特和布朗肖的writing理论因为主要限于文学领域而多被译为"写作"，但考虑到二人的理论确为本书探讨不可或缺的一环，为求行文统一，凡二人理论中的writing，均译为"书写"；并非表述二人本身观点，而更多倾向于文学创作意义上的writing，仍译为"写作"。萨特及其他文学家偏重创作的writing也译为"写作"。

事实上，在这篇文章发表前的1945年，《现代》杂志创刊时，萨特就已经在纲领宣言中提出，作家是生活在具体的历史环境、时代之中的，"他写的每一句话都要引起反应，连他的沉默也是如此"（萨特，1984：326）。正因如此，巴尔扎克（Honoré de Balzac）和居斯塔夫·福楼拜（Gustave Flaubert）对1848年革命和巴黎公社的漠不关心、缺乏理解都是令人失望的，他们就没能像伏尔泰（Voltaire）、埃米尔·左拉（Émile Zola）和安德烈·纪德（André Gide）一样，"在各自一生所处的具体环境中都考虑衡量了本人作为一个作家应负的责任"（326-327），他们的逃避使得他们没能真正做到为同时代的人写作。

在这里，被萨特称为散文的写作形式，正与柏拉图的"善的书写"相似，这种可以介入社会、政治与意识形态当中的写作，无疑是萨特真正推崇的。尽管他还是承认文学形式的重要性，将诗歌单独划分出来作为超越功利的纯文学代表，可这仍然无法掩饰他对这类写作形式的不以为意。如此一来，这种区分就更像是一种尽可能将负面因素排除到散文之外，画地为牢拘囿于诗歌之中的驱逐，诗歌自然也就成了相形之下的"恶的书写"。

在"为什么写作"一段中，萨特提出，艺术创作的主要动机之一就是人们需要感到自己对于世界而言是主要的，但创作者不可能同时既揭示又生产，当他越多地意识到自己的生产性活动，就会越少地意识到生产出的物体。这样一来，艺术作品、文学作品就需要另一个人的眼睛来审视，亦即需要一个读者阅读的过程，因为只有读者才能在阅读中实现作者自己无法完成的"预测和期待"。"精神产品这个既是具体的又是想象出来的客体只有在作者和读者的联合努力之下才能出现。只有为了别人，才有艺术；只有通过别人，才有艺术"（萨特，1998：98）。既然创造只能在阅读中完成，艺术家也就只能通过读者才能将自己试图通过文学语言揭示的真理转化为客观存在。作家实际上是为了向读者的自由发出召唤，让他们来协同生产作品而写作的。也就是说，只有通过他人的媒介，作家才能使自己被承认，实现艺术创作动机。

话已至此，"为谁写作"的答案自然就是读者，而当一个作家为自己、也为读者，从自发、直接的阶段转向清醒的反思阶段时，他便是介入作家了。然而正如作家生活在具体历史语境中一样，不同时代的读者群体也是不尽相同的。在教会时代的欧洲，阅读同写作一样是只有专业人员才能掌握的技巧，阅读的内容也多与《圣经》相关。到了十七世纪，古典主义作家的读者群主要还是宫廷显贵、教士、法官和有资产者，作家有着相对固定的收入，读者和作家仍然接近一种供养和被供养的关系。而到了十八世纪的法国，读者群圈子明显扩大了，作家开始夹在敌对的两派读者之间，不再由教士或是统治阶级单独供养，虽然他们还在给作家发年金，但是更多的资产阶级开始购买书籍阅读了，这些精神产品也就自然不能再只按一定的标准去创作了。

法国大革命之后，许多作家曾全心全意呼唤的资产阶级的政治胜利实现了，这种胜利也改变了作家的地位。资产阶级读者不再像旧式贵族和教士阶层那样，将"文学作品看成一种无偿的、无私的创造，而是看作一种换取报酬的劳务"（萨特，1998：149）；而随着"文学自身的要求与被压迫的资产阶级的要求都得到实现，原来联系两者的那种奇妙的和谐关系就断绝了"，因为"一旦思想与宗教信仰自由和政治权利的平等已经取得，保卫文学就变成一种纯粹形式游戏，谁也不会对之感到兴味"（148）。

萨特认为，从1848年起到1914年的第一次世界大战间，读者群的彻底统一促使作家在原则上反对为所有读者而写作，这导致了作家和读者之间史无前例的"对立"——一面继续出售自己的作品，一面却在内心蔑视读者，尽可能地违背他们的愿望（萨特，1998：154）。随着法兰西第三共和国规定所有人都享有阅读和写作的权利，很多作家都选择发掘一个潜在的读者群，以重建对自己有利的双重读者群。这个新的读者群，就是"普罗大众"。

萨特认为，如果作家选择为潜在的读者群写作，他们就不能只是停留在象征性地切断与资产阶级读者的联系上，实际上却对大众漠不关心，更不应当像福楼拜那样，公开承认资产阶级的统治权；他们应当适应启迪思想的任务，根据普罗大众的要求，而不是艺术自身的本质来创造，这就意味着"有些叙述、诗歌乃至推理形式也必须被放弃，只因为它们不能为缺乏文化修养的读者们所接受"（萨特，1998：157）。在这里，萨特实际上也是在否定从福楼拜到马拉美对于"文学性"本身的追求，因为他们的作品太不通俗化，至于超现实主义一类作为绝对否定的文学主张，更是直接被他判定为"反文学"。

不论萨特的"介入文学"理论是否为文坛和理论界所接受，结果都是萨特经常论及的"处境"的产物。一方面，它是二战以后法国特殊政治局势的反映：那时的苏联还是众多法国作家和理论家心目中的圣地，法国共产党也还是政府中颇有影响的党派，这都足以令马克思主义理论在当时的法国产生重要影响。另一方面，自十九世纪中期开始，文学逐渐成为一个脱离社会、独立封闭的领域，福楼拜、夏尔·皮埃尔·波德莱尔（Charles Pierre Baudelaire）等众多作家开始刻意与社会现实、政治意识形态保持距离，由此形成了现代性意义上放弃社会批判功能的文学，其发展的一个巅峰就是以马拉美等人为代表的象征主义诗歌。萨特提出"介入文学"，正是眼看着启蒙运动之后的"经国之大业"沦为文字游戏而对自福楼拜到马拉美一脉的反驳，也是对他眼中"装神弄鬼"的超现实主义的口诛笔伐。

在对现代文学不以为意的态度上，萨特并非二十世纪四十年代的个例。曾任《新法兰西杂志》（*La Nouvelle Revue Française*）主编的让·波朗（Jean Paulhan）就提出，在十九世纪开始出现的现代文学中，文学技巧不断被遗弃，并与作品所属的文学类型相脱离，各种文类的文学技巧也在被其他文类的秘诀和方法侵入；结果，戏剧想要避免仅仅具有戏剧性，小说避免小说性，诗歌避免诗性，"文学总体上希望避免的正是文学本身"（波朗：8）。在反叛的同时，现代文学责难传统文学中的俗语套话，认为这是语言压倒了心灵自由和自然，将后者束缚起来了，甚至认为很多传统文学的作者"以现成的句子来思考",这样一来,"词语无力将自己置于新的位置","深陷大脑之中的词语,就好像在某种装配机器中一样,径直地从盛装它们的盒子中到了作者的嘴边或者笔尖,没有任何良心和识别力的介入"(转引自波朗:18–19)。在明显更倾向于"经典作家"的波朗看来,这些责难在文学批评中制造出一种特别的氛围,使得文学事件发生之后的批评获得了一种近乎科学的自然权威,并由此获得了一种前所未有的暴力,以革新语言的名义实施文学中的恐怖主义。对于波朗的这一"文学恐怖主义"论,萨特在《什么是文学?》中也有提及,只不过较之波朗,他的态度显然更为鲜明,甚至已经不只是单纯在探讨文学问题了。

正如爱德华·萨义德(Edward W. Said)所指出的,《什么是文学?》虽然通篇都在用"作家"一类的字眼,"但所说的显然是知识分子在社会中的角色"(萨义德,2016:83)。而萨特所呼吁的现代意义上的"知识分子"概念并非自古有之,而是十九世纪中期前后才开始慢慢出现、成形的。在某一时间段内,这类知识分子大多由左拉一类的作家作为代表,但其实作家从来都不一定等于知识分子。而这恐怕也是萨特此文一出,不但没能弥合资产阶级作家与新兴无产阶级之间的鸿沟,反而还一石激起千层浪,惹来一波又一波质疑的原因之一。

更加反讽的是,萨特在文学史和思想史中之所以如此重要,不仅是因为他的存在主义思想和介入文学的主张,以及对"接受美学"的影响,还在于,他和他的思想主张在文学界和理论界都充当了俄狄浦斯之父拉伊奥斯(Laius)的角色:结构主义是在其思想黯然失色时横空出世的,"荒诞派戏剧"和"新小说"也是在主动反抗介入文学的说教姿态中不走寻常路的,下文先后出场的布朗肖与巴特,基本上也是在对《什么是文学?》的直接回应当中,提出了属于自己的书写理论。若以此论,一代宗师萨特,功莫大焉。

2.2.2 巴特：零度、中性与文本

苏珊·桑塔格（Susan Sontag）曾这样评价巴特："书写是罗兰·巴特永恒的主题，自福楼拜以来，也许从没有哪个人像巴特那样睿智和热情地思考何为书写"，"巴特的书写虽然涉及万千主题，归根结底不过是一个大主题——书写本身"（Sontag: vii, xvii）。而《书写的零度》（*Le degré zéro de l'écriture*）[1]作为巴特第一部正式发表的著作，就像是这位一生都生活在书写之中的理论家文字生涯的一个引子，或是其全部理论的一个总的序言；它同时也是对萨特的《什么是文学？》的回应，就连谋篇布局都参照了后者。

该书正文甫一开始，巴特就与萨特一样提出了这个问题："什么是书写？"但在探讨文学和书写之前，巴特首先谈论的是语言。在他看来，语言是结构化、奴役性和充满拘束感的，它全面贯穿于作家的言语表达之中，成为一种无处不在的环境和界限。所以，与其说作家赋予语言以可能性，还不如说语言限定了作家的可能性，就像一个无法挣脱的牢笼一般。不过，在同样的语言结构面前，不同作家的书写往往能在各自作品中体现出各异的姿态，这便是所谓的"风格"在起作用。作品中形象、叙述方式、词汇等要素都取决于风格，它是一种个人的、封闭的过程，绝非进行选择和对文学进行反省的结果。语言结构和风格共同为作家描绘出一种天性，使得他在语言结构的否定性作用下发现历史的熟悉性，在风格中发现自身经历的熟悉性。语言结构和风格之间尚有表示另一个形式性现实的空间，巴特称之为"书写"。它是存在于创造性和社会性之间的那种关系，也是被其社会性目标所转变了的文学语言，是束缚于人的意图的"形式"。从本质上说，书写就是一种形式的选择和形式的伦理，它只是作家思考文学的一种方式，而不是扩展文学的一种方式。正因为作家不可能对文学消费的客观材料作任何改变，所以他才想在言语的根源处要求一种"被自由生

---

[1] 该书中译本通常译为《写作的零度》，为与书中内容统一，权且译为《书写的零度》。

产的语言"。这样，巴特定义的书写便显现出了与萨特的写作的不同之处，它不再是一种呼吁，也不再被社会和道德的伦理所左右，而是使作家从社会目的性返回其创作行为的工具性根源，变成了一种对"形式"的求索。

结合巴特随后展开的对政治写作与十九世纪小说写作的一系列批评，不难看出他所认为的理想书写不应像那些价值性写作和虚构世界秩序的写作一样，过多纠缠于它与社会、责任等之间的关联，而应当更依赖自身，更强调关注文学本身。这种对于价值性写作和更为"理想"的书写之间的区分，到了巴特于1960年发表的《作家和作者》("Authors and Writers")中，进一步转换为两种书写者和两种书写的区分："作者"(writer)的书写是在描写对象，写"重要的事物"，并为自己的书写确立一个目的，他使用的语言都是为了实现这一目的，他们的书写方式因此可以被称为"及物的"；而在真正的"作家"(author)那里，书写并不把人们引向书写之外的某种东西，而是引向书写活动本身，因此文学成为一种同义反复的活动，他们通过书写生产出书写自身，这种书写方式便是"不及物的"(Barthes, 1972: 144–150)。在巴特看来，动词"写"(to write)的不及物含义不仅是作家幸福的源泉，也是自由的模式(Sontag: xxi)。在"不及物"的"作家"那里，现实对于书写不过是一个借口，他无须对它进行反映和解释，作家唯一的责任就是支持文学作为一种书写活动而存在。

从而，文学书写愈发返回自身，而不是书写的人。到了《叙事作品结构分析导论》("An Introduction to the Structural Analysis of Narratives")当中，巴特干脆说，"(叙事文学作品中)说话的人不是(现实生活中)书写的人，书写的人也不是存在的人"(Barthes, *Image Music Text*: 111–112)。因此，叙事文学不再是"讲故事"，而只是"讲"，在"讲"的也不再是作家这个人，而是语言的结构，也就是实际上是作品在书写。以往人们归之于书写活动的内容，诸如感觉、思考、描写、表现等都不复存在，剩下的也许就只有从语言学的角度来考虑句子的分节和文体的构成了。也就是说，无论是作家的书写还是读者的阅读，都不应当再将注意力放在一部具体作品的特点内容上，不应当去过分关注它与"文学性"之外的一切其他关联，因为文学已经成为一种自足性的存在（耿幼壮，2006：5-6）。

巴特认为，以法国文学为例，君主制时代的前资产阶级和革命时代以后的资产阶级，使用的都是一种普遍性的纯关系意图的古典式写作，它们都消除了语言的各种表意可能性，即使是1848年的资产阶级革命也未曾改变这种写作，直到十九世纪中叶它才真正瓦解，不复为唯一的写作形式。自那之后，写作变得多样化，每一种写作都是在构想一种新的文学，都在探索文学的存在本身，而当现代主义显现在这多种多样的写作之中时，也正是古典式写作日暮途穷之时。就古典式写作而言，写作的形式只是一种工具，并无举足轻重的地位；而到了现代写作时期，形式已成为一个无法忽略的话题，它开始以一种"劳动价值"而非"使用价值"的形象出现。也就是说，写作将不再因其用途，而是因其需要的劳动而被保全。自福楼拜以降，泰奥菲尔·戈蒂耶（Théophile Gautier）、保尔·瓦莱里（Paul Valery）、纪德等人，均以各自的方式进行着由福楼拜开辟的这种技艺式写作的探索。这种写作的"非个人化"趋向增强了对于艺术形式及文学语言本身的关注，意味着回到写作自身，也标志着现代写作的开始。

在这里我们可以发现巴特与萨特的某种共识：在十九世纪中期的法国，由于政治、资本等诸多因素的发展态势，文学的确开始从社会、文化、政治的附属物中独立出来，作家与社会及掌握政权的统治者的关系日渐疏离，而与资本的关系愈发密切。皮埃尔·布尔迪厄（Pierre Bourdieu）甚至认为，十九世纪八十年代已经形成了一种独立的"文学生产场"（布尔迪厄：80）。

巴特认为，自福楼拜之后，传统的文学语言，以及"一切不是纯然以社会性言语为基础的语言"都受到了这种具有现代性意味的"纯文学"的威胁，作家的那些套话、习惯表达、以往的形式外壳时时刻刻都在遭到瓦解（Barthes，1967：75）。旧有的语言和形式之解体，必将导致一种书写的沉默。最能明确表达这种书写的沉默的，莫过于马拉美。他独特的阶梯诗中，稀少的文字周围留下空白区域，一方面使得书写语言不再对一切可能的语境负责，摆脱了社会属性，另一方面也使得书写语言在沉淀中表现出一种自恋、孤独和纯洁的特性。这种沉默的书写无异于对古典写作的一种"谋杀"，宣告了传统意义上的文学的死亡。

而另一种试图摆脱特殊语言秩序束缚的书写，就是巴特提倡的"零度书写"，又称"白色书写"（colorless writing）或"中性书写"（neutral writing）（Barthes，1967：76）。它是一种"直陈式书写"或者说"非语式书写"，不作任何判断，不含任何隐秘，是一种沉默无语、无动于衷、放弃任何形式责任和伦理责任的最为纯粹的书写，也是一种创作主体被语言和形式替代而成为"不在场"的书写，它发展下去就是前文已经提到的"不及物的书写"。同时，它承认古典艺术对语言的工具性要求，只是此"工具"已经不再是被利用的工具，而成为作家面对新情况时所采用的一种方式，实际上是一种摆脱了时间、历史和情绪因素，以沉默来存在的方式。也就是说，在这种零度书写中，语言不再是沉重的、不可制服的行为，而是达到了一种纯等式的状态，在面对人的空白存在时仅有一种代数式的内涵，于是，"文学被征服了，人的问题也平淡地被发现和敞开了，作家也永远地成为一个诚实的人"（78）。正是这种主张创作主体退出作品，以语言形式代替内容意义和思想观念介入的书写观，这种与萨特提倡的作者完全"在场"的介入文学形成鲜明对比的书写观，最后发展成为"作者之死"（the death of the author）的讨论。

然而，在《书写的零度》中，巴特在阐述了自己的零度/白色书写观点之后，却又马上提出"没有什么比一种白色的书写更善变无常了"（Barthes，1967：78），因为在作家获得充分的语言自由的同时，在"形式"取代"内容"普遍被人们接受的同时，新的书写模式将在不确定的语言领域中诞生，作家本身也可能成为被自己创造的"形式的神话"禁锢的囚徒。在这里，我们不难看到语言学—形式主义—结构主义这一思脉在巴特理论中的体现——无论是导论中就出现的语言、结构、形式等关键词，还是从丹麦语言学家路易斯·叶尔姆斯列夫（Louis Hjelmslev）、维果·布龙达尔（Viggo Brondal）那里借用来的"中性"概念本身。正如师从巴特，但又与其相互影响，共同阐发"互文性"（intertextuality）理论的克里斯蒂娃所说，"书写作为一种知识的对象是从语言领域（意义）里辩证法的变换中出现的，而巴尔特[1]是使书写成为一门科学的唯理派经验主义者"（克里斯蒂娃[2]：217）。

对于巴特而言，经历了一百多年的文学变革后，当文学的语言不再像古典时代那样为特定的阶层、社会意识所专断，回归其原初、零度的状态时，就意味着自然语言结构指涉和包含了整个社会、历史的语言，书写也将人物的实际言语当成了其思考的处所。有关零度书写、文学的讨论，最终都归于语言学的讨论："在其最好的传统内容中被完成的以往文学类别，乃是一种非时间性的人的本质的表现，这些类别最终只具有一种特殊的形式，一种词汇的或句法的秩序，一种对一切人适用的语言：这也就是书写，它从此以后吸收了一部作品的一切文学特性"（Barthes，1967：85）。这种文学的书写，就是对语言至善的一种热切的想象，它仓促朝向一种梦想的语言。在拒绝了对普遍意义的追寻之后，文学成为一次次或荒诞或冷漠的实验，甚至成为能指的游戏，敞开了多元解释的空间。正是在这种意义上，巴特才会在《书写的零度》结尾高呼："文学应成为语言的乌托邦"（88）。因此，当人们责备巴特走向了萨特的反面，过分重视文学时，其实多少忽略了这一点，即对于巴特而言，文学归根到底只是语言，"一切现实都以语言的形式呈现出来，这是诗人的洞见，也是结构主义者的敏识"（Sontag：xx）。

然而，这并不意味着，巴特的第一部著作《书写的零度》就是一部纯粹的结构主义作品，它其实孕育了后结构主义的种子。因巴特对书写本身

---

1 即巴特。
2 该引用文献又译为克莉思蒂娃。

的强调,并不只是为了获得书写的自由,更重要的还是为了瓦解隐藏在语言中的意识形态及超越性维度,消解意义。对于这种结构主义和后结构主义的杂糅,更为具体的例证是巴特对《书写的零度》中提出的零度—中性概念的后续阐发。

在《书写的零度》中,"零度"和"中性"的概念基本上是同一的。此时的"中性",与其说是一种书写形式,不如说是一种特殊书写行为的描述,它是一种"不在场"的存在对语言的创新,同时又不断抗争,免于受困于新的限制(张汉良、韩蕾:20)。到了1964年,巴特又在《符号学原理》(*Éléments de sémiologie*)中提出,中性指"语言学中这样一种现象,在其中相对应的对立组失去了其相关性,即不再有所意指"(巴特[1]:63)。在这里,有关"中性"的讨论已更多的属于语言学/符号学的范畴。

而在1975年的《罗兰·巴特自述》(*Roland Barthes par Roland Barthes*)中,巴特除了在语言学层面继续呈现中性,用以"解释意义之损失"以外,又阐发出一种伦理学意义上的中性,以此来消除"压制性意义令人无法忍受的标志"(Barthes, *Roland Barthes by Roland Barthes*: 124)。他强调,"中性不是主动与被动的平均状态,它更像一种往复、非道德的震动","一种二律背反的相反之物",中性的外在形象可以说是"一切对炫耀、控制和恫吓的回避、破坏或嘲讽"(132-133)。在这里,巴特首次对"中性"和"零度"作出了区分,强调"中性不是一种既是语义,又是有争执的对立关系的第三项——零度",而是"言语活动的无限链条上的另一个缺口,是一种新聚合关系中的第二项,相对应的,暴力(斗争、胜利、戏剧、傲慢)是其饱和项"(132-133)。在该书的其他片段中,巴特更将中性与文本、意志活动并列为意义波动的形式,这种理想的形式就是既令意义存在,又使之持续流动,不被"抓住",也就是说,既避免固定的意义,又同时避免无意义。

---

[1] 该引用文献又译为巴尔特。

1978年春天，巴特干脆在法兰西学院开设了一门专门阐述"中性"的课程。在课程的"开场白"中，他将"中性"定义为"破除聚合关系（paradigm）之物"，将"凡是破除聚合关系的东西都称为中性"（Barthes, 2005：6）。而破除的方法，则是一种结构上的创造：通过在对立的两项中植入一个消解二元对立的第三项、中性项——既不是对两者的中和，也不是综合，而是一种纯粹的差异项——从而破除以往各种形式的中心主义，开启一种"多元"。在伦理的层面上，就是避免在任何矛盾中作出选择，就是搁置权力的各种命令、法则、胁迫，拒绝单纯的抗争话语。体现在话语或思维方式的实践中，中性就是要不断地跟语言的原料，以及话语的"法则"作斗争，就是要与断言、"大众意见"（doxa）区别，但又并非对立起来。也可以说，中性是一种保持沉默的权利：既然不论选择何种立场，都可能陷入断言的窠臼，那么只有打破"非此即彼"的思维方式，用缄默、不置可否来避开陷阱（23）。

　　这些始于"零度"，却又慢慢与之有所区别的关于"中性"的探讨，与巴特的作家观和政治观息息相关。事实上，巴特并没有彻底否定萨特的看法，他仍然认为作家的职责包含一种伦理的律令，只不过萨特所吁求的是目的的道德性，而巴特所乞灵的是"形式的道德性"，它甚至是"使文学成为文学的东西"（Sontag: xix）。正如桑塔格所说，巴特对于作为无用而自由之活动的书写的赞扬，本身就是一种政治观，"他把文学看作一种对个人表白权利的永久更新，而一切权利最终都是政治性的"，只不过他追求的那种"多元性的、流动性的、随理论而摇摆不定的"自由，其必然代价就是"迟疑不决、忧心忡忡、生怕被当作欺世盗名者"，而其表现就是"在被书写凝固下来之前始终在逃避之中"（xxii，xxxii）。

　　桑塔格将巴特这种纠结的立场描述为"在意识形态充分活跃的时代愿意去采取正确的立场，具有政治性，但最终又不具有；或许这就意味着，去说出任何其他人很难说出的真理"（Sontag: xviii）。符合这一描述的，其实也包括巴特参与其中的《泰凯尔》杂志，只不过其表现更加"摇摆不定"，甚至以实际行动证明了巴特关于"一旦选择立场，就会落入断言和大众意见陷阱之中"的观点。在索莱尔斯的管理下，《泰凯尔》从一开始就对萨特的介入观发出挑战，拒斥"道德与政治的律令"，不久以后，《泰凯尔》又严厉谴责作为"资产阶级意识形态的表达"的那类文学（沃林：271，280）。到了"五月风暴"来临之际，刊物觉得不宜继续采取"去政治化"的倾向，可又选择了对"五月风暴"持批评态度。这之后，《泰凯尔》讥讽萨特选择与之命运与共的学生组织，可同时又试图与正在革命中的中国建立联系——尽管在1974年的中国"朝圣"之行之前，这种联系更多还是一种政治想象的投射（34）。

《泰凯尔》这一系列不走寻常路的立场选择，是与这份刊物"永久更新"的文学追求密不可分的。《泰凯尔》之名源自弗里德里希·尼采（Friedrich Nietzsche）的格言"我想拥有这个世界，我想按照它本来的样子（tel quel）拥有它"，而其主编索莱尔斯（Sollers）这个笔名来自拉丁词sollus与ars的结合，意思是"只为了艺术"（solely art），这些无疑都标榜着刊物自身对文学现代主义的追求。创刊初始，《泰凯尔》一方面援引福楼拜、马拉美等著名前辈作为"斗争的同伴"，另一方面又通过赞扬以阿兰·罗伯–格里耶（Alain Robbe-Grillet）等人为代表的新小说派来开启自身的历史使命。随着创刊后最初几年结构主义在人文科学和社会科学中逐渐渗透，索莱尔斯迅速对刊物重新定位，转而追逐结构主义的潮流。正是在这一过程中，刊物得以与巴特、福柯、德里达等这一批才华横溢的未来之星合作，俨然成为受结构主义启发的理论时尚杂志，同时又孕育着后结构主义的相关理论。"正如列维–斯特劳斯曾声称要解开那种显示人类文化超历史真实的'编码'一样，《泰凯尔》派相信'文本性'或'书写'是理解历史现在时的钥匙"（沃林：282），并以其非形而上学的书写与传统决裂。部分批评家认为，当时的《泰凯尔》已经屈从于一种带有典型法国特色的语言理想主义：相信"文本"优先于"现实"。所以才会有这样的评论，对于《泰凯尔》派来说，"革命与其说与大街上正在发生的事情有关，倒不如说与意指实践的发展有关"(284)。

也正是在这种语境下，后来与索莱尔斯结为伉俪的克里斯蒂娃创造了"互文性"的概念，将"文本"视为一种能指的实践，一种意义生产的装置，吹响了后结构主义的另一方号角，也启发了巴特关于"文本"的相关论述。

在1971年发表的《从作品到文本》("From Work to Text")中，巴特以不同的视角将书写的文字分为两类：作品(work)和文本(text)。"作品"是封闭的、已完成的，也是可靠的再现性客体，它是总体性的书写；而"文本"则指一种在其中可以生成和转换意义的敞开、无限的过程，也就是说，它的模式是生产性的，可以被重新书写，可以在无限的差异领域中被分散，没有任何一种确定的单一意义可以在此固定(Barthes, *Image Music Text*: 156)。

在对二者进行区分时，巴特强调，年代和时间不应当成为区分的尺度，不能认为越是古典的就是作品，越是现代和先锋的就是文本。二者之间真正的差异在于："作品是一种实体的片段，它占据着书本的部分空间；而文本则是一种方法论的领域"(Barthes, *Image Music Text*: 156–157)。换言之，作品和文本就像拉康的"现实"(reality)和"实在界"(the real)：前者像是被展示的物象，是能被看见的，因此可以把握；而后者是被阐述出来的，是一种阐述过程，只在话语运动中存在，只有在生产性活动中才会被体验，所以它绝不会被某一固定物所束缚。

在符号和意指的层面，巴特认为，作品可以从意指中挖掘出所指和固定内涵，就像文学科学(如现实主义和自然主义)的研究对象；而文本则是能指的领域，它对所指进行无限的延缓，能指不应被视为获取意义的物质性工具，相反应被视为一种延宕行为，能指无限指涉的也不再是无法命名的所指，而是自由嬉戏。因此，文本是断裂、重叠和多变的，它是一种无限制的、可自由联想的象征，是完全发散性的，其意义自然也是多重的和不确定的，不像作品的象征只能是单一、固定和明确的。在此基础上，巴特提出，文本是复数的。所谓的"复数"并不只是指文本具有多重意义，

55

而是说明任何文本都不具备绝对的本源性。这样，文本不再依附于一种固定秩序，不再受制于一种深层结构法则，而成为一种关系性作品：与其他的文本或是在文本内部形成一种相互模仿、复制和改写，同时又相互交织、对话和竞争的关系。如此一来，文本就不像作品那样构成一个封闭系统，而是呈现出"互文性"：每一个文本实际上都是对各种先前写就的文本的回应、引用或参照，文本之间是一种纵横交错的关系——text的词源正是从织物中而来——而不会像作品那样寻找任何单一的支配性要素（Barthes, *Image Music Text*: 158–160）。

基于这种"互文性"观点，巴特指出，既然文本只是引自无数个文化中心的各种引语的编织物，根本就没有一个唯一明确的"父亲"，没有任何一个文本是真正本源的，自然也就不会存在作者及其作品之间的"父子关系"，作者的意图对于书写物的支配也就不复存在，作者甚至还会反过来被文本编织，成为一个"客人"。由此，作者也就不再是意义的源泉、解释的权威，所谓的个性和独创性也就不复存在，作者在作品意义方面的权威也就此被推翻，完全失去了形而上学上的地位。正是基于这样的思路，巴特在《从作品到文本》之前，便提出了"作者之死"理论，宣告了作者随同作品终极意义的消失一起"死亡"，从而取消了任何单一的神学式意义。

巴特认为，传统古典主义文学批评只承认作者，从不过问读者；为了使书写更有前景，就必须颠覆作者的神话，而"作者之死"换来的正是"读者的诞生"（Barthes, *Image Music Text*: 148）。文本之间相互引证、模拟、对话和争论的多重性，都汇集到了读者这里；文本的整体性不再取决于它的起因——作者，而在于其目的——读者；书写的真正场所也从作者的书写活动转向了读者的阅读和批评活动。而从读者阅读的角度看，作品和文本也相应有所不同。在对作品的阅读中，读者仅仅是消费者，对文字无能为力，无法干涉其意义，只能努力达成"理解作品本质"的要求；而在对文本的阅读中，读者不再仅仅是被动的消费者，而成为生产者,参与到意义的生产和创造之中。对文本的阅读本质上是一种导向多重意义的游戏和生产活动,它既是文本自身的游戏,也是读者对文本的游戏,在这种游戏中,历史造成的书写和阅读之间的距离被弥合了。这样,随着作者权威被推翻,他们半自愿半被迫地放弃生产作品意义的能力,狭义的书写便经由读者的阅读和批评得到了补充,读者和作者成为一道完成文本意义的合作者,读者的每次阅读和批评都可以视为一次重写,因此必然地与书写创作一同构成了一种总称的"书写"(耿幼壮,2006:11)。

巴特在《S/Z》(S/Z)中对这一问题作了进一步阐发,提出了"可读性文本"(readerly text)和"可写性文本"(writerly text)这两种文本的理论(Barthes,1974:3-4)。前者如同作品,是一种固定自足的现实文本,其中的能指与所指都是先验和预设的,文本的意义可以通过一种普遍的方法确定下来,在读者和作者的沟通中,读者只是在不断阅读中把握有限意义的消费者,对于作品只能被动地选择接受或拒绝。这种只能被阅读而无法被重写的文本(作品)就被巴特称为可读性文本。而所谓可写性文本,则是可供读者参与重新书写的文本,它可以被重写、再生产和再创造,其意义便在无限的差异当中被扩散,所以这种文本永远是现在时,没有任何固定的结论性语言,是一种具有意义多重性、空间开放性、语言无限性和风格多义性的模式,可以被无限重读和重写。在可读的作品和可写的文本当中,巴特推崇的显然是后者,但这种区分并非一种固定的标签,究竟是作品还是文本,似乎更多的还是取决于读者对待它们的方式。所以,当巴特对可写性文本理论进行实践分析时,他选择的往往不是他推崇备至的作品,比如罗伯-格里耶的"新小说",而恰恰是一些传统作家的作品。《S/Z》一书本身,就是巴特对巴尔扎克的现实主义小说《萨拉辛》(Sarrasine)的一次全面解构式阅读和批评。他设定了五种阅读的符码——阐释符码、语义符码、象征符码、行动符码和文化符码,为读解或重写可写性文本提供了多重入口和途径,以实践说明了在读者的自由创造性面前,所谓的"传统"并非牢不可破。

2.2.3 布朗肖：文学空间、沉默与中性

作为一个"在关于文学语言的使用和书写现象的思考方面对最'现代'的文学起决定性的影响的人"(布吕奈尔等：303)，布朗肖却在多数时候都过着现代人难以想象的隐士生活，就连和思想上有着相互影响关系的朋友，也大多只是借由通信保持联系。布朗肖是极其多产的，从二十世纪三十年代到八十年代，他始终笔耕不辍，也正是因为这种勤奋，他得以通过文字，与萨特、巴塔耶、列维纳斯、巴特、福柯、德里达、吉尔·德勒兹(Gilles Deleuze)、德曼等重要思想家建立密切的思想联系；但因为他过分低调，其理论少有宣传，无法成为理论时尚，更没有随着结构主义/后结构主义在美国的理论旅行而得到更广泛的关注和了解。

作为萨特小说最早的鉴赏者之一，布朗肖曾盛赞《恶心》(*La nausée*)，但随着二战的爆发，两人的文学观日渐相悖，你来我往的笔头官司始终不绝。布朗肖1942年撰写《文学如何可能？》("How Is Literature Possible?")一文，批评波朗的"文学恐怖主义"论，认为文学的使命本就是"抵御陈词滥调，抵御规范、法则、形象和统一下的更为广阔的领域"(Blanchot, 2001：76)，任何屈服于陈词滥调、规约惯例的作家，就是放弃了对于原始关联，亦即世界的更新性这一艺术目的的追寻，这些言语的囚徒理应受到这种"恐怖主义"批评理论的讨伐。在这篇文章中，布朗肖由此展开了对文学可能性问题的探讨——而"文学的可能性以及文学向我们的思想所提出的特定要求"正是布朗肖写作的永恒主题(Haase & Large：1)。当时与波朗算是观点相近的萨特随即撰文为其辩护，并挖苦已有两部小说问世的布朗肖缺少自己的风格，根本没能成功掩饰对弗兰茨·卡夫卡(Franz Kafka)的模仿。布朗肖在1945年写作的文章《萨特的小说》("The Novel of Sartre")中对萨特表达了足够的敬意和赞许，但在结尾处指出，萨特对于艺术的关切已经愈发远离理论的关注，转向了道德的路向，而这将有忘却初衷的危险(Blanchot, *The Work of Fire*：207)。

二者的根本分歧终于随着1947年布朗肖《文学与死亡的权利》

("Literature and the Right to Death")一文的发表而彻底明晰。在这篇回应萨特的同年文章《什么是文学?》却只字未提萨特之名的长文中,布朗肖首先指出,"什么是文学?"这个问题本身就是无意义的,因为"是什么"的提问方式本身就预设了对象的本质存在。在布朗肖看来,"沉默和虚无才是文学的本质"(Blanchot,*The Work of Fire*: 307)。或者说,"文学的本质就在于避免限定本质,避免所有将其固化和现实化的断言……甚至于连'文学'或'艺术'这类词是否对应着真实的、可能的或是重要的东西,都是成问题的","最终'非文学'才是每本书追寻的境界,作为所爱、一心想要发现的本质",文学最终走向的本质就是"消失"(Blanchot,2003: 201,195)。所以真正的问题应当是布朗肖在1942年就提出的"文学如何可能?"。对于这一问题,布朗肖认为文学恰恰是以其"无效性"构筑非凡力量的。我们不妨理解为,文学正是以其不可能而可能的。大概正因如此,布朗肖的文学理论才会被视为一种"反文学"或"非文学"的理论。这样的文学即便"努力忘却自身的微不足道,郑重地介入政治或社会行动之中,这样的介入最终仍会被证明又是一次不介入"(Blanchot,*The Work of Fire*: 25–26)。

与巴特类似,布朗肖的这篇《文学与死亡的权利》在回应萨特的过程中,同样谈及了写作与语言之间的关联。布朗肖的研究者乌尔里希·哈泽(Ullrich Haase)和威廉·拉奇(William Large)认为,布朗肖的早期写作是从文字的声音、形状和韵律等物质性角度来理解文学语言的,接着这种理解经由黑格尔的否定性概念得到发展,进入一种对作为文学文字内核之不在场的沉思之中(Haase & Large: 25–26)。

但在文学的语言与写作观念上对布朗肖影响最大的,无疑还是马拉美。马拉美对于语言的二分法始终或明或暗地出现在其不同时期的著作之中:其一是工具语言,它是行为、工作、逻辑和知识的语言,能直接传递信息,并会像所有良好的工具那样在正常使用中消失;其二是文学语言,它是诗歌的语言,在这种语言中,言语不再是过渡、从属、日常的工具,而是试图在特有的经历中自我完成(Blanchot, 2003: 203)。

工具语言实际上就是日常语言,是未经加工的、直接的话语,它是人们沟通观念时使用的中介,就像交易过程中的硬币,只有符号的工具价值,与文字相关的形象、计量、韵律、音节等物质性都会被轻忽。一旦信息传递成功,正如交易完成后硬币会易手一般,文字也会被"得意忘形"(Mallarmé: 42–43)。而文学语言是不及物的,不用于表明什么,也不再是某个人的话语,它的目的在于对自身本源的探索。布朗肖强调它与日常、工具语言的不同,不只是为了强调对文字物质性的重视,更是要表明,在文学中重要的不是传递的信息,而是文学语言、文字本身,其功能也并非对信息忠实的传递,而是对它的抵抗、中断或悬置。

对于黑格尔而言,否定性是语言的本质,它说明概念的功能就是去否定事物的实在性。但对于马拉美及受其影响的布朗肖来说,因为事物的不在场被观念的在场所弥补,所以这种否定性还不够彻底。"如果语言是一种否定,那么恰恰是文学才真正发挥出了语言那奇妙的力量,因为它既否定事物的实在性,也否认观念的在场,它是一种双重的不在场"(Haase & Large: 30)。

比如在"命名"的行为中,一个词语会将其意义传达出去,但它首先要以某种方式压制这个意义,抽离其有血有肉的实在性,使它不在场——虽然这不是真正的谋杀,但却也宣告了实在的死亡。日常工具语言的信息模式往往遗忘了语言的这项本质,忘记了在某种意义达成之前,语言就已经同现实拉开了距离,这是因为事物的实在虽然被否定掉,但事物的概念或观念却替代、填补了这种不在场。但在文学之中,作为文学语言的书写文字却拒绝效仿这般作为,顽强地坚守其否定性,连文字所指涉的概念也一并否定,因而形成了双重的不在场。布朗肖将这种否定性称为艺术作品的"无用性"(uselessness)或"无为性"(worklessness)。而当文学中的文字不再指涉现实事物或概念时,其指称的链条也就不会停留在任何最终的所指或意义之上,而是停留在语言最中心的不在场之中,使得文字只拥有一种十分脆弱的在场。

在这种观念的基础上，布朗肖提出了文学的两重面向。第一重面向指向文学的确定性或文本的可解读性。在这一层面上，文学试图还原、定义被拆解为非现实的事物，阐释明确的意义。这一面向对应的体裁就是表意的散文，它试图为读者再现整个世界，并提供一种再现的理解，它隶属于现实的社会和世界——而这显然不是持文学双重不在场观念的布朗肖眼中真正的文学艺术。第二重面向则关注被日常语言抹杀的事物的物质性，致力于打破词与物的对应关系，拒绝轻易概念化，拒绝单一的理解。这一面向对应的体裁就是诗歌，它追求文学语言自身的纯粹性，关注处于历史之外的非现实性。布朗肖对这两种体裁的归纳几乎与萨特一致，可立场却恰恰相反。

布朗肖对作者、读者、作品和世界这些写作中最重要的元素的相关思考，也与萨特有着明显的不同，与巴特更有不少区别。首先，布朗肖对写作的成果作了"书"（book/livre）和"作品"（work/œuvre）之分，作者在现实世界里中完成的只是书，而并非作品。对于作者而言，他写作的书是可以完成并属于他的，但作品总是未完成的，他能做的只有永不停歇地书写下去。在这一过程中，书写不断区隔着话语和主体、作品和作者之间的联系，布朗肖甚至将《圣经》中的"不要触摸我"改写成"不要阅读我"，以此来强调这种区隔的不可逾越性（Blanchot, 1982: 84）。

由此可见，与试图实现一种作者完全在场的萨特相比，布朗肖显然不认为作品只是传递作者意图。对他而言，作为写作者的作者，并非凌驾于作品之上、主宰作品的存在，他"只有通过其作品才能意识到自身并且实现自我"，在下笔写作之前，"他不仅对自己一无所知，甚至根本就不存在"（Blanchot, *The Work of Fire*: 303）。甚至可以说，布朗肖同样是一位主张"作者之死"的理论家，尽管这一点常常被忽略。在书写的过程中，试图通过写作来实现自我的作者，将会体验到自己如同作品中的虚无，写作完成后，他也会察觉到其作品的消逝；从而，作者真正创作的，是运动中的作品，以及蕴含其中的创造性的否定力量。

布朗肖认为，只有当作品成为某个书写者和某个阅读者之间某种开放的亲密性时，它才成为一个发生了的事件。也就是说，作品完成的环节不在于书写，而在于阅读。但这并不意味着布朗肖会过分抬高读者接受的意义，因为那样就意味着读者通过阅读造就作品，作品的解读也就将建立在读者的理解基础之上。在这里，布朗肖明显是针对萨特为了普罗大众写作的论调："那种为了普罗大众而书写的作者，其实什么也没写：是普罗大众在书写，他们因而再也无法重回读者身份；这样的阅读因此沦为表面，实质上毫无意义"(Blanchot, *The Work of Fire*: 307)。在布朗肖所处的那个大众文化越来越发达的时代，作为读者的"大众"已并非萨特口中被十九世纪作家们看重的纯粹"大众"，写书的作者也大多不是萨特对之呼唤责任的知识分子，而不过是布朗肖称之为"大众作家"的人(Blanchot, 2003: 246)。

巴特的"可写性文本"鼓励读者通过阅读参与重写，与之不同，布朗肖的阅读并非重写。尽管它比创作更为积极，更有创造力，但它并不为作品增补什么，而只是为了让作品进一步摆脱作者这个中介，使自身和作者都成为匿名的在场，"将作品归还其自身"(Blanchot, 1982: 193)，令作品向其自身开放，使它自己去书写或被书写。因而无论读者多么努力地贴近文本，文本总是处于一个读者之外的位置，读者永远都是在试图以自己的观点去解读文本，误读也就在所难免。理想的读者其实并不想要一个为他而写的作品，而是想要一个可以令他从中挖掘到异于现实之未知物的作品，想要一种能够让他产生内在变化的奋发精神。

由是不难看出，布朗肖理想中的文学艺术作品是在萨特试图用散文揭示的现实世界之外的，这种世界在布朗肖的著作中常常与白昼、工作、行动、整体乃至价值、真理和历史等概念联系在一起，是"人通过认识、工作和行动，探索和改造的适合人生存的空间总和。人赋予世界上的一切以意义，并将自己的价值判断加诸其上"(汪海：55)。而布朗肖的"非文学"理念追求的却是无用和非价值,是一种无为的弱行动,是世界"外部"的,隐没在黑夜中的黑夜里,也就是不与白昼形成二元对立的"另一种夜"中。正是在对马拉美、卡夫卡等诗人、作家的文学和写作经验的颠覆式追问和体察中,布朗肖为作品发掘了一方不同于现实世界的"文学空间"。在其中,作品既不是完成的,也不是未完成的,它所表达的只有一点:"它存在着,仅此而已"(Blanchot,1982:22)。它不再负责承载意义,揭示现实世界;它是孤独的,却又并非不可交流,作为"阅读"而非"阅读的个人"的读者仍然可以进入其中,通过阅读来激活这个隔绝而又神圣的文学空间。

在萨特的"介入式"文学写作观中,"沉默"(silence)也是一种言说,一种介入。这种看似霸道的沉默观其实有着现实的土壤——由于二战时法国一度被纳粹德国占领,沉默之于文学就在战时和战后具有了多重意义,既有对于不义之举不负责任的沉默,也有出于反抗而保持的沉默,更有与死亡相关的沉默,而对于这些沉默的思考,其实正是萨特介入式写作的源泉(刘文瑾:298-299)。然而,同样有着类似经历,同样认为文学应当忠于死亡留下的沉默的布朗肖,以"文学与死亡的权利"质疑了萨特的"介入"。在很大意义上通过亚历山大·科耶夫(Alexandre Kojève)来理解黑格尔语言否定性理论的布朗肖看来,言说的语言总会因否定自身而陷入沉默;而在用文学语言进行书写时,词语和作家之间的联系就会被打破,使语言脱离世界的流程,使之从将其变为某种权力的东西中摆脱出来,书写也就意味着使自身成为那种无法终止的言说的回声。但由于作家一旦投身书写,就将永不停歇,所以"为了能够成为其回声,我必须要以某种方式使其沉默"(Blanchot,1982:27)。由是,在布朗肖看来:作家,是必须使之沉默之人;阅读,是必须在自身的沉默中去努力聆听某个他者的声音;作品,更应当是沉默富足的栖息之地。文学书写只有通过让文学自身沉默,才能令其说出它所说的东西,没有了沉默,文学语言就可能会消失不再。

在评论巴特的"零度书写"的《找寻零度》("The Search for Point Zero")一文中，布朗肖用到了曾在《文学空间》(*L'espace littéraire*)中阐述过的"中性"(neurtre)论："我们永远无法听到中性之声，因为一旦中性说话，就只有让中性沉默的人才具备听的条件，而听的内容，就是这中性之音"(Blanchot, 2003: 209)。虽然"中性"是两人各自理论中的重要概念，但布朗肖的中性却与巴特的不尽相同。巴特的中性概念源自语言学，而布朗肖的中性更多是对通过列维纳斯结缘的现象学的反思产生；巴特的中性概念起初只是与零度难分难舍的附属概念，直到二十世纪七十年代才逐渐独立，而对于布朗肖而言，中性可以说是文学的力量来源，是文学空间的定位所在。

布朗肖研究者莱西特·纳尔逊(Lycette Nelson)认为，在布朗肖对在场观念的全部批评中，"中性"概念从根本上说就是对书写中处于自我—在场位置的主体观念的置换，并最终取代了在场自身(Nelson: ix)。与黑格尔的"扬弃"(aufheben)概念颇有几分相似，布朗肖的"中性"是这样一种文学行动："它既不属于肯定，也不属于否定"(Blanchot, 1993: 304)。正如列维纳斯评价的那样，"'中性'并非某人某物，而只是一个'外在的第三者'"(Levinas, 1996: 155)，以此来与崇尚总体性的世界保持距离，它无限期地追求一种悬置，进入远离"白昼"的、晦暗的"另一种夜"，成为不在场的在场，成为主体无法进入的"外部"的空间。唯一能将主体与中性联系起来的是语言，"但不是我们在现实世界中言说的辩证话语，而是文学语言"(邓冰艳: 100)，是偏好晦义与歧义的语言。于是，书写成了从中性出发继续思考的最佳途径。

布朗肖在《无尽的谈话》(*L'Entretien infini*)中提出，中性是一个看似封闭，实则开裂的词，在书写的语言中，它将价值赋予某些词语，但却不是将词语置于价值之中，而是置于引号或括号之内，并且通过"一种因没有标出自身而更加有效地抹除的独一性"(Blanchot, 1993: 304)，来使思想摆脱统一性的要求。当他在对书写的中性运动的阐发中直接说出"因为书写就是差异"时（165），我们恍惚间已经看到了追随其后的德里达的书写概念。事实上，不只是德里达如他自己所承认般深受布朗肖的影响，影响应当是相互的。不论是在《无尽的谈话》还是在《不逾之步》(Le pas au-delà) 中，从早期就开始强调书写是一种没有源头的重复的布朗肖，提出了越来越多与德里达相同或相似的概念，强调带有差异的重复和作为差异的书写（Nelson：xiii）。当作为主体的作者在这种书写的中性运动中消解时，深受列维纳斯影响的布朗肖实际上也是在迎接超验的"他者"，这种伦理学的向度，同样可见于德里达的书写相关理论之中。

在共同的论敌萨特面前，巴特由零度生发的中性，布朗肖由沉默阐发的中性，虽有所不同，但均涉足书写的行为，以相异却又相似的立场，消解着传统的二元对立结构，主张主体的消散与去中心化，倡导悬置、区隔、差异、多元。由此，在1966年德里达正式拉开书写的理论革命帷幕之前，écriture 一词就已经在文学领域内开始有了后学们所认为的、带有后结构主义色彩的"书写"含义。

2.3　差异、心灵书写与心灵独白

在对萨特、巴特、布朗肖的讨论中，我们可以看到，在德里达的书写革命之前，文学范畴内其实已经有了这场革命的前奏。通过梳理德里达本人著述提供的线索，我们也不难发现，几位往往被划入形而上学传统的思想家，也在各自的领域内给书写理论留下了宝贵的馈赠——索绪尔的符号学、弗洛伊德的精神分析学和胡塞尔的现象学理论，都或多或少在各自的理论逻辑中正面提升了书写的地位，为德里达的阐发提供了莫大的启示。所以德里达才会强调，他从未把索绪尔、弗洛伊德、胡塞尔等人的文本作为一种单纯同质的文本来处理，他在批判形而上学思想家们对于书写的压抑的同时,也留意到了其理论中的另一面。在此意义上,书写理论不再是德里达的独家原创,而更像是现代理论发展的必然趋向。

2.3.1 索绪尔:符号的任意性与差异性

如前所述,索绪尔对于文字的态度似乎与柏拉图、卢梭、黑格尔一脉相承,然而在德里达看来,索绪尔的观点与这些前辈还是存在很大差别的,他的符号学理论当中其实蕴含着对形而上学传统的批判。与以往的研究不同,索绪尔的语言学研究并非历时性的,而是建立在共时性和结构性的基础上。也就是说,索绪尔将语言作为时间截面上的一个完整"系统",在这个系统中,重要的不是各要素的个别属性,而是制约各要素的规则以及各要素之间的关系。为说明这一点,索绪尔以下棋类比:在对弈时,棋子各自的价值与其质料无关,而在于它们在棋盘上的位置,正如语言中每项要素都是由于同其他各项要素相对立而具有价值;棋局千变万化,但总有一个在棋局开始之前就已经存在的规则,这种不变的规则也制约着棋子的价值,而语言也有这样一种规则,那就是符号学永恒的原则。正是这种思路,激发了结构主义和符号学的正式诞生。

索绪尔指出,这种共时性原则对于另一种符号系统,亦即文字同样适用。不过对德里达来说,索绪尔最吸引他的突破性贡献,还是在于指出了包括文字在内的符号所具有的两种重要特性。首先,符号的能指与所指之间其实是一种"任意性"关系,形式与概念之间没有任何自然的相似性,除了文化和历史上的约定俗成之外,没有内在的原因可以说明。其次,符号系统中每个符号与其他符号之间只存在"差异性"关系。对于所指和能指来说,语言不可能有先于语言系统而存在的观念或声音,只有在这系统中的概念差别和声音差别,符号的价值和意义只有依靠与相邻的其他要素之间的差别,才能起作用或是发生改变,正如索绪尔所说,"语言中只有差异"(Saussure: 117)。如此一来,符号也就不是对应某一外在对象的独立意义单元，其中也并不存在什么天然预设的一对一的意义关系；差异，而不是同一性，才是意义之源。

德里达认为，索绪尔反形而上学传统的理论主张，还体现在他对所指和能指不可分割的强调上。索绪尔提出，语言的实体只有在将能指和所指联结起来时才能存在，它们就像是同一产物的两面，如果只保持其中一个，就会使语言的实体化为乌有，成为纯粹的抽象物。如果将物质性的能指和精神性的所指割裂开来，只研究其中之一，就会变成生理学或是心理学的研究，而不复为语言学的研究。所以，索绪尔对于以往人们将这一"双面统一体"的两个方面比作躯体和灵魂，并将二者割裂开来且只注重后者的做法十分不满。故而，尽管索绪尔理论的哲学与神学源头显然是希腊逻各斯哲学和基督教神学，可他并没有全盘接受逻各斯哲学和早期基督教神学的所有预设。

此外，索绪尔还提出，"声音是一种物质要素，它本身不可能属于语言"（Saussure：116），对于语言来说，它是次要的，是语言所使用的材料；语言的能指在实质上也不是声音，而是无形的，亦即在实质上是非物质的，是由它的音响形象和其他任何音响形象的差别构成的。这就取消了以往语言和声音之间预设的、几乎牢不可破的关联。另外，他还将所指内容和"表达实体"非实体化，由此剥夺了表达实体的特权和排他性；他更将语言作为一般符号学的一部分，多少降低了语言以往被赋予的绝对地位。这些做法实际上都是在"用从形而上学传统中借来的符号概念，去反对形而上学传统"（Derrida, *Positions*：18）。

索绪尔在批判的同时仍然不得不保留符号的概念，因为他"不知道该用什么去代替，日常用语没有提出任何别的术语"（Saussure：67）。然而，正如德里达所说，一旦继续使用从形而上学传统中借用的符号概念，索绪尔的符号学就不可避免地具有一种双重性，即在批判的同时，又不得不在一定时候，甚至是在更多时候放弃批判所得出的那些结论和主张。因此，索绪尔仍然保持能指和所指之间的严格区分，保持所指和概念的相等，这样就等于认同了一种在本质上不指涉任何能指，并且超出符号链之外，不会再作为能指起作用的"先验所指"，而它正是形而上学一直强加给所有符号学的。同时索绪尔也认为，出于必要的形而上学上的理由，必须赋予言语以及维系符号和言语的一切联结物以特权。这些无疑又都在重蹈言语/逻各斯中心主义的覆辙。

2.3.2 弗洛伊德：梦的文本与心灵书写

从希腊哲学时代开始，言语似乎就与心灵结下了不解之缘，即便是为现代心理学拉开帷幕的精神分析学，在研究人的意识与无意识等心理状态时，也与语言学有着千丝万缕的关联。正如拉康所说，"无意识具有语言的结构"（Lacan：167），它不是无形驱力的容器，而是一种表述体系，在其中，被压抑的观念以代换了的形式复归。与索绪尔同时代的精神分析学宗师弗洛伊德，在对"无意识"的研究中，也使用了语言学、符号学的方法。

弗洛伊德在《梦的解析》中试图解释梦的运作方式时，将梦的文本分为"梦的隐意"和"梦的显意"，并指出，它们就像对同一种内容的两种不同的"语言表达"，也就是说，梦的显意以另一种表达方式将梦的隐意"传译"给我们，而所采用的符号和法则，唯有通过"译文"与原文的比较才能了解。弗洛伊德认为，梦的显意犹如象形文字和画谜，其中的每一个要素都必须逐一单独地翻译成隐意，才能对整个信息进行解码，而不会迷惑于梦的表面。在这里，弗洛伊德直接将梦与被黑格尔逐出哲学史的象形文字等同起来，实际上是为了强调梦的象征特性，以及与之相伴的含混性和多义性。"(梦)通常有比一种还多，或者是多种的解释，就像中国字一样，正确的答案必须经由前后文的判断才能得到"(Freud：233)。可见，弗洛伊德的"显意"背后，绝非只有唯一的"隐意"，这就与从保罗、奥古斯丁开始区分的"显义"与"隐义"大有不同了。而梦的隐意转译为显意时所使用的"凝缩"（condensation，几个形象的凝聚）与"移置"

（displacement，意义从一个形象转移到邻接的形象）的方式，更因其大量压缩或转译重心的运作方式，使得梦的解析不可能使用早期基督教大为提倡的"寓意解经法"。弗洛伊德声明自己不会再根据一种既定的符码来翻译一个梦所展现的显意，他的方法更接近于"解码法"，但又比它更为复杂，这样，即使是内容相同的梦，也可以根据不同的人以及不同的上下文解读出不同的意义。

根据弗洛伊德对于梦的这种阐释，梦，以及口误、笔误、幻象、症状等其他无意识的表达形式，其实都可以视为一种无意识的异质性语言表达，在含糊和多义中体现着差异性；而与无意识相对的意识则总是忽略这种语言，以控制和定义自我的同一性。精神分析的任务恰恰是竭力倾听这种语言。

多年以后，高喊"回归弗洛伊德"口号的拉康，实际上也可以视为用索绪尔的符号学重申弗洛伊德的理论，只不过他更强调不稳定的能指和"意指链"（signifying chain）。在能指与所指的关系上，不同于索绪尔的观点，拉康更强调能指与所指之间存在的屏障和隔阂，并始终坚持能指对所指的优先性，认为是能指生产了所指。对于拉康而言，他的能指就像弗洛伊德的意识，所指就相当于无意识，无意识是语言的总体结构，精神分析由此便成为通过能指对无意识所作的修辞解释。因此，在拉康看来，梦那种杂乱如画谜般的结构，就应当用能指的规则来理解，弗洛伊德提出的梦的形象所经过的"凝缩"和"移置"这两个过程，也被他分别称为"隐喻"和"换喻"。如此一来，弗洛伊德关于梦的解析的理论在拉康的重新解读之下，就更像是一种文本理论了，无意识也更像是一种文字系统了。

拉康认为，由于能指与所指之间那道屏障的存在，能指追索所指的过程，亦即意义产生的过程，必然是迂回曲折的，无意识只能说是能指的不断活动，而它们的所指往往因为受到压抑而无法接近。所以，不存在任何不被扭曲的能指，所指永远都在"漂浮"的意指链中"滑动"，永远都不可能给自己的位置一个完满的在场,意义也就内在于由此形成的"意指链"之中——梦、口误、歇斯底里症等无意识的表达形式,对于拉康而言也是一种"意指链"的显示。就像他对埃德加·爱伦·坡(Edgar Allan Poe)的小说《被窃之信》(The Purloined Letter)的解读所揭示的那样:信的内容和书写者一直没有被揭露,故事的进展也不是因人物形象或信的内容形成的,而是由信的移动决定的,它就像一个流动不居、漂浮不定的能指,而信的这种漂浮,正体现了文本中由一个符号向另一个符号无限延伸的"意指"过程。因此,能指本身的动作才是意义所在,能指与所指之间并不存在什么一对一的联系,也就不存在什么隐义层面上的本质意义(Johnson, 1998:42)。当德里达注意到柏拉图书写神话中书写之神图提的身份,犹如"浮动的能指"一般无法确定,好似符号的自由嬉戏一般时,他也许正是受到了拉康的启发。

实际上,梦、画谜、信,都可以视为书写的显现,它们都是在传达意义的同时又对其加以模糊,所以它们都不是言说话语的简单誊写,不是表音的书写,每个符号的意义都不是单义的,而且是由语境和内容来决定的(Johnson, 1998:42)。所以,这些书写的显现也就是一种弗洛伊德试图用阅读去解读的秘密书写。正如德里达论述弗洛伊德时所说:"精神分析的内容将被一个在本质上不可避免的书写性文本来再现。精神分析机制的结构将被一种书写机器来再现"(Derrida, 1978:250)。如此一来,对于心灵的符号学探讨,便必然转向一种对书写的研究。

精神分析学探讨的核心问题之一就是"压抑",对无意识的压抑、对本能冲动的压抑,等等。这种学说之所以会受到德里达的重视,也许正是因为他在逻各斯中心主义当中感受到的对于书写的"压抑",与精神分析学探讨的压抑可以说是形异神同——正如无意识被压抑,是因为它包含的异质性威胁了自我意识的同一性一样,对书写的压抑,也是因为它代表了对在场的威胁,以及在场对于不在场的控制。依照这种思路,一切属于逻各斯中心主义的抑制系统,不论以怎样的隐喻面目出现,都以排斥和贬低书写为目的。

弗洛伊德开创的精神分析学并没有摆脱逻各斯中心主义的前提,然而如上所述,无意识作为弗洛伊德学说的核心,本身就可以视为书写的代表。在《弗洛伊德和书写舞台》("Freud and the Scene of Writing")一文中,德里达更在《科学心理学之草案》(Project for a Scientific Psychology,以下简称"《草案》")、《梦的解析》、《关于神奇书写簿的笔记》("A Note upon the 'Mystic Writing-Pad'",以下简称"《笔记》")这三个文本当中,追溯出一条书写隐喻的线索,提出在这三个文本当中,弗洛伊德都试图解决同一个问题:如何描绘精神内容及精神器官,亦即如何解释记忆的模式。

在《草案》中,弗洛伊德对这一问题的解释还是神经学式的。对于经验如何在人的心理上留下永久的印象但又能使其保持原样,他的解释是基于能渗透与不能渗透的神经元、"通路"(breaching)和对抗的角度,他认为通路间的差异是记忆的真正源头,也是心灵现象的真正源头;但同时,这种讨论也开始涉及类似德里达有关痕迹、重复和延异的问题。德里达正是按照这种思路替弗洛伊德推论说:"生命正是通过重复、痕迹、延异来进行自我保护的"(Derrida,1978:254)。也就是说,首先在场,然后再以延异的方式自行推延并自我储存的生命是不存在的,实际上是"延异构成了生命的本质"(255),必须在将存在规定为在场之前,就将生命当作延异的痕迹来思考。因此,记忆根本无法复现完整和原初的生活体验,即使是第一性的体验也已经是被差异地再现过的。在德里达的阐释下,弗洛伊德实际上已经开始在抹除原初性的同时,承认源头上的延异与痕迹了。《草案》之后仅仅一年,弗洛伊德关于留在记忆中痕迹的术语,便开始更为明显地转向了书写,他开始使用"符号""记录""转译"等核心概念来解释有关记忆的理论。德里达认为,在这种阐释中,不仅痕迹与延异间的交流关系得以更明确地界定,而且言语的位置也被确定在某种它无法再占主导地位的书写系统之中(258-259)。

到了《梦的解析》中，书写的隐喻进一步同时占领了结构中的心灵机制问题和材料上的心灵文本问题，这从弗洛伊德将梦比作象形文字，将梦的解析与文本阅读的"解码法"相关联的做法中都可以看出：梦已经被他构想成"一种不能还原为言语的，同时具有象形、表意和表音因素的书写模式"（Derrida，1978：262）。这种心灵书写甚至变成了一种更为原初性的产物，以至于现实中本义的书写，都反过来成为对心灵书写的隐喻。此时，德里达注意到，弗洛伊德的提法和实践出现了矛盾：一方面，他等于是在表明梦无法正确翻译和解释，而另一方面，他自己又在不断对梦进行翻译和解释，并且似乎还相信梦的文本中具有某种普遍性和固定性的符码。对此，德里达自问自答地作了解释：弗洛伊德进行翻译的基本动力其实恰恰在于放弃一部分东西，在移置中重建另一种机制；他对梦的解析也不是要把无意识的真理和意义转化为意识的术语，因为这将暗示一种先在的无意识文本，而无意识并非真理的领域，而是痕迹、差异的编织物，是由转译的"档案"所构成的文本，它在任何地方都不在场。当然，这些更多还是德里达自己在弗洛伊德的著作中读出的言外之意。

从弗洛伊德的理论演进中我们可以看出，起初他也是将书写视为辅助记忆的工具，但慢慢地改变了看法，书写逐渐控制了记忆，直至变成记忆本身的模式。弗洛伊德一直在寻找一个能够代表记忆，且具有持久性和无限包容力的书写意象。然而纸会被字迹写满，石板虽可以重新使用，但却会抹掉之前的书写，均不适合用以体现记忆的"印迹"（spur）。最终，他找到了"神奇书写簿"，一种儿童使用的书写板，分两层，下为蜡膜，上覆一层薄玻璃纸，在纸上写画会留下印迹，而将纸揭离蜡膜，纸上的印迹便不再显现，可重新书写，但蜡膜上的印迹仍在。这一书写机器终于实现了弗洛伊德用书写意象再现心灵内容的诉求，并提供了一个"书写的舞台"（Derrida，1978：284）。同时，"神奇书写簿"的比喻也提出了一个弗洛伊德自己都没有澄清的问题，一个涉及我们内在心智组织和外在世界之间关系的问题：通过这种被设计为克服同一记忆局限的"替补的机器"，即书写簿，我们得以理解记忆复杂的运作机制；进一步说，它可以使我们认识到，只有通过留下这样一种痕迹，通过书写在外部世界之上，我们才能明白我们自身是如何被构造，如何在内在层面"被书写"的。内在的书写或文本，反过来决定了我们在世界中看待事物和行动的方式。我们不会也不能完全控制我们行动的后果和我们所接收的印记，因为我们在书写的同时也被书写着。在德里达的这种阐发中，我们不难看出弗洛伊德为他的书写理论留下了怎样丰富的遗产。

当然，在德里达之前，也绝不乏继承弗洛伊德衣钵者，比如超现实主义者。他们在绘画和写作中都在设法减少意识的控制，耐心把梦等无意识记录下来，以表达内心世界无方向、无约束的想法，这才有了所谓的"自动写作"。弗洛伊德从性本能和"情结"（complex）的角度对日常生活中的思想和行为所作的解释，也鼓励了超现实主义者对自身生活中的事件及周围世界进行研究，试图找到其中隐藏的意义或某些线索，以了解存在的秘密。

2.3.3　胡塞尔：现象学的声音和书写的现象学

在对德里达影响颇深的"3H"（Hegel、Husserl 和 Heidegger）中，胡塞尔的现象学可谓最担得起"奠定德里达理论底色"之功劳的学说。胡塞尔与传统形而上学不同，他认为，现象学应当反对一切形式的预设和前见，并将它们都置于括号之中，这自然也应当包括形而上学的独断预设。所以与柏拉图相反，理念对于胡塞尔而言并不是永恒的，也不是被人们不时地重新发现或认识的，而是建构性的，是由活着的人们的体验不断生成的。然而胡塞尔的这种反形而上学，只是在反对冒险的、过度思辨的传统形而上学，他实际上还是认同一种现象学式的形而上学，即采用纯粹直观和具体的方式来研究对存在的最终认识。他的形而上学可以说建立在"观念性"的存在方式基础上，是一种非实体性的存在。德里达指出，"理想性的观念性是活生生的现在,是先验生命的自身在场"(Derrida, 1973: 6),所以胡塞尔的现象学本质上仍然是一种在场哲学,只不过这一在场是非实体性的。而观念性控制在场的最佳形式,就是符号学。因此,"符号"的概念在胡塞尔的现象学研究中,同样具有相当重要的地位。

胡塞尔认为,每个符号都是某种东西的符号,但不是每个符号都具有"含义",都具有"表述"出来的"意义"。因此,在其《逻辑研究》(*Logische Untersuchungen*)"第一研究"的开篇,他便对"符号"这一概念所具有的双重含义作了本质性的区分,将其分为"表述"(Ausdruck,又译为"表达")和"指号"(Anzeichen,又译为"信号")。表述作为符号总是表达某种含义或意义,而指号作为符号则并不表述任何东西,如果非要说它表述了什么,那么就是在完成指示作用的同时,也完成了意指作用(胡塞尔,1998:26)。与表述不同,指号与其所指对象之间的关系,既不像体验性表述或主观表述那样,在表述者的意识中与被表述的体验是同一个现象,也不像作为对象或行为内容的客观表述,具有一种不会因时、因人而异的含义,它和所指对象之间只是一种描述性、指示性的关系。因此,胡塞尔"第一研究"的研究对象必然只能是那些具有含义的"表述",而不是不具有含义的"指号"。换言之,表述的本质就是含义,而只有当一个符号具有体验的同一性和陈述对象的同一性时,它才可以被认为是具有含义的。这无疑又设置了一种新的二元对立模式,将作为其中一极的"指号"边缘化了,同时也仍然是一种追求同一性的哲学。

但这似乎还不足以说明德里达为何将胡塞尔的现象学也一并划入言语/逻各斯中心主义之中,毕竟胡塞尔曾经声明,"我们所说的表述显然不是指……声音构成物"(胡塞尔,1998:44),甚至指出表述的物理方面除了包括声音外,也包括文字和感性符号。就德里达的阐释而言,真正能够说明现象学仍然是以言语为中心的,似乎还是胡塞尔的"心灵独白"理论。

胡塞尔认为,言谈者在言说中对自己心理体验的"传诉"(Kundgabe)

和倾听者在倾听中对这种体验的"接受"（Kundnahme），共同构成了交往中的表述。但是，由于感知总是外在的而非内在的，言谈者的心理体验总是无法被倾听者直观地感知，所以在交往活动中，表述和指号总是交织在一起，而且往往是指号在起作用，甚至成为表述的基础。为提炼出一种不与指号纠缠又能承载含义的表述，胡塞尔精心构制了一种"在孤独的心灵生活中表述"的处境。在这种处境中，表述不再向另一个自我传诉，也不再利用符号来表达自己的心理体验，而是在精神上倾听自身言说。胡塞尔指出，在心灵独白中，并不存在真实的语词，而只有对语词的表象，这里"存在着的不是被想象的语词声音或者被想象的印刷文字，而是对这些声音或文字的想象表象"(胡塞尔，1998：38)。这样，标志自我心理行为的指号便毫无意义了，因为我们自己已经在同一时刻体验着这些行为了，表述和含义由此实现了同时和同一。如此一来，"表述一如既往地具有它们的含义，并且具有与在交往话语中同样的含义"(37)，胡塞尔也由此得以建立一种"表述的纯粹统一性"(Derrida, 1973: 41)。

在德里达看来，通过"语词的表象"倾听心灵独白，正说明了胡塞尔对于一种"现象学的声音"的推崇。这种现象学的声音并非真正的物质性声音，而是发自先验身体之中的气流和呼吸，也就是一种声音的表象，就像索绪尔的"音响形象"一样。而后者对于"音响形象"的解释是："(音响形象)不是物质的声音，不是纯粹物理的东西，而是这声音的心理印迹，是我们的感觉给我们的声音表象"(Saussure: 66)。胡塞尔强调声音的非物质性和心理印迹的实质，其实正是为了说明"观念性"的现象学声音，这与逻各斯在起源上具有更多的相似性。而索绪尔在进一步解释"音响形象"时，恰好也选择了"心灵独白"作为例证："观察自己的言语活动，就可以清楚地看到音响形象的心理性质：我们不动嘴唇，也不动舌头，就能自言自语，那是因为语言中的词对我们而言都是一些音响形象"(66)。基于这样的观点，观念的内容虽然不能看见，却可以通过现象学的声音听见。德里达进一步总结说，"表述是一种活动以及随着这一活动产生的自我外化的意义,这种意义只有借助于现象学的声音,才能够在自身中保持自身"(Derrida, 1973: 33),如果想要维持对象活生生的在场,以及观念自身的完全同一,也同样要借助于现象学的声音。如此一来,胡塞尔的现象学还是回到了一种言语中心的在场哲学,只不过作为中心的言语愈发脱离了物理性,而趋向抽象的观念性而已。正因如此,德里达才认为"现象学在批评古典形而上学的同时,完成了形而上学最深层的那个方案"(Derrida, 1978: 209),并成为言语中心主义中"最现代、最批判和最突出的形式"(Derrida, Positions: 5)。

尽管如此,胡塞尔的现象学却自有其独特的贡献。正是由于胡塞尔将声音——在场从实在性上剥离,并引向更为观念性的层面,德里达才得以运用从他那里继承的方法去怀疑在场的概念及其在哲学中的基本作用,也正是对现象学理论缺口的批判和阐发孕育了德里达书写理论的一系列重要概念。德里达认为,即使是在胡塞尔设定的理想状态——心灵独白之中,观念的同一性能否实现也是值得怀疑的。首先,"同一"就意味着出现了重复,因为若只发生一次,那不过是简单的经验事件而已,所以,不管我们多么原初地遭遇一个体验对象,它都绝不可能是一模一样的同一个表象,而一定是被"替代"过的符号,这一过程中很难没有任何增添。就胡塞尔自己所举的例子而言,独白主体对自己说"你这事干糟了,你不能再这样干下去"时,他绝不会单纯只有认识的目的,而是包含了"指责、鼓励、做决定或懊悔"等种种实践目的,如此一来,独白实际上给主体提供了新内容,是生产性的,变成了一种心理的"替补",独白和自身体验的直接同一性之合法性,也就随之动摇了(Derrida, 1973: 48–52)。

换个角度,从心灵独白中的"同一时刻"入手,我们同样可以发现问题。按照胡塞尔的逻辑,同一时刻也不可能是一个毫无二致的瞬间,因为如果没有"滞留",从当下瞬间的意向开始的感知便无从显现,以此类推,从任意一点出发,每一个随后的点其实都是之前一点的滞留,而在这种滞留中必然隐藏着某种改动,或者说,包含着差异。这样一来,尽管胡塞尔强调,在对象性的意向中还是保持着绝对的未改动状态,作为滞留的各个点也是同质和线性的连续统一,但他显然已经无法再掩饰滞留所带来的非同一性和差异的游戏了(胡塞尔,2009:95-97)。这样,活生生的当下在场也不复可能,因为这种所谓的活的在场,正是源自它同自身的分裂状态,源自一种滞留痕迹的可能性,它本身就已经是一种"延异"运动的"痕迹",这种"痕迹"比现象本身的原初性更加"原初"(Derrida,1973:67)。"替补""重复""延异""痕迹"等与书写相关的概念,就是这样在利用胡塞尔理论批判胡塞尔的过程中——酝酿而出的。

德里达曾在其早期作品《胡塞尔〈几何学的起源〉引论》(*Introduction à "L'origine de la géométrie" de Husserl*)中提出:"意义在成为对其他主体来说具有同一性对象的观念性之前,是对同一主体的其他时刻来说具有同一性对象的观念性。于是,在某种意义上说,交互主体性首先是自我与自我之间、我的现实的当下与其他的当下本身……之间的非经验性关系"(德里达,2004:82)。可以说,胡塞尔早期的《逻辑研究》主要解决的,正是这"之前"的问题,而晚期的《几何学的起源》(*L'origine de la géométrie*)可以说就是主要考虑不同主体间现实传递的问题了。对于胡塞尔而言,主体间的口头交流,亦即实时和直接的交流,并不足以为理念对象提供"永恒的存在"和"持续的在场",而只有当理念对象具有这种存在时,它才能持续存在于时间之中,即使当发明者及其同伴不再活着的时候(胡塞尔,2004:184)。因而,为了成为绝对的观念性,对象就必须摆脱与现实主体的任何联系。在胡塞尔看来,口头的言语显然无法做到这一点,它只会使对象局限于主体内部的交流,书写反而能够完成这一任务,并确保对象的绝对传递过程,以及其绝对的理念客观性。

胡塞尔解释说,这是因为书写或记录的语言文字表述,无须直接或间接的个人交谈,便能使传达成为可能。书写通过使主体间对话完全潜在化的方式,创造了一个自主的超越论领域,所有的现实主体都可以从这一领域抽身离开，这样，超越论的主体就能得到全面的表达和呈现。也就是说，书写为超越论的主体性提供了"条件"。因此，尽管书写的文字符号从纯粹物体性方面来看是单纯感性经验的对象，但是由于真理寓居其中，它完全可以像(现象学的)声音一样唤醒其所包含的真理，并重新激活意义构成物的原初存在方式。这样一来，读者在阅读书写时，便能够重新激活书写中沉淀的意义构成物。德里达指出，胡塞尔的这种意向分析仅仅保留了书写与为书写本身奠基的意识之间的纯粹关系，而没有保留书写的事实性，主体的抽离不免会成为事实的缺席，这样的书写"在其含义中不需要一般性的现实阅读"(德里达，2004：86)——这正与现象学的声音抽离了物理性相似。可是，现实的写作主体和阅读主体都是不能放弃的，因为超越论的主体通常缺乏合法和纯粹的理解可能性，如果文本不再表现它与一般性作者和读者的纯粹依赖关系，失去灵魂的文字就只会变成一堆混乱的字母和死去的符号。

德里达发现，胡塞尔在考虑意向激活的纯粹性和合法性时，总是把语言或书写的物质部分说成一种精神的身体性，这样，书写就不再仅仅是记忆真理的辅助工具，体现于其中的可能性或必然性也不再仅仅是外在的事实，它实际上已经成为客观认识活动的可能性和内在必要条件。也就是说，理念客观性只有被"肉身化"，被铭写在世界之中，才可能被完整地构造出来；只要真理没有被书写下来(或是说出来)，就不能算是完全客观和可持续性的。此外，胡塞尔在对书籍的描述中，更将书写规定为含义连续的统一性。实际上，早在《逻辑研究》中，胡塞尔就已经认识到书写的重要性及其难以把握的意义了。尽管此时他还仅仅将书写称为一种"外在的活动"(胡塞尔，1994：8)，但这并没有影响他在《几何学的起源》时期对书写重要性的进一步阐发。胡塞尔这种对待书写的态度，较之以往贬抑书写、完全将之视为外在的形而上学传统，不啻一次质的飞跃。借用德里达的话来说，胡塞尔指出了"书写的现象学方向"(德里达，2004：88)。

不过，德里达还是冷静地指出：按照胡塞尔的思路，"肉身化"其实仍然是外在于理念对象性的存在意义的，仍然会被视为一种"偶然的出现"或"突然的降临"（德里达，2004：87）。基于这种逻辑，理念对象性本身是在肉身化之前构造出来的，其构造与肉身化并无关联。何况相对于任何事实语言、文字而言，真理都应当是"自由的"，如果只能被书写下来才能成为可能，又何来自由可言？这不能不说是一种悖论。因此，在意向性的观念存在与"肉身化"的文字语言之间，必然还是需要一个间接的观念性阶段，亦即一种中介，缺少它，任何感性文字与语言都不可能指向更高的观念性。这一中介实际上就是德里达在《声音与现象》中的评述焦点：现象学的声音。如此一来，地位才见提升的书写便又被重新纳入言语中心的麾下，胡塞尔的逻各斯中心主义底色仍未真正改变。正如德里达在《声音与现象》中总结的那样，胡塞尔的全部哲学就是："在经验的辅助层面上肯定语言的潜在局限，而在对这一辅助层面的思考中，他又肯定了传统形而上学的言语中心主义。即使他提升了书写的作用，那也是因为书写凭借言语的文字固定、铭写、记录，使得一种先已生成的话语得以赋形"（Derrida，1973：80-81）。

另外，既然胡塞尔承认意义不是原封不动地被复原，而是被重新唤醒的，那么他其实也应当承认，被书写重新唤醒和激活后的意义和状态，都不会与之前完全相同，也就是说，每一次都可能是新的。而且，如果真理只能依赖书写的手段才能跨越时间传递下来，它自然也就可能在这一过程中被涂抹，甚至消失。然而，胡塞尔显然没有得出这一结论，相反，他首先就排除了真理湮灭的可能性，且对于文字这种客观性担保可能遭遇的事实性毁灭，他也并不十分在意。尽管胡塞尔无疑会承认，时光、战争、灾祸对书籍文献的磨损、毁坏，确实会造成文字内在的文化观念性的损害甚至死亡，但这并不意味着他认为绝对观念性会受到影响。按照德里达的分析，这是因为需要（声音）中介的"书写"对胡塞尔来说，不过是"书写的纯粹可能性"而已，而并非实际写出来的文字符号；所有事实性书写，尽管真理在其中才能得以沉淀，可就其自身来说，仍然只是感性的例证，是时间和空间中的个别事件。所以，即使事实性书写遭到损坏乃至毁灭，绝对观念性的含义也不会受到丝毫影响。换言之，胡塞尔会承认真理在事实中的变更、歪曲、颠覆，甚至消失，但他还是坚持在存在意义上，在绝对观念性的层面上，真理始终是完好如初的，世间的灾变对它来说永远只是外在的，即便海枯石烂也"始终不渝"。所以，对于事实性的书写，胡塞尔在《纯粹现象学通论》(*Ideen zu einer reinen Phänomenologie und phänomenologischen Philosophie*)中的一句话透露了他的真实看法："内在的存在无疑在如下的意义上是绝对的存在，即它在本质上不需要任何'物'的存在"(胡塞尔，1992：134)。在这里，书写再次因为它的物质性而遭到了贬抑。

分析至此，德里达终于忍不住质疑：我们之前不是已经被教导说，由于书写奠基了真理的绝对客观性，所以它并不单单是被构成的感性肉身，更是具有构造性的精神性身体本身，是真理此时此地意向的起源么？如果它既是事实性的事件，又是含义发生的起源，既是肉身又是精神性身体，那么它如何能够从肉身的灾难中拯救自己的精神身体性呢？(德里达，2004：97)从这种质疑中我们可以推知，德里达实际上认为，书写既是物质性的，也是精神性的，无法割裂成所谓的事实性的书写和绝对观念性的书写；书写一旦遭到毁灭，含义也将死无葬身之地，正如肉身如果毁灭，精神性身体也将不复存在一样。

尽管如此，胡塞尔晚年相对不太引人注意的《几何学的起源》，在德里达的关注和阐发下，确实使得书写问题上升到了对意识、在场、科学、历史、科学史、起源的消失或延迟等之间关系的探讨层面。所以，虽然胡塞尔在将书写作为一个重要概念拔擢之后又因其理论底色而将其贬抑，但是却足以引起当时初出茅庐的德里达的注意，并进而开始深入地思考书写作为突破言语中心主义，或者说形而上学传统之利器的可能性。这种意识在他对胡塞尔追求绝对单义性的批判，以及相应提倡通常属于书写的模糊性和多义性当中，同样有所体现。而当他在《声音与现象》中逐渐阐发出"替补""重复""延异""痕迹"等一系列可以和书写的特性相联系的重要概念时,一场正式以书写为切入口的理论革命,便顺理成章地爆发了。

2.4 文字学、延异与述行

众所周知,以德里达、巴特、福柯、拉康等人为代表的后结构主义思想,实际上是从结构主义转变而来的,其中很多人甚至原本就被归入了结构主义阵营。1966年于霍普金斯大学召开的那场学术会议,其初衷也是希望结构主义思想在美国发扬光大,结果却因为德里达的演讲,变成了结构主义转向后结构主义的"事件"。书写绝对无法绕开的德里达及其一系列理论,从此正式登上思想史的舞台。

2.4.1 从结构主义书写到文字学

在演讲文章《人文科学话语中的结构、符号和游戏》的一开始,德里达就解释了"结构"为何会转向"后结构"。他提出,"结构"的概念乃至这个词本身,与"认识"(épistémè)一词同样古老,也就是与西方科学、哲学一样古老,而直到"转向"这一"断裂性"事件出现之前,结构总被视为是围绕着一个中心而组织的,这个中心是一个固定的原点,它的封闭性限制着结构自由嬉戏的可能;一种丧失任何中心的结构几乎是难以想象的。德里达随即指出,这种结构中心的思路其实内在地存在一种悖论:结构需要一个中心,这个中心应当在结构中构成并主宰着结构,但又能摆脱结构性,从而,这个中心既在结构之内,又在结构之外;中心乃是整体的中心,可倘若中心可以不隶属于这个整体的话,那么整体就可以在别处有它的中心,如此一来,所谓的中心也就不再是真正的中心了(Derrida, 1978:352)。

事实上，正是由于形而上学发展到了结构主义，我们才能更看清它的规律，不管时代如何不同，学说如何迥异，形而上学的理论体系都是这样一种"结构"，都试图将一个具有本体意义的概念簇拥到中心的王位之上，只不过被赋予这种崇高地位的概念名目不同而已。德里达在这里列出了一系列可以用于表达这种中心的概念：起源、终点、本源、目的、存在、意识、主体、上帝、人，等等，形而上学的历史由此成为一部隐喻及换喻的历史，任凭这些通过在场形式被预设为中心的概念你方唱罢我登场。这样，中心化的结构概念本身，便成为一种"中心"概念不断更替的游戏，而在这种不断的替代中，替代物却从来都不是在替代它之前的东西。何况，中心倘若并不存在于整体之内，也就不能用在场的形式去思考，更不会有自然固定的场所。如此说来，中心也就并非一个固定的场所，而是一种功能，是一种无物之处，形而上学思想便成了不断放置替代物到这无物之处之中的过程，也就是一种自由的嬉戏。这种思路与拉康"漂浮的能指"和"滑动的所指"的提法颇为相似，但显然更具有去中心的价值意义。

在列举了尼采、弗洛伊德、海德格尔等"前辈"之后，德里达坦然承认，倘若不像他们所做的那样，利用形而上学的概念本身去动摇形而上学的话，是没有任何意义的，因为我们实在无法凭空创出与形而上学的历史全然陌生的话语来。就像"符号"的概念尽管已经被用来搅乱在场的形而上学，但是"能指"与"所指"之间的二元对立与差异却始终无法轻易消解，其结果就是每一个形而上学的批判者都会被后来的思想家称为"最后一个形而上学主义者"或"柏拉图主义者"——这种"宿命"显然是德里达试图避免的，尽管在某种意义上，谁也不可能真的完全避免。

随后，德里达又以结构主义人类学思想家列维-斯特劳斯作为这种"宿命"的实例。在对列维-斯特劳斯的解读中，德里达留意到他两次使用了"替补"一词，并进而从替补转回到"游戏"的问题，而在与游戏处于张力关系的概念中，除了"历史"以外，就是"在场"。游戏总是不在场与在场之间的嬉戏，它是对在场的瓦解，而某一组成部分的在场，又永远都只是在某种差异系统和链条运动中的替代性参照。德里达发现，列维－斯特劳斯在承认游戏的同时，又仍然对在场、起源、自然以及言语的自身在场存有留恋。

事实上，列维－斯特劳斯的结构主义人类学在某种意义上也是卢梭所开启的人类学思路在二十世纪的复现，因此与卢梭一样，他同样对书写发生之前人类社会的"自然"状态怀有一种留恋。在其《忧郁的热带》(*Tristes troplques*)中，列维－斯特劳斯以"一堂书写课"为题，讲述了他在南比克瓦拉人的原始部落中的亲身经历。在列维－斯特劳斯看来，当那位南比克瓦拉人的酋长装模作样地学习书写并使用书写时，他其实并不能真的看懂自己所写的"文字"，但他却清楚地认识到这是一个绝佳的工具，可以用来欺骗和控制那些对自己心存不满的族人们。书写技能的引入，意味着原本无忧无虑的原始部落中奴役的到来。在那之前，部落民的生活就像一个被核心的"漂浮的能指"所统治的精神原型，书写则意味着一个中心的、明确的意义来源的丧失（萨义德，2014：487－488）。书写在列维－斯特劳斯所举的例子这里已不再是为了取得知识、帮助记忆或了解，而只是为了增加一种社会功能的权威与地位，其代价是将其余的人或社会功能加以贬抑（列维－斯特劳斯：363－364）。列维－斯特劳斯进而指出，在很多相对原始的部族村落中，通常唯一掌握书写这一技能的人，也是村落与外界沟通的代表和放贷者。由此，他在承认文字辅助记忆的功用同时也指出，它在人类进步发展中并不是一种主要的推动力；相反，它似乎更多是"被用来做剥削人类而非启蒙人类的工具"（366），它本身也许不足以巩固知识，却是强化政治所不可或缺的。因此在列维－斯特劳斯的语境中，书写实际上转喻性地代表了一切会威胁言语以及整个共同体生存内部的自我同一的东西，它会造成真实性和"自我呈现"的丧失。如此一来，被视为纯粹外在补充的"替补"废除了补充，使被补充之物成为虚无。

德里达认为，以列维－斯特劳斯为代表的这种与直接性中断了的结构主义主题，一旦转向不在场源头那种失落和不可能的在场，就会表现为游戏思想中悲伤、否定、怀旧、负罪的卢梭式一面。德里达自己显然更倾向于与此相对的另一面，即对没有真理和起源的符号世界的尼采式肯定，它将中心的不在场视为一种解放，而不是失落。

在这篇演讲的最后，德里达提出，与这两种态度相对应，存在着两种对结构、符号与游戏的解读方式：前一种梦想破译某种脱离了游戏和符号秩序的真理或源头，它就像一个流亡者一样靠解释的必要性生存；后一种则不再转向源头，它勇敢而乐观地肯定游戏，并试图超越那个被称之为人的存在，而这个存在正是整个形而上学和本体神学的历史都梦想着的圆满在场和游戏的终结。德里达不认为应当在这两种解读方式当中作出选择，因为更为重要的还是确定它们的共同之处和它们之间的"延异"，而不是单纯地确定它们之间的区别。这种问题显然无法放在传统思想的范畴内思考，只有"在那种非种属的种属之下，在无形、无声、雏幼且可怖的畸形形式下"才能思考（Derrida，1978：370）。可见，尽管在这两种解读方式中德里达更倾向于后一种，但他却选择了一种更为开放的方式收尾，挑战了一种"非此即彼"的逻辑，提出了一种"非此亦非彼"的解答。为了更好地说明，德里达选择了受孕、成形、怀胎、分娩等一系列生子的隐喻，来描述他所呼唤的东西。它就像刚出母体产道而又未被命名的胎儿，是一种已经宣告自己的存在却又无法命名自己的事物，一种总是处于命名和在场的延异过程中的事物；它本身产自形而上学的母体，但人们却无法简单地还原其与母体的原初联系。

1967年，这种被德里达描述得近乎怪诞的事物，终于在《论文字学》中以"书写"的面目正式登场亮相。该书讨论的主题正是书写和言语的关系问题。德里达开篇明义地提出，从苏格拉底到海德格尔的传统形而上学，就是一部推崇言语而压抑书写的历史，书写的拼音化也因此被视为哲学的历史来源和结构可能性，强加给世界，并支配着世界的文化（Derrida，1976：3）。这种思想显然回避了"什么是书写"这一根本性问题，遮蔽了书写成为科学的研究对象的可能性。那么，如果将书写作为一门科学的话,又将意味着什么呢?德里达通过假设的方式对此作了回答:那将意味着书写不再仅仅是科学的一种辅助手段,而是科学研究的对象,以及科学客观性的先决条件;历史和全部知识都将取决于书写的可能性,它也因此会成为一门关于科学可能性的科学,一门舍弃逻辑而取书写形式的科学——"文字学"(grammatology,也可译为"书写学")(3–4)。德里达在将书写请入科学的同时,实际上也将它正式邀请进了人类的思想史,将其作为人之为人的可能性来进行正面直接的评价和研究。书写文字的起源固然与言语有着难以割断的关联,但文字学家显然不能指望来自语言学的正面支援。相反,文字学的建立,恰恰是建立在驱除言语加诸书写的阴影这一基础之上的,这便是德里达所谓的"书的终结和书写的开端"(6)。

这里的"书"(Book)指大写之书,亦即柏拉图所谓的"善的书写",是被预设在书写之前的言语,是逻各斯的御用工具,它总是要被放在永恒的在场中加以思考。这种总是指涉自然总体的书的观念,与书写大异其趣,它被当成神学和逻各斯中心主义的巨大保护伞,防范"书写的堕落"(或"恶的书写")以及差异的发生。只有终结这种"书",才能揭开文本的表层,使文字学的建立成为可能。而"文字学"词根中的gramme,在古希腊语中既表示字母或文字,也表示字符或图案,它是一种原初性的综合因素,而不是在形而上学的对立系统中可以加以确定的单纯因素。"书写的开端"就是指这一层面上的书写文字观念,它超越了言语的范围,不再表示一般语言的派生和附属形式,不再表示"能指的能指"。正如德里达所说,书写不仅意味着大写之书并不存在,存在的永远是"众书"(books),由绝对主体所构想的世界远在成为统一的意义之前就破碎了,神学的确定性也因此丧失;它同时也意味着绝不能将意义置于书写之前,意义为了找到处所,为了成为有别于自身的那个被称之为意义的东西,就必须等待着被书写。可以说,书写的"以太和灵感"所在,正是不在场,书写就像隔离物和分界线一样,使得意义不再单一,并由此得到解放,任何逻辑都不能凌驾于书写本质上的中断性和非时间性之上（Derrida，1978：86）。书写的文本不再有所谓的稳固同一性，不再有稳固的原文和结尾，对于这种文本的每一次阅读都像是为下一个文本提供"前言"，大写之书的封闭性由此被彻底打破。

除了从被压抑的书写的角度梳理柏拉图、卢梭等人的书写观，并总结出书写作为一种"药"的双重性和"替补"的逻辑之外，德里达还在《签名、事件、语境》（"Signature Event Context"）中，就书写本身提出它所具有的三个特征：首先，书写的符号会不断重复，实际上，某物若要成为一个指意序列，它就必须能被重复，必须能在各类语境中再现，能被引用或戏拟，不论是"鲜活的记忆"还是"机械的重复"；其次，书写的符号可以打破它的真实语境，可以无视作者的意图在不同语境当中被阅读，任何一串符号都可以"嫁接"到另一个语境的话语里，同时在这种引用之中，它还可能去改变语境；第三，书写的符号在两种意义上发生分离，一种是在特定的符号关系中，它会与其他符号分离，另一种则是它与"现在的参照"相分离，即只能指非实际存在的东西（Derrida，1982：317）。这就意味着，反复不仅是单纯的重复，而且是带有差异的反复标记，正如德里达所说，"一旦文本自我重复，其自我一致性就接纳了某种感觉不到的差异，而这种差异使我们有效地、严格地，也是隐秘地脱离那个封闭体"（Derrida，1978：373）。

在德里达看来，书写所暗示的记录、重复的可能，以及一系列的差异特征，都与纯粹在场的神话恰恰相反。言语中有太多的因素不能被记录，而书写中也有太多因素不是在翻译言语，所以书写并不是言语的肖像。实际上，书写和言语共同拥有的许多特点通常只与书写关联在一起，特别是记录和持久符号的制定，所以还不如说是书写包含着语言，它才是更具起源性的。正如德里达在解读犹太诗人埃德蒙·雅贝斯（Edmond Jabès）的著作时提出的那样，不是书在世界之中，而是世界在书之中，"世界的存在因书存在"（Derrida，1978：93）。

2.4.2 从差异到延异

作为德里达用来打破在场与同一性的形而上学的主要手段，"延异"可以视为他所提倡的文字学的主要理论实践之一，同时也是他从黑格尔、尼采、索绪尔、弗洛伊德、胡塞尔、海德格尔等一系列思想者的理论中汲取养分而锻造的理论结晶。这个词原本不存在于词典之中，是德里达自创的，他用字母a代替了法文"差异"(différence)中的字母e，这个新造的词读音与原词完全相同，二者的差异只有通过书写才能体现。所以，用字母a来改写"差异"一词，绝非故弄玄虚，而是用文字来解决文字的问题。这个"延异"中的字母a，更使德里达联想到黑格尔的金字塔比喻，字母e和a之间的书写差异，以及在发音上犹如金字塔式的沉默，只会在表音文字系统内发挥作用。这恰恰说明并不存在纯粹和严格意义的表音文字，因为所谓的表音文字在这里只能通过承认它系统内的非语音"符号"，比如音同形异的字母、标点、间隙等才能起到作用。如此一来，延异便使得传统理解中的表音文字变成了静默的铭写符号，字母a更像一块默默无言的墓碑，宣告着所谓的"词语本义"的死亡，也宣告着以言语为先、书写为后的逻各斯中心主义的终结（Derrida, 1982: 3–5）。

在《延异》("Différance")一文当中，德里达反复强调，"延异既不是一个词，也不是一个概念"（Derrida, 1982: 3），它没有本质可言，不属于存在、在场或不在场中的任何一个范畴，因此也无法"表现"。因为可以表现的事物，都是在某一点上的"在场"，以其本来的样子显现自身。可延异的在场方式就是"不在场"，也就是说，它没有存在的形式，因而也就不会成为一种本源，不具有最终指称的权力。但是，这并不代表无法从语义上分析"延异"，德里达基于法语动词différer的两重意义解释了延异同时包含的两层意义：时间的延宕性和空间的差异性（7-8）。前者表明一切都处在暂时存在和不断延迟之中，后者则指向非同一性和他者，亦即同一性的分裂和同时性的破坏。实际上，德里达之所以从"差异"造出"延异"一词，正是因为"差异"只能指空间上的差异，而无法体现存在于延宕中的运动，这种运动是通过迟缓、代理、暂缓、退回、迂回、推迟、保留来实现的，它推迟了在场、欲望或意志的满足和实现，并以一种取消或削弱其效果的方式来平等地影响这种推迟，所以它实际上也是一种时间化和间隔化。

传统的符号通常被认为是对"不在场的在场"的再现，是在场无法呈现时的替代，因此也就是被延宕了的在场，只有在被它所延宕的在场之基础上才能得以感知，而德里达的延异，恰恰质疑了这种替代的第二性和临时性。在他看来，处于一种姑且可称之为"本源""原初"的位置上的是延异，而延异无法被置入再现某种在场并被在场统治的符号概念之内，这样一来，人们便可以通过它来质疑在场，同时也质疑作为其对立面的不在场的权威性，从而在根本上动摇以在场/不在场这一界说存在意义的传统二元对立思维方式（Derrida, 1982: 6-10）。

谈到符号，延异在符号学上的理论基础，正是索绪尔语言学中有关符号的任意性和差异性的主张。德里达在这一主张的基础上继续阐发：符号的所指概念从来都不会独立自足地于在场中呈现自身，它总是不断地被延缓，从根本上说，由于差异的系统游戏，每个被铭写在链条和系统内的概念永远都指向其他概念，只有通过与其他概念的差异才能得到标示，这种游戏便是延异。德里达所阐发的"柏拉图的药"正是这种差异游戏的创造物。无独有偶，同样曾经醉心于符号学的巴特，也有过类似的论述：作为"结构层面"的"能指"和作为"意义层面"的"所指"构成"第一级符号"；"第一级符号"又可以成为"第二级符号"的"能指"，与新的"所指"共同构成"第二级符号"，以此类推，由此形成的"意指行为"（signification）可以无限地推衍（巴特：34-36）。而这种意指的过程，不正可以视为对延异的一种注解？

延异是差异的游戏，也是间隔的游戏，正是有了间隔，各种要素之间才有了关系。基于这种观念，如果没有延异中符号的差异和间隔游戏，言说和意指的主体就无法呈现自身，并完成言说和意指的行为。因此，延异不是一种简单的概念,而是概念化和系统的可能性。在延异的活动中,语言或任何符号、任何一般性指涉系统,都被"历史性"地构成为差异的编织物,都有必要超出形而上学的言语来理解。而人文学科孜孜以求的"意义",也因此永远不可能自我完成,而总是相互关联、无法固定的存在。

除了延宕和差异,延异还可以在语义上引发出第三种意义:散布(différé)。在延异的游戏中,任何一个意指系统中的意义都是从无数可供选择的意义的差异中产生的,符号的确定指向也随着作为意义归宿的在场神话的破灭,犹如种子一样向四面八方到处播撒。德里达认为,播撒把自己放在开放的延异链条中,产生了许多不确定的语义效果,标志并衍生着多样性,在瓦解稳定词义的同时,它也瓦解了词本身的统一。播撒并不意指什么,不把自己构成所指或能指,不表现或描述自己,也不显示或隐匿自己。因此,它本身就没有所谓的"去蔽",也没有什么隐匿,既不追溯某种原始的在场,也不追求将来的在场,根本无从给它下定义(Derrida, *Positions*: 44–45)。这样,播撒便形成了一种异样的文字,使自己处于一种书写与阅读的零度,丧失了传统的支撑点,这种文字的播撒就是德里达意义上的书写。不过,首先将播撒的意象与书写联系在一起的,其实是柏拉图,他在描述"善的书写"时,就使用了农夫播种的比喻。然而德里达的"播撒"和柏拉图的"播种"(insemination)迥然有异,后者的播种是为了获得一种符合预期的再现式繁殖,而德里达的播撒却是一种近乎徒劳的撒播,它并不预期某种生长的结果,只是在不断的重复之中进行一种无法再返回到原先父体中的发散。也就是说,柏拉图的播种是要获得一种预期的单义性,或是受支配的多义性;德里达的播撒却是要进行一种始终包含着差别的繁衍,一种无止境的、不受监督的替换过程,产生的自然是不受控制的多义性(85–86)。

那么,德里达的"延异"与黑格尔的"扬弃"又有何区别呢?黑格尔的"扬弃"本义是提升,但它也同时包含继承和否定的双重意义。在黑格尔看来,辩证法就是一个扬弃的过程,每个概念都通过否定而提升到一个

89

更高的层次,由此得以保留和承继。德里达的确曾提到:"假如延异有定义,那么它一定是在所有黑格尔的扬弃起作用的地方,对它的限制、中断和破坏"(Derrida, *Positions*: 40)。只是他在这里强调"扬弃",看重的是扬弃所包含的双重意义,是过程本身,而不是黑格尔最终强调的那个提升的结果。所以,延异更像是对扬弃的改写,它从扬弃那里进一步阐发的双重意义,正与反对黑格尔辩证思想的思维方式是相近的。

德里达在从扬弃中阐发的双重意义基础上,提出了一种双重姿态,亦即一种"双重书写"。也就是说,所谓的解构包括两个方面。一方面,要经过一个"翻转"的阶段:由于面对的是形而上学体系暴力的等级制,要消解对立,就必须首先在一定时机推翻这种等级制,打倒一切在等级和谱系中的高高在上者。这种翻转必须彻底,而不是简单地中和,否则,一旦在实践中遗留下先前未被触及的领域,没有抓住先前的对立,就会失去任何有效干预该领域的手段。另一方面,解构的活动必须在被解构的系统内部进行活动。德里达强调,通过这样一种双重书写,必须指出"翻转"和不再依据原有系统来理解的"新观念"之间的间隔。对于这种间隔以及这种双重方面或双重阶段的最佳表示方式,正是一种新的书写观念。只有它才能够既推翻言语/书写的等级制度,又仍然身处于这整个系统之中,令书写在言语的内部躁动不安,由此将整个既定的格局搅动得杂乱无章,并进而将这种"杂乱无章"扩展到整个形而上学领域之内(Derrida, *Positions*: 40–42)。

德里达的这番自白,无疑从"战略"的角度,为他为何选择书写作为批判形而上学的突破口,作出了很好的解释。同时德里达也指出,书写——延异理论的与众不同之处,正在于它不是非此即彼地颠倒等级顺序,也绝不会构成某种"第三个术语",而是用"非此亦非彼"的方式,使得辩证法的解决方式难以留有任何余地(Derrida, *Positions*: 43)。所以,它不像黑格尔的辩证法,后者实际上还是在扬弃了对立的二元之后,将矛盾转化为第三个术语,提升出更高的"绝对理念"。书写只会停留在一种无法被命名，既不是在场也不是不在场的延异状态之中，像幽灵一样自由地徘徊、延宕。

2.4.3 从符号到痕迹

在德里达的阐释中，延异包含着一种对在场不断进行自我"涂抹"的含义，每当意义的呈现趋于所谓的完满之前，就会进行这种涂抹，以避免成为一种完满的在场与僵化的实体。每次涂抹之后，又会有新的书写在这之上加以覆盖、增加或补充，但被涂抹之物不会完全消失，还会留下逝去之物的"痕迹"——书写行为本身就可以说是在刻画痕迹。这种涂抹不仅是去除痕迹的涂抹，也是从一开始就构成痕迹的涂抹，它使得痕迹成为一种位置的转换，消失于呈现之中却又出现在对痕迹的自我生产里（Derrida，1982：47）。因此，尽管德里达的"涂抹"和"痕迹"是在海德格尔对删除号的使用中得到的启发，却与后者并不相同，因为海德格尔的存在也许还是指向不可言喻的在场，而德里达涂抹之下的痕迹标志的却是"在场的不在场"，一种改变、移动、指涉自身的在场的假象，总是不断地从一个词到另一个词向前指引（Spivak：xxxii–xxxix）。

德里达等于是用"痕迹"替代了索绪尔的"符号"概念，在他看来，无论在书写还是言语中，任何要素都是参照另一个本身也不是单纯在场的要素的，所以无论是声音还是字符，每个要素都是通过指涉其所在系统中其他要素的痕迹才得以构成，也就是说，每个要素都是由永远不会呈现为在场的他者的痕迹来决定的。这种联系和交织所结成的网，就是文本，它唯有通过另一个文本的转化才得以产生。无论是在要素还是系统中，都没有单纯的在场与不在场之物，处处皆是差异和痕迹。这样，文本权威的本源便不再是文本之外的实在世界，或是超越文本存在的某种逻各斯和上帝，而只是文本之中和文本之间的痕迹，这就是德里达提出"文本之外别无他物"的原因之一（Derrida，1976：163）。由是观之，形而上学中的起源和自然概念，不过都是通过抹除原初的痕迹和延异的活动才得以塑造的神话。

不过，痕迹不仅是本源在话语和思路中的消失，它也意味着本源没有消失，因为本源与非本源相反相成。痕迹因此成为本源的本源，在它之前没有任何本源，即一般意义上的绝对起源——正是在这种逻辑上，德里达提出了所谓的"源书写"，以及"书写先于世界"。然而，由于痕迹并非一种在场，所以"痕迹成为本源的本源"恰恰从另一种角度说明了并没有一般性意义上的绝对起源，说明了根本就不存在本源的痕迹（Derrida, 1976: 61）。痕迹说到底就是一种延异，是对起源的"悬置"过程，没有任何一种形而上学的概念能够描述它。因此，主张任何书写都是源书写，或是提出一种源书写，都不是要以书写—文本中心主义来代替言语—逻各斯中心主义，因为本源永远都只是占据着源头之位的痕迹。就这样，痕迹破除了一切占据着被预设为源头本体之位的在场神话。

德里达的这种"痕迹"概念，除了部分受弗洛伊德"印迹"的影响之外，更大程度上还是受到了列维纳斯"痕迹"的启发。在列维纳斯看来，痕迹并非一种符号，但所有痕迹又都扮演着符号的角色，也都可以被当作一种符号；任何人或事物倘若意欲揭示另一事物，都需要追随痕迹，在其他事物的功能中实现这种揭示。痕迹即使被当作符号时，也不具有任何指涉的意图，不是任何目的的投射。列维纳斯承认，痕迹的确铭写在世界的秩序之内，可它的反复印记又在严格意义上扰乱着世界的秩序；留下痕迹往往是为了抹除之前的痕迹，由此留下的痕迹根本无意表明什么，这样，痕迹便超出、离开和消解了自身。此外，列维纳斯认为，痕迹既不揭示也不掩饰某物，它是时间中空间的插入，在这一点上世界趋向过往，所以只有一种超越世界的存在才能够留下痕迹。基于此，所谓"痕迹"就是一种从未在那里，又总是向前追溯的存在，而一种作为痕迹的痕迹不仅指向过往，也指向这种较之任何相对现时的过去和未来都更为遥远的过往，指向一种绝对本源的追溯过程本身（Levinas, 1986: 354–359）。列维纳斯对痕迹的大部分论述在德里达那里得到了继承，不同之处在于，列维纳斯在将痕迹的超越性位置称为"他性"（illeity）之后，更进一步将痕迹与犹太教的上帝，这一最大的他者关联了起来，而这是德里达的痕迹所没有接受的（Handelman, 1991: 230-231）。

抛开列维纳斯的影响不提，通过以上有关延异与痕迹的论述，德里达提倡书写和文字学的意图更加清晰了。他绝不是要对书写——文字学进行捍卫或说明，也不是要恢复文字的地位，赋予文字权力和优越性——那样就只是用一个新的中心反对旧的中心而已。提倡书写，恰恰是因为与书写相关联的延异、涂抹、痕迹等在颠覆言语中心主义的同时，也会发挥书写自身的特性，在避免一种新的完满在场的同时，也会永远处于延宕的过程之中。所以德里达才会说，如果人们不满足于读标题，能够真的理解他的理论的话，就会明白"书的终结和书写的开端"想要说明的，恰恰是众书没有也不会终结，书写也并不存在什么绝对的开端和起源，一切本体论、起源论和目的论在此全部失去了效用（Derrida, *Positions*: 12-13）。

尽管文字的书写者终将死去，但他的书写所留下的痕迹，却永远都可以被后来的读者阅读、接受和理解，或者说，被另一个人重写。书写行为本身就是由书写和阅读，亦即不断的重写构成。在重写中，书写的痕迹仍将留存，但这留存绝非原意的再现，重写必然与所谓的"原本"不同，因为重写是永远不会结束的，每一次重写不过是众多将要被整合、被重新铭写或涂抹的痕迹之一。意义并不在书写想要表达的意图之中，而恰恰是在这不断留下的书写痕迹之中，我们能做的，也只是一次又一次地在这文本的废墟中寻找破碎的痕迹。

2.4.4 从述行到签名

随着德里达思想的影响逐步扩大，误解也一直没有中断，始终有人将他曲解为一个独尊书写，对语音、语言不感兴趣的人。但正如德里达反复强调的那样，他所感兴趣的，其实正是声音和语言中包含差异的书写。这不仅体现在其思想中从索绪尔语言学汲取的养分上，也体现在其对英国语言哲学家J. L. 奥斯汀（J. L. Austin）言语行为理论的批判、解构之中。

在《如何以言行事》(How to Do Thing with Words)中，奥斯汀将语言分为"表述性语言"(constative utterance)和"述行性语言"(performative utterance)，前者以陈述句的方式表达对日常生活事件真假的判断；后者则通过语言来达成某种行为，亦即凭言说行事，无关真假。基于"述行"的概念，奥斯汀又进一步区分了三种言语行为：言内之意，言外之意，言后之果。其中，如何能使"言外之意"得以达成、行之有效，是奥斯汀最为关注的，因为它最能体现语言的习俗性。奥斯汀认为，既然言语行为无关真伪，其意义就取决于语境的"得体"或"有效"与否。有效的述行性语言是正常语境中的言语行为。语境是否得体、有效，在于言语施事是否合于习俗，或是否在正常语境中得到理解。"语境"这个概念，对于德里达等后结构主义者而言，也是至关重要的。语境概念的当代流行和含意新解，可以说很大程度上得益于德里达针对奥斯汀述行性语言与正常语境条件的反思和批判。

日常与虚构、正常与反常的区别，是德里达批判思路的出发点之一。奥斯汀关注决定言语行为有效性的正常语境，而排除了戏剧、诗歌等反常的文学性语境，因为文学语言仅仅是模仿、游戏和虚构，在这种语境中，述行性语言有可能沦为引用、模仿和重复而失效。在德里达看来，对这种所谓的反常语境的排除，同样是形而上学逻辑在起作用。在述行理论中，德里达关切的恰恰是这种被奥斯汀排除的文学语境，在他眼中，文学的虚构语言揭示了述行语言的复杂性，文学语言不是反常和无效的，而是言行合一的创造行为或"诗性述行"，如寓言、讽喻、反讽，均既可描述，也可述行(Derrida, Acts of Literature: 323)。可以说，述行语言的有效性，恰恰依赖于突出体现在文学语境中的模仿或"可重复性"(iterability)。正常语境的诺言之所以可能，恰恰是因为存在着可重复的形式："当我的言语表述无法被人视作遵循可复述模式，或无法被识别为'引语'，那么述行语言还可能成功吗？"(Derrida, 1982: 325)

在德里达的策略中，可重复性既是否定，又是肯定，是事物趋向死亡的状态,又是事物变异新生的可能性。在《签名、事件、语境》一文中,德里达指出可重复性的英文iterability由拉丁文的iter(重复)和梵文itara(其他)构成,这种关系把重复这行为跟"他异性"捆绑在一起,本身就意味着重复兼差异,意味着语境的生产、开放与非完满性。不难看出,德里达看重的其实是述行语言中的书写,只有书写才是德里达眼中述行语言的典型,因为可重复性正是书写自身的印记:"对于信息的发送方或制造者来说,书写意味着以印记制造一种可以构建某种具有生产性的机器,使得在他们逝去的未来中,它仍然可以继续运转,可以不断被重读和重写"(Derrida, 1982: 316)。如是,不论书写者是否暂时缺席,又或将会逝去,书写的内容都可以凭借可重复性,而非原生性、独创性而存续。

为了说明,德里达选择了这世间最平常不过的"事件"之一,签名,作为例子:正是借助一致性,可以被再现、重复、模仿的签名打破了自身的完整性和独特性,脱离了原初语境和意图存在;即便是在签署者(作者)和接收方(读者)双双不在场的情况下,签名仍然可以被反复移置于各种可能的语境之中,且可以保证在可重读的状况下实现新的、包含差异的意义。这之后,德里达干脆将类似的结构性探讨推广至"专有名称"的书写上,乃至所有与签名相似或不那么相似的书写的特质上,从而终于将对言语行为之述行的探讨,彻底引向了以书写行事,以文本为行为的方向上,并在此基础上展开了有关"文学行动"(acts of literature)的探讨。在德里达看来,"作品,尤其是文学作品的逻辑,是一种签名的'逻辑',一种独特标记的悖论学,因而也是例外与反例的逻辑"(Derrida, *Acts of Literature*: 58)。

然而,英美哲学的主流传统其实一直对德里达的理论不知所云、不以为然。德里达对奥斯汀的批判,因奥斯汀已逝而无法形成真正的论战,但美国哲学家约翰·塞尔(John Searle)以奥斯汀弟子自居,撰文驳斥了德里达。两人你来而我,在可重复性、寄生性、反常话语等方面反复辩论,持续二十多年,背后实际上是德里达的后结构主义思想与英美哲学主流传统之间的碰撞。后来卡勒和尤尔根·哈贝马斯（Jürgen Habermas）的加入更是令论争倒向了文学和哲学之争这一古老问题。支持德里达的卡勒认为，文学文本暴露并消解了严肃与非严肃、字面与隐喻、真理与虚构等若干等级性对立，文学语言的功能和位置，或者正好可以借此改观；文学语言如寓言、讽喻、反讽，描述且施行，是诗性述行或创制行为。而更倾向于塞尔的哈贝马斯却认为，德里达或卡勒执意消除文学和哲学的差别，其实无益，也无助于揭示世界或解决问题。

2.5 倾听、痕迹与《托拉》

正如当代神学家特雷西所指出的，从某种意义上说，巴特、德里达等人引领的书写理论实践，鼓励了对拉比犹太教和喀巴拉主义书写观念的再思考（Tracy：390）。因而，书写理论不仅关乎对古希腊—基督教形而上学传统的反拨和某种变相承继，也意味着当代法、德理论界对希伯来—犹太教传统重估和复归背景下，这另一脉传统最具影响力的一次再诠释。

2.5.1 倾听与书写

作为基督教的母教，犹太教与接受了希腊逻各斯哲学影响的基督教相比，存在着诸多思想上的差异。希伯来圣经（亦即基督教的《旧约》，犹太教的《塔纳赫》[Tanach]）中的创世神话本身，就是对希腊本体思想的一种巨大挑战：它宣告了物质并非永恒的，也宣告了世界有一个暂时性的起源，这个起源是由上帝的任意性意志创造的，并非必然的存在，世界中的一切创造物，包括前提在内，都是偶然的。在这样的世界中，没有必然的本源内在于事物的本质之中，没有在逻辑上不证自明的自然法则，更不会有在现实基础上形成的毋庸置疑的原则（Handelman，1982：

27—28)。伯曼在《希伯来与希腊思想比较》(*Hebrew Thought Compared with Greek*)中这样总结希伯来思想传统与希腊思想传统之间的区别：与希腊思想静止、安详、中庸、和谐的静态特征不同，希伯来思想是动态的，充满活力，富有激情（伯曼：17）。所以对于那些简单地把希腊思想奉为完美的人而言，希伯来的思想和表达方式就显得夸张、无度和粗鄙；反之，在坚守希伯来传统的人看来，希腊思想的"静态"就变成了僵化、死板、缺少生机。伯曼强调，如果想要由内而外积极地理解这两个民族，就必须将双方这种消极片面和有欠公正的说法放到一边，从实际出发比较两者的不同。

伯曼所选择的务实做法是，从两个民族各自语言表达的特点出发，切实分析两种思想传统的不同。他发现，在希伯来语中，动词的基本意义总是要表达一种运动或是一种效果，因为希伯来人认为只有与某个活跃且运动着的事物发生内部联系的存在才是现实，而无运动和固定的存在无异于一种虚无。这种语词特征正是希伯来人世界观的体现："事物并不拥有不可更改的确定性和一成不变的意义，它们是可变的、运动的"（伯曼：50）。可这种对于变化和运动的高度推崇显然不是希腊思想的特色，从其语言表达特点可以看出，对于希腊人而言，"一切存在都是静止、和谐的，一切更高的存在都是不变和不可摧毁的"（57），所以在一切"拥有"存在的事物当中会产生一定的等级秩序，或是一种事物原始本源——存在越是与精神相关，就拥有越为尊贵的地位，最高的存在拥有真、善、美本身。伯曼总结说，这两个民族在精神生活中，一个视运动、行动和活力为最重要和最根本的，另一个注重的则是节制、计划、深思熟虑和富于意义，这种秩序的观念发展至最高阶段就是自然规律和理性（76）。

在这种"安宁与运动"对立的论述基础上，伯曼认为，希腊人的既有思考形式是空间性的，而希伯来人的既有思考形式则是时间性的，因而相应的，对于希腊人而言，最重要的官能是视觉，而对希伯来人而言，体验现实的最重要官能是听觉（伯曼：280—281）。韩德尔曼接受了这种区分，并在对犹太教思想进行阐述时指出,与希腊人对"注视"的现象性追求和基督教对"道成肉身"基督的"观看"不同,希伯来的上帝虽不可见,也不静态地存在,但他却言说,不可见的启示通过声音和不会完满地具体化为"圣言在场"的词语来显现,上帝的存在也因此可以通过"倾听"来感知(Handelman, 1982: 17)。

然而,正如韩德尔曼在《救赎的碎片:本雅明、肖勒姆和列维纳斯的犹太思想与文学理论》(*Fragments of Redemption: Jewish Thought and Literary Theory in Benjamin, Scholem, and Levinas*,下文简称《救赎的碎片》)中所提出的"最为痛苦和尖锐的问题":上帝的启示如何才能被倾听到,这启示是直接的还是需要中介的?(Handelman, 1991: 28)肖勒姆更进一步提出,希伯来语是原初的神圣语言,因而希伯来字母本身就是神圣力量的载体或浓缩,其各种组合和重组便是造物的规则;文字由此获得了与它所传达的圣言的奇妙联系,而不再仅仅是种工具,人与上帝之间的交互性关系就在其中得以实现,书写及文本也因此获得一种神圣的地位(Scholem: 72–75)。在一些喀巴拉的神秘主义表现形式中,文本字句的物质性本身就具有参与神圣启示的作用,因而对于喀巴拉主义者而言,这样的书写就是启示(Tracy: 383)。因此,我们可以说,犹太教的这种思想主张更多注意到了上帝的话语和人的关系,而这又主要是通过文字和文本的物质形态来实现的——希伯来先知书的全部目的之所在,就是恢复最初和最终的作者之间的谈话。

犹太教对于书写的重视,从对"文士"(Sofer)誊写经卷的要求中就可见一斑。这些专职誊写师在日常生活中必须严格遵守犹太律法,能认真、熟练地使用鹅毛笔;在开始誊抄经卷前,要按犹太教礼仪沐浴;在抄写时必须先念出每个要誊抄的词,然后才能落笔;书写时必须与古代习俗保持一致,必须用没有标点、元音的希伯来文方体字母标示,将经文以手工方式誊抄在248片羊皮上,不得刻板印刷;每当写到上帝圣名时,要清除头脑中的杂念;抄写中如遗漏或增添一个希伯来字母,或在改正差错时没有遵循犹太教的有关规定，那么，所抄录的经卷便被视为不洁，不能使用。

与基督教思想中文字与本质、显义与隐义的二元对立不同，在犹太思想里并不存在文字与本质的根本差异，也不存在希腊形而上学中的那种本体观念，以及"真理是完全自我同一的存在"这类看法。犹太人之所以谨守符号，是因为他们认为本质与文字符号密不可分。他们并未如奥古斯丁指责的那样，将符号当成本质，并就此沦为偶像崇拜；相反，在犹太人看来，若是抹杀文字的作用，将它与所表现的本质割裂开，并最终推出一个具象的上帝，这才是一种偶像崇拜。

与基督教上帝的存在和神性通过基督呈现不同，犹太教上帝的存在和神性被铭写于文本之中，而不是人的身体之中。在拉比的解释中，犹太教的中心词语，亦即上帝的名字 JHVH 是不发音的，这个不发音的名字可翻译为"我是自有永有"（Handelman，1982：156）。即使是表明自己没有受犹太教太多直接影响的德里达，也在其有关宗教的文章中提出，"巴别"（Babel）就是上帝的名字，以此来证明上帝之名的不可翻译性。这些都表明在犹太教根深蒂固的观念中，他们信奉的上帝是不能具体化为一个人的力量。人和上帝之间的关系在犹太教的信仰中是邻近的，而非替代性的——人的确是以上帝的形象创造的，可上帝并不是人的实质（Derrida，2001：105）。

正如列维纳斯所说，上帝与犹太人的亲近关系，并不体现为"与道成肉身之上帝的情感交流，而是一种以《托拉》为中介的精神联系，它是一种对话，而不是具象为一个活在我们中间的上帝"（Levinas，1979：219）。《托拉》在犹太教最重要的三部典籍中居首位，又称《摩西五经》或《律法书》，是《塔纳赫》的前五卷，包括《创世记》（Genesis）、《出埃及记》（Exodus）、《利未记》（Leviticus）、《民数记》（Numbers）和《申命记》（Deuteronomy），——另外两部为《塔木德》和《米德拉什》（Talmud，原意为"教学"，指犹太教口传律法集，公元二世纪开始编辑成书，但编辑工作一直延续至后世；Midrash，意为"解释""求索"，注解《塔纳赫》的汇编，公元三至六世纪期间形成)。《托拉》详细记载了犹太人关于世界和人类由来的传说、早期历史及犹太教各项律法条文的来历，提出了许多指导观念，并预言了犹太民族的命运。

公元前520年，犹太教文士以斯拉（Ezra）得到波斯帝国国王大流士一世的准许，领犹太人从巴比伦重返耶路撒冷，在重建耶路撒冷圣殿之后，他对犹太教进行了必要的宗教改革，用律法重新整顿社会生活，维护犹太民族的纯洁。其中一项重要的举措，就是在圣殿宣读由文士誊写的《托拉》，这使《托拉》取得了崇高的神圣地位。从此，《托拉》作为犹太教的根本经典和犹太教律法的渊源，在宗教信仰、律法制度以及伦理道德方面都确立了上帝至高无上的原则（埃班：69）。

犹太教的历史可划分为四个时期：首先是"第二圣殿"时期，时间是从希伯来圣经形成（约公元前586至前450年）到耶路撒冷第二圣殿被毁（公元70年）；第二个时期是形成时期，它从公元70年延伸至巴比伦塔木德的形成（约公元600年）；第三个时期是古典时期，从古代后期到十九世纪；第四个时期即现代时期，从十九世纪直至今日。其中第一个时期也是圣经犹太教时期，作为当时宗教中心的耶路撒冷圣殿被毁，标志着圣经犹太教走向消亡，并被拉比犹太教取而代之。之所以称为拉比犹太教，是因为在国家灭亡与民族分离使得犹太人散居各地的情况下，为适应这种现实和改变了的生活环境，犹太人中的文士或法利赛人逐渐演化为拉比，各地犹太社区的圣堂也取代耶路撒冷的圣殿而成为宗教活动的主要场所，原有的献祭仪式也被各种祈祷活动所替代。但是，拉比犹太教并不是一个新宗教，而是原有的圣经犹太教在新的历史条件下的延续，所以在圣经犹太教时期确定了重要地位的《托拉》，在拉比犹太教时期得到的尊崇只有比以往更高。

犹太教的大多数神学家和信徒都相信，《托拉》来自上帝，是上帝在西奈山上传授给摩西，并永恒地给予犹太人的。中世纪犹太神学家犹大·哈列维（Judah Halevi）就强调，《托拉》不可能是人的产物，因为人的智慧根本无法直接理解上帝的启示。所以，在《托拉》中，无论是对于宗教信仰和律法制度，还是对于道德规范的阐述，都是上帝的启示，具有绝对权威，并且是超越时空的。列维纳斯甚至提出，犹太人存在的方式本来就是在《托拉》和死亡之间作出选择，"《托拉》或者死亡"，如果犹太人不接受《托拉》，就走不出悲伤和死亡之地，也就无法打破存在的禁锢并开创历史（列维纳斯[1]：49，51—52）。《托拉》的权威和神圣性意味着没有人能以任何方式偏离它，或是擅加任何改动，即使是那些以研究《托拉》为永久事业的学者，也不能对《托拉》的字句本身提出任何属于他们个人的意见，他们可以解释律法，因地制宜，但他们总是要本着这样一条不可更改的原则：《托拉》是上帝赐给的，不能为人的意志所改变（Musaph-Andriesse：73-74）。

2.5.2 痕迹与隐退

当犹太教中不可见的上帝不再通过"道成肉身"来呈现自己，而是通过《托拉》来传达启示时，借助的其实恰恰是"不在场"，犹太教的信仰正是以对这样一种"不在场"上帝的信望来被定义的。这种"不在场"首先是一种实际现实中的不在场。比如《出埃及记》中说，"摩西就挨近上帝所在的幽暗中"，上帝却对他说，"你就得见我的背，却不得见我的面"，甚至还说"你不能看见我的面，因为人见我的面不能存活"，在这里，"面"不是特指眼睛、鼻子和嘴所在的那个身体部位，这些话真正的意思是上帝不会借助任何中介，不通过任何可见和可闻的形式显形。正如斐洛在对相关的经文作注解时总结的那样，上帝"就其本性而言，是不能被见的"（转引自威廉逊：82）。

这种不在场也体现为作为犹太教核心的上帝之名的不在场。对于上帝

---

[1] 该引用文献又译为勒维纳斯。

之名，斐洛如是说："对这位存在者，甚至不能用任何属于人的名称来恰当指称"（转引自威廉逊：83）。所以在斐洛看来，上帝的名称必定秘不示人，因为按照希伯来人的观念，一个名称所表示的是被称谓的那个物或人的最内在的本质。如果上帝在本质上就是不在场的，那么自然也就无法直接对其称名。根据《塔木德》的规定，在祈祷和阅读时，同样不能念出上帝之名，JHVH这个名字只能在圣殿仪式上诵读，在这范围之外，要用一个替代的名字，所以《塔木德》注解中所用的也只是普遍名称，或通过神圣的品格，或用表达关系而非本质的术语来指称上帝（柯恩：29）。

在列维纳斯看来，"上帝肖像中的存在并不意指上帝的偶像，而是要去在他的痕迹中寻找"，"上帝仅仅以他的痕迹来显示自身，就像在《出埃及记》中所说的那样，趋向上帝不是要因循这些并非符号的痕迹，而是要趋向那些立足于他性痕迹之中的他者"——这里的"他者"之所以和上帝联系起来，是因为在列维纳斯看来，"上帝是最杰出的他者，作为他者的他者，他是绝对的他者"（Levinas，1986：359）。韩德尔曼认为，列维纳斯的"痕迹"既不是在场也不是不在场，从而也就不同于那种仍然通过在场和不在场的相互影响来还原"他性"的启示，它超越了"符号的认知"，是一种"彻底从剥离和掩饰中撤离的不在场"，它无限地接近却又绝对的遥远（Handleman，1991：212-213）。列维纳斯的"痕迹"概念解释了在不必放弃哲学，或是诉诸一种对于超越性的盲目信仰的情况下，上帝（以及他者）如何可能不成为一种存在的"经验"。鉴于上帝不能直接遭遇，而只能在与他者的伦理关系中趋近，列维纳斯进一步将问题引向了向他者敞开、"面孔"（face）以及对他者的责任等伦理性问题，这些问题都对德里达后期的理论旨趣有着深远的影响。

而在"上帝的痕迹"这一问题上，德里达比他的启发者列维纳斯甚至走得更远，他认为世界也许并不是"上帝的痕迹"的效果，而是"上帝本身就是痕迹的效果"（Derrida，1978：108）。在这里，德里达（以及他所解读的雅贝斯）将上帝的"隐退"和"痕迹"观念当作了一种直义的隐退、分裂，甚至是上帝的诡计，从而在上帝之内对上帝进行质疑——这与他"没有宗教的宗教"的主张一脉相承，而且也与诗人在语言学上的自我反思、创造空白空间等文学理论问题相联系。在德里达看来，诫碑的破裂实际上是上帝自身的一种分裂，它以缄默的方式中断了和人们的交流，使得人们需要委身于痕迹之中；从而，上帝的不在场最终就像文字的呼吸，使得书写文字得以存活，也为文学创造了一种空间（67-73）。雅贝斯也认为，犹太人迫使摩西打破诫碑，等于是在书写和阅读的问题上给摩西上了重要的一课，使他明白"在让犹太人接受书和戒律之前，就必须打碎诫碑，打碎书，这样才能使书成为属人的"，也就是说，必须在阅读的时候破坏书，将其变成另一本书；因此，书总是从另一本破裂的书中诞生，文学亦是从破裂和间隙中获得空间（Handelman，1991：209-213，340-344）。

同样深受列维纳斯影响的布朗肖在《无尽的谈话》中也有过类似的表述："最初诫碑的书写只有在被打碎之后，才因恢复而变得可读，并且，这样的恢复产生了第二种书写，即我们所熟知的书写：它充满了意义，能够发布戒律，总等同于它所传达的法则"，"最初诫碑的打破，不是同和谐统一的原初状态进行决裂；相反，它的开创之举，是……用匮乏取代缺席，用裂痕取代空隙，用违法乱纪取代碎片的纯粹——不纯的分裂"（Blanchot，1993：430，432）。这样，不论是否信仰上帝，上帝都在犹太教的信仰和后结构主义的理论中渐渐隐没，再难辨寻其源头所在，唯留文本中的痕迹。

罗伯特·伯纳斯科尼（Robert Bernasconi）认为，列维纳斯和德里达两人的痕迹观念之间的核心差别之一，就在于如何回答"什么是他者，谁是他者"这一关键问题。"痕迹"的概念是德里达从列维纳斯那里接受过来的，但对于德里达而言，痕迹是一种文本，而不是一种他者，而且大写的"他者"在他那里也并不等同于上帝——诚然，对于德里达而言，书写并不是对于已经看到的形象或已知意义的如实再现或直接表达，而是对于未见形象和未知意义的一种预期和探索，而这里的未见形象和未知意义并不等于上帝。毕竟，德里达使用列维纳斯的痕迹是为了批判和"改写"索绪尔的符号学，亦即更多与他自己对在场哲学的关注和批判相关，"而不是为了欣赏列维纳斯对于哲学中立性的批判"，或是为了探讨犹太教的上帝（转引自 Handelman，1991：230-231）。

"上帝的痕迹"的理论也与书写的不可能性有所关联。严格意义上，书写永远都不可能书写出一种消除书写本身的直接性，书写者也不能将自己写入一种强大到足以压倒这样一种事实的强势之中。是作者在书写，而不是上帝，作者所书写的永远都不是上帝的在场，而是上帝的痕迹。因此，上帝对于作者而言是永远不能表达为在场的，可这沉默的上帝偏偏又总是强加于人身上，迫使人必须去铭写他，而他又从未提供任何明确的书写方向和内容。这种拒绝交流的不对称性，无疑使作者和书写之间的契约充满了不可能性。而这种不可能性成就了书写的可能性：正是书写这种在沉默中言说，在抹除中铭刻，在对不能书写上帝之名、只能书写上帝痕迹的情况下进行的铭写，使得上帝的秘密在隐藏中显露，又在展开中隐藏。

2.5.3 口传《托拉》与书写《托拉》

由于犹太教的思想中并不存在希腊式的模仿观念，没有词语与事物、能指与所指的根本性分离，也就没有对于耶稣这个中保的需要，更不会将文本视为流亡或曲径，相反，文本之外的运动才会被视为流亡或曲径。加之在犹太教的思想中，词语与事物之间不是替换的关系，而更多是接近、并置和联想的关系，它们之间的相似性并没有抹杀差异，所以犹太教的文本也是差异性的文本。

此外，希腊哲学对"在场"或者说"呈现"的理解，更多是依靠行动发生和观者见证的处所进行的；而犹太教对此的理解却是流动的，同时包含了过去与未来，因此每一事件都内在地派生出多重含义，包含着各种反射、指涉，而不像在基督教的圣经文本中，事件总是被视为衔接的时间线,被耶稣之后的降临所实现的完满所预先决定着。所以,犹太教文本追求的不是文字背后的单一隐义,而恰恰是文字本身的含混性和多义性,并由此敞开了对差异的解释。上帝的启示是神秘莫测的,但也正由于其自身的无形式,它才能够以种种没有限制的不同形式得到体现;何况对于无限深奥的上帝思想,任何一种用人类语言所作的解释,都不可能包括《托拉》的全部意义。这样,犹太教的思想可以说是以反对多神教的方式,发展了多神教的教义:更多是从"道"之中听到或读出多重含义,而不是从可以被看到的诸多神灵那里获得启示。

正如对巴特而言,书写、阅读和批评解释共同构成了一种总称的书写一样,犹太教的书写《托拉》和口传《托拉》也被视为同一启示的两面,具有同样神圣的地位。《塔木德》中说:"《托拉》,摩西受自西奈,传之于约书亚,约书亚传众长老,众长老传众先知,众先知则传之于大议会众成员"(转引自施坦泽兹:13)。这足以表明口传《托拉》和《圣经》一样是摩西在西奈山接受的神启,上帝是其直接的根源。口传《托拉》不同于《圣经》或书写《托拉》之处在于,后者一旦成型,便不可增删和更改,正是这种不可变更性在某种程度上构成了它的权威性,与此相比,口传《托拉》就因缺乏这种特性而显得过于任意散乱。但是,最初书写《托拉》既没有元音,也没有句读,既不能读,更不能理解,这显然同上帝颁布《托拉》的初衷背道而驰。所以,哈列维认为,元音和句读虽不见于最初的《托拉》文本,但必定以某种方式保存在一代代人的记忆中,那就是口传《托拉》。这样,口传《托拉》既因其来源而保证了权威性,又因其必要性而保证了合法的生存权利(傅有德等:238)。

哈列维认为,在如何对待书写《托拉》和口传《托拉》的问题上,正确的做法是:既尊重书写《托拉》的字面意义,又尊重口传《托拉》的精神实质(傅有德等:241)。如果只从字面上严守律法,只会在因循守旧的同时让"无赖之徒"有机可乘,利用漏洞制造不公正的"判决";而若是抛弃书写《托拉》的字面意义,一味迁就口传《托拉》的精神实质,就会导致对教义的偏离，甚至抛弃整个《托拉》。犹太教历史上代表祭司和社会上层的撒都该教派（Sadducees）就是由于拒绝口传《托拉》的传统，过分固执于见诸文字的书写《托拉》，而在圣殿被毁之后逐渐走向没落的（埃班：80-81）。

因此，《托拉》不仅是用包含着造物秘密的火焰文字写就的，同时也是由阐释的适当方法构成的，它固然有一个神圣作者，但它也在不断地为其读者的阐释所重新创造和重新书写着。这种观念可以说是一种矛盾的混合，它一面相信绝对起源和权威，一面却又相信人改变它的能力。这样，由于文本的启示总是向读者的阐释敞开，人便不再只是崇高信息的被动接受者，而是成为启示发生之所在，正如巴特的读者也是文本意义的参与者和创造者，而非消费者一样。

犹太教的这种口头传统，与形而上学—基督教的言语中心传统大异其趣，伯曼在《希伯来与希腊思想比较》中，就将希伯来语中相当于"言语"或"语词"的davhar与希腊语中相当于"言语"或"语词"的logos进行了对照：davhar既是"语词"，又是"行为"，它的根本意义在于将后台的东西推向前台，体现了一种希伯来民族特有的动态特征；而logos的词根意义可以回溯到"收集、安排、整理"的意义，它整理安排说话的来龙去脉，使之合理，但就其深层意义而言，却并不涉及说话的功能（伯曼：75-76）。因此，同样是推崇口头传统，希伯来的口传《托拉》传统是在揭示被隐藏之物的方面，也就是在解释方面与口头表达有关，而希腊—基督教的言语中心传统却是重在再现或导向一个单义且唯一的心灵真义。

口传《托拉》最初只能经由口头传承，有着禁止被书写下来的明确规定和传统。但到了公元二世纪前后，基督教的兴盛使得犹太教对于所谓《旧约》解释的影响力越来越小，加之口传《托拉》也不可能始终适用于不断变化发展的日常生活，于是，为抵御基督教的势力、保住犹太教释经的影响力，更为适应不断变更的生活模式，给现存的律法以因时制宜的解释，口头《托拉》开始被书写下来。这才有了犹大·哈纳西（Judah ha-Nasi）、希勒尔（Hillel the Elder）和夏迈（Shamai）等"坦拿"（Tannaim，对犹太教口传律法集编注者的称谓）对口头律法的编纂，犹太教也正式进入拉比犹太教时期。而由此编纂而成的口头律法集《塔木德》以及解释、讲解《塔纳赫》的《米德拉什》，实际上都是对书写《托拉》和口传《托拉》这两种传统的双重回归（Musaph-Andriesse：20-24）。从此，释经活动与书写活动就更加难分彼此了。

以《塔木德》为例，这部约束着犹太教信徒的日程、礼仪和思想的律法典籍就包括分别对应书写《托拉》和口传《托拉》的两个部分：一部分是由犹太教各种律法、戒条构成的百科书式的《密西拿》（*Mishnah*），为哈纳西率门徒筛选编纂而成，大约成文于公元二世纪末；另一部分则是在大约五世纪时形成文本，并对《密西拿》作出大量解释和注解的《革马拉》（阿拉米语 *Gemara* 音译，意为"补全""完成"，表示补全《密西拿》的遗漏部分并加以完成）。两者在公元500年前后正式合为《塔木德》。一般说来，《塔木德》的每一章都以一段《密西拿》开始，接着展开《革马拉》，即拉比们对相关问题作出的诠释和发挥，发表的不同意见或注解。与之类似，《米德拉什》也分为《哈拉卡》（*Halakah*，词根是 halakh，意为"行、走"，也就是人的行为需要因循的具体"路径"）和《哈加达》（*Haggadah*，动词词根 higgid 的名词形式，意为"讲述、叙述"）两部分。在《哈拉卡》中，所有源自《托拉》的律法和规章都被合在其中加以讨论，所以它很多时候干脆被引入《密西拿》，而《哈加达》则是对由简短故事和谚语构成的圣经叙述的解释，与口传《托拉》传统关系密切（Musaph-Andriesse：58-63）。

在口传《托拉》的流传过程中，众多释经的拉比对于同一段经文的阐释不可能是完全相同的，即使是同一位拉比对同一段经文的阐释，在不同时候也完全有可能是不同的，甚至可能是自相矛盾的，这是因为阐释者所处的语境是在不断变化的。此外，在拉比之间或师生讨论经文阐释时，自然会有对话和争议出现。这些在《密西拿》《米德拉什》等文本中都被保留了下来，所有师生之间的问答、辩论，以及拉比之间的不同意见，全都写在了律法的周围，一起呈现给读者。以《塔木德》文本为例，核心神圣文本周围的注解、讨论和引用，总是充满了不确定性，甚至有些在个别论题上还是自相矛盾或针锋相对的。这样一来，倾听启示之言的宗教行动便成为向所有问题百无禁忌式的敞开，这种纷繁热闹的对话录方式也由此构成了一种真理的多元性。同时，还有些与正在探讨的话题无甚关联的、不经意间就会被忽略的非正式信息也被收录其中（Musaph-Andriesse：39）。如果说那些与话题相关的各种注解、讨论和引用像是中国古代典籍注疏中的"注"，那么这些看似"离题"的成分便更像是偏重于意义引申并借题发挥的"疏"，这种"注疏"的兼容无疑使得材料更加饱满丰厚。所有这些一代代累积记录下来，便形成了集注释性和讨论性为一身的《塔木德》。

《塔木德》等典籍之所以可以容纳下这些多元化的注解、疏义，直接原因在于希伯来语是一种辅音字母语言，同一词语、文句本就可以有不同的解读，但根本原因还在于它们必须符合"《托拉》指导实际生活"这一目的。若想使《托拉》不可变更的律法对处于不同时代且散居各地的犹太人的日常生活都产生直接作用是不大可能的，为适应各种不断变化的生活模式，就必须借重继承了口传《托拉》传统的阐释和重读，使《托拉》更合时宜。正如列维纳斯在解释为何《塔木德》能够激活智慧时说，那是因为《塔木德》的文字只是一种"能指"，其"所指"必须在现实的生活中去寻找，"这门学问的所有大师都认为，只有从生活开始，才能理解《塔木德》"，这才是《塔木德》虽然古老但却始终可以摆脱其汇编成文时的具体历史环境，并得以保持活力的原因（Levinas，1990：7，9）。列维纳斯强调，《塔木德》对于经文和日常生活所起的解释作用，并没有使它成为一套无可置疑的法则、戒条和解释，犹太教并不存在不证自明的所谓"公理"作为推理和判断的标准；相反，拉比们始终抱有的怀疑精神驱使着他们对各种解释不断进行探询，"以批判性的和完全自觉的理性精神摄取《圣经》的各种含义",而《塔木德》的权威恰恰源于这种探询精神,它总是"把'意见'和'选择'联系回问题的十字路口"(列维纳斯:7)。所以,《塔木德》既是对真理的解读,也是一种不断探求问题式的解读。从而,不应当停止追问和探究:即使意见被拒绝也应当记录下来;就算是那些对于犹太教极其重要、看似无可辩论的问题,也应允许不同观点的提出。正如德里达所说的那样,"有一本上帝之书,上帝通过它来质疑自己;另有一本人之书,其大小正与上帝的那本相仿"(Derrida,1978:78)。

列维纳斯本人对于释经的态度就是尊重并努力发掘意义的多义性,而不是竭力简化它。所以,他态度鲜明地反对历史的、实证主义的方式,并将这种方法追溯至斯宾诺莎(Baruch de Spinoza)的《神学政治论》(*Tractatus Theologico-Politicus*)——当然,这一方法实际上完全可以追溯到更远的保罗—奥古斯丁时代。斯宾诺莎的释经理论要求所有讨论都在一个既定的主题之下,一切含混、晦涩或相互矛盾的段落都要被孤立,从而使得意义能够得到唯一、充分的理解;而且还要分析最初作者的生平和文本的流传,以及各独立部分是如何统合为单一著作的,也就是要完全立足于原初文本语境与作者意图来对经文进行解释和研究。尽管列维纳斯肯定这种研究方法有其作用,但他还是强调,任何想要揭示神圣文本的单一原初意义的企图都是歧途,歧义性和含糊性才是《塔木德》的生命力所在。然而不论《塔木德》中的各种注解多么迥然有异,它们之间都存在某种必然的关联——无论这种关联多么令人难以捉摸,《塔木德》中不存在任何真正任意、偶然或离题的东西,任何东西都可以被作为合理的阐释;对经文的引用也不代表求助于无可置疑的权威,而是为了邀请读者探索引文的语境,寻找它与当前讨论的语境之间的关系,并由此在文本内开启新意义产生的可能性。因此,让读者面临一种竞争式的注释是必要的,因为这样才有益于调动读者,呼唤读者的自由、创意和胆识——"奥秘"的意义恰恰是一种面向时代、更加具体的意义,经文本身就应当引发读者去解释和探索其意义，去发现当前讨论的问题与文本之间的关系(傅有德等：767)。

韩德尔曼指出，列维纳斯的这种探讨再次体现出伦理性的意味，因为接下去的推论就是文本的含混和空白要向他者(最直接的理解就是读者或不同的阐释者)的声音敞开，倾听"第二种声音"，突破有限和同一。也就是说，启示应当是向每个人敞开的，文本应当是为他者、为读者，供他们去阐释的文本，以此打断自我的呈现，撕裂封闭的结构。这样，文本、作者和阐释者就处在一种相互限定的关系之中，就不会存在任何孤立、封闭的文本本身——更不会像奥古斯丁担忧的那样，文本或文字黄袍加身，被拥到偶像的尊位之上(Handelman, 1991: 285-288)。这就像以撒·卢里亚(Isaac Luria)的"隐退"(tzimtzum, 又译为"回归"，原意为"集中"或"缩小")说所提出的那样，上帝"隐退"后随之而来的阶段便是"容器的破裂"(shevirth ha-kelim)，各种封闭的"容器"分崩离析，世界陷入混沌无序之中——就像上帝对自身的"自我解构"一样；而最后达成的"复原"或"回复"(tikkun)阶段，正是源自人对上帝的回馈式奉献，亦即人能动地与上帝互动(包括创造性地参与意义的生产)，来回应上帝的"隐退"和"容器破裂"，并与上帝给造物的最终任务相联系，由此在破碎中走向回归，迎接弥赛亚降临的救赎(肖勒姆[1]: 259-272)。用一句后结构主义式的话总结就是：解构正是救赎的前奏——而这大概也是韩德尔曼将其第二部犹太教研究的专著命名为《救赎的碎片》的原因吧。

因此，无论是为了倾听上帝的启示，给当下的生活寻得适宜的教导，还是为了响应上帝的"隐退"，在"容器"的碎片中迎来救赎，《托拉》文本都不再是意义的"再现"，而是意义的"生产"。正如在巴特看来，文学的目的应在于把"意义"，而不是"一种意义"，引入世界；解读《托拉》也不再是赋予或接受其唯一的意义，而是要去发掘它蕴含的多义性，而伴

---

[1] 该引用文献又译为索伦。

随这种注解多元化的,就是一种能指的无限嬉戏。难怪韩德尔曼会认为,在这种文本观念当中,已经可以发现后结构主义中能指无中心的嬉戏、解释的无穷性以及反权威性等理论的先声(Handelman,1982:80—81)。

以巴特为例,在他看来,阅读在本质上就是一个在一步步的阐释中"分解"文本的过程,一种"离题的系统性使用",是将文本切割成相邻的片段,处理并打断文本,与它的无限可能一起嬉戏——《S/Z》就是他的一次实践。对于巴特而言,读者以这种方式参与书写而领略到的乐趣,就是"文本之悦"。而也是他在可读的作品和可写的文本之间作了最后一个区分:阅读它们所引起的快乐是不同的,前者引起的是一种消费的快乐,是一种一般性的"快感"(plaisir,又译为"愉悦"),往往是在读者发现意义时,或者于阅读中产生共鸣时获得;后者引发的则是一种生产的快乐,是一种超越一般性乐趣的"狂喜"(jouissance,又译为"极乐"),它是在自由嬉戏的阅读中,在对文本的重写和意义的再创造中产生的,是一种因搅动一切历史、文化、心理的假定而无法再用言语表达的极乐。在这种对"狂喜"的描述中,文本实际上已变成神圣意义的源泉,于是文学文本对于其批评者而言,就像《托拉》之于拉比一样,成为顶礼膜拜的"意义的圣经",正如巴特所说,"文本就是神物,而这种神物令我对其充满热望"(Barthes,1975:27)。

此外,《塔木德》的文本布局方式也正体现了巴特所追求的文本间性。在《革马拉》包围着《密西拿》的模式,或者说,各种引证、探讨、争论组成的注解疏义围绕在核心文本周围的模式中,无论是注释与核心文本之间,还是不同的注释之间,都构成了一种相互说明、参照、指涉的对话关系,就像衣服纤维交织在一起。但正如韩德尔曼所说,纤维是不会被《塔木德》文本这样的衣服所隐藏的,而意义的无限可能性就在这织物间纵横交错、任意嬉戏。我们在德里达的《丧钟》(Glas)等著作中也可以看到这种相似的文本布局方式,这就足以直观地说明德里达从犹太教注释传统中所继承的精神。而这种在阅读的同时于文本的边缘进行注解和重写的方式，除去可以视为德里达"双重书写"主张的一种实践之外，实际上也是在提醒人们关注文本中通常被视为无关宏旨的空白、字体、标点、签名等被边缘化的地方，因为它们同样可能引发阐释和重写，带来意义的生成，而这又与他的"边缘书写"思想关联起来。因此，忘记德里达在访谈中宣称自己的思想与犹太教没有太多关联的话吧，他在收入《书写与差异》中的最后一篇文章《省略》("Ellipsis")的结尾处留下的 Reb Derissa（意为"拉比德里萨"）的签名，就早已出卖了他与犹太教之间难以割舍的联系，更不用提他自传体式的著作《割礼忏悔》(*Circumfession*)所体现的"犹太性"了。

2.6　自传、死亡与他者

不论是在文学创作中，还是理论评述中，一个思想者在写作时，很难无视自己倾诉内心声音的渴望，抵抗让自我于书写中"在场"的诱惑，避免对个人经验、感受和记忆的追溯和引用，尤其是在"主体"的观念普遍形成的时代里。如此一来，书写，常常是关乎书写者自身的，往往带有某种自传色彩。而几乎所有的自传都要面对他人的死亡与自己的"向死而生"，遭遇与自我相异的他者问题。于是，死亡与他者，也就成了自我书写无法绕开的伦理问题。书写并非为了强调"自我"的差异性和独特性，将自我完全孤立、突出，而恰恰是在强调"他者"的问题。

2.6.1　自传：自我的书写

"自传"（autobiography）一词由三个拉丁词根构成：auto（自身）-bio（生活）-graphie（书写），合在一起正是"一个人书写他自己的生活"。那么，什么样的文本才能算是一个人书写自己生活的"自传"呢？人们通常认为的自传，也许与传记学家菲力浦·勒热讷（Philippe Lejeune）所定义的自传更为接近："当某个人主要强调他的个人生活，尤其是他的个性的历史时，我们把这个人用散文体写成的回顾性叙事称作自传"（勒热讷：3）。这种定义将自传和其他自我书写的形式，如回忆录、私人书信、日记、自画像和自传体小说区分开来，勒热讷认为，只有在这种自传形式中，作者和被论述的主体才能达到同一，话语的对象才是书写者本人。

但符合这种定义的自传似乎更像是一种近代的产物，起点最多推至卢梭，其历史至多只有两个多世纪而已。但经历了后结构主义语境的人们却不难重新发现，有关自传问题的起始，理论家们关注和讨论的，不只是勒热讷眼中的"西欧自传的鼻祖"卢梭，而是一直上溯到奥古斯丁。正是奥古斯丁开启了各种宗教自传、世俗自传、哲学自传的先河，后世的诸多著名自传无不带有向他的《忏悔录》（*Confessions*）致敬的痕迹，比如卢梭、托尔斯泰（Leo Tolstoy）的同名自传，萨特的《词语》（*Les mots*）等。在西方，"忏悔录"甚至成为自传的代名词，忏悔和告白更成为西方自传的一大特色。

在《忏悔录》中，奥古斯丁记录了从他出生到母亲病逝这三十三年的生活经历和思想历程，但其主旨还是向上帝忏悔。当然，这里的"忏悔"并不是通常理解的"认罪""悔过"，它不仅是对自己早年种种罪恶的承认，更多的还是对上帝的赞美和感恩。早在奥古斯丁之前，早期基督教就已经认为，公开或私下的"忏悔"对获得神圣的救赎是必要的。因此对于奥古斯丁来说，自传并不是为了讲述自己的经历，而是为了怀着悔过的心向上帝坦陈自己皈依之前的种种罪愆，并满怀感激地将自己的迷途知返归功于上帝的恩宠。在他看来，人生自身并不具备中心和内在价值，自我意识的基础以及罪行的最终赦免都在于与上帝的关系。而他正是用这样一种非哲学化的个人经验和文学化的语言，讲述自己在生命中与那绝对超验者的相遇。这样一来，自传实际上就是在反映灵魂的追寻和探索的历程，并由此成为一种寻求精神救赎的手段。因此，对于奥古斯丁及其追随者而言，精神自传是一种神圣的书写方式，最终要归结于对上帝的发现和皈依。这一传统一直延续到了十八世纪的虔信派精神自传。对于一些自传学家而言，比如乔治·古斯多夫（Georges Gusdorf），这种带有神学意味的自传才是自传黄金时代的作品，而卢梭的《忏悔录》则代表着这一黄金时代的终结，因为他将自传世俗化了（Gusdorf: 37）。古斯多夫更坚决反对将文学批评的方法，尤其是"诗学"的批评方法应用到这种对"自我"问题的探讨之中，在他看来，自传的本质和价值正在于它哲学的本体论意义，而一切形式的、结构的分析无异于撤除自传的内涵，并由此破坏其神圣的色彩。

诚然，奥古斯丁的本意绝非书写一部"自传"，但是在他之前，确实很少有人能够把自己的思想历程、内心情感和体验如此细致地书写下来，几乎就是从他开始，思想者们开始真正关注自我的内心，注意到它的深刻与复杂，使得人类的自我认识进一步深入。自传史学家乔治·米什（Georg Misch）甚至认为，奥古斯丁是第一个具体地感觉到人类内在生活丰富性的人，在他以前很少有人能发现一个人的灵魂生活具有如此丰富和谜一般的性质（Misch: 635–636）。因此，尽管并非其本意，奥古斯丁毕竟开创了自我书写的先河，真正通过书写来认识自我。同时，也许正是奥古斯丁对自我的这种反省，为西方思想传统引入了一种第一人称的立场，并为日后自笛卡尔以降的现代认识论奠定了根基。

卢梭的《忏悔录》显然在很多层面上都是对奥古斯丁的继承，比如他也同样坦诚地陈述种种有关自我的真相，甚至包括很多人所不知的隐私问题，如偷窃之后诬赖他人、一度暴露成癖和送私生子到育婴堂等诸多行径，力图写出一个与读者心目中的想象不同的"真卢梭"，以此来表达他自己认识自我，甚至认识人类的决心。然而，两人"坦诚"的目的却截然不同：奥古斯丁说出自己的隐秘是因为在上帝面前没有什么能够隐瞒，更重要的是他深信，越是揭示出自己曾经的罪愆，就越能显示上帝对他的恩典，并希冀以此来激励他人皈依上帝；而卢梭的坦白，在当代很多理论家看来，除了要显示其真诚的态度以外，更像是一种自我辩护或自我开脱。

德曼就是持这种观点的人之一，在他看来，书写作为一种隐瞒的艺术，给予了卢梭保留最后发言权的机会，使他能够利用"理解便可得到宽恕"的原则来为自己的道德缺陷或行为失检进行辩护。

"罪不上自疚之人"，这话听起来响亮而且便当，但其实它摧毁了任何一种忏悔话语的严肃性，因为忏悔并不是对实际正义的一种补偿，而是仅仅作为一种词语而存在，有鉴真理的先验原则在将罪愆的确实性置于首位的同时，又寓示了认罪即意味着这罪愆的开释，我们又如何知道，我们在研读的是否是一种真正的忏悔呢？（de Man：280）

反观卢梭的《忏悔录》，这一点也确实值得怀疑，因为很多时候他就是在解释自己为什么会做出一些在别人看来有违道德的事情。而且，他不仅不停地为自己辩护，更为他的情人华伦夫人（Madame de Warens）辩护，大有要把她塑造成一位圣洁女神之势。也许卢梭本人的态度早已表明："我不怕读者忘记我是在写忏悔录，而以为我是在写自辩书"（卢梭，1986：345）。

德曼认为，在这种自我书写中，忏悔的愿望此时已经逐渐让位给一种不同的愿望，即把叙事的复杂性和诡计的利益置于直接坦陈品行的要求之上的愿望，于是，真实的忏悔就变成了一种自恋和自我陶醉。德曼甚至将卢梭的这种自我曝光和他喜欢在公共场合"暴露自己"的暴露欲联系到一起，十分尖锐地借用了一回弗洛伊德的理论。德里达也曾结合自己的《割礼忏悔》提出，"我忏悔"中的"我"并不是忏悔的自主作者，而只是一种效果，那个凭借着"我"的全部力量去说"我忏悔"的人，其实什么也没有忏悔，人们早已在这种忏悔中使自己得到了豁免，因为宣称罪行是一回事，而那个忏悔的"我"则是另一回事（Derrida，2005：25）。于是，"自我"与"同一"之间的关联性也就成了一种问题。

在形而上学语境中,"自我"是逐渐与"同一"关联在一起的,如果说普罗提诺(Plotinus)和巴门尼德(Parmenides of Elea)完成了从"同一"到"自我"的最初转向的话,那么奥古斯丁就是进一步完成了"同一"和"自我"之间的关联,使"同一"的问题愈发自我化。换言之,人越认识自我,就越认识上帝。笛卡尔更是用现代的方式重新以"自我"("我思")作为"同一"的基础,构建了近代哲学的框架。而笛卡尔以降的近代哲学,其基本特征就是以主客体二分为前提,以强调主体性、建构自我为己任,"同一"的目标便在近代以"自我"主体的面目出现了。但是,形而上学这种通过专注"我"而成为"我"的方式,实际上恰恰导致人从自己的身体和与"他人"的关系中抽离出来,成为一个孤立抽象的"自我",使自我的存在成为一种客体,这种所谓的"自我"在当代思想者看来愈发像是一种幻觉。

德里达认为,"自我鲜活的在场不过是一个痕迹"(Derrida, 1973: 85)。比如,卢梭的自传实际上恰恰证明了人们无法凭借回忆书写自我的真正在场,因为书写不可避免地会在各个情节片段上留下它的标记,有所遗漏、篡改或颠倒,卢梭希望通过它来保留活生生的记忆,还原一个自我的在场,却创造出了连老年卢梭自己都不熟悉的青年卢梭,他以为他在回顾过去,但他所描述的不过是这些过去"在当下"的记忆。如此一来,他缅怀的已经不是美好的过往,而只是并不可靠的记忆而已——尽管他仍然坚称至少有关感情的事情他绝不会记错。其实,在奥古斯丁的自白中,也可以感受到这种自我在场同一性的虚妄:"我在你面前用这些文字向人们忏悔现在的我,而不是忏悔过去的我"(奥古斯丁,1981: 187)。这样一来,从卢梭自以为能够还原真实自我在场的自传,到胡塞尔心灵独白中纯粹同一的自我,都只不过是自以为把握了自我真相的想象物而已,只是一种用来保存生活的虚构幻象,它的存在更多的是将人们从不可避免的经验断裂、混乱和熵增中拯救出来,暂时掩盖书写带来的延异。

尽管如此,自传中"自我认识"的维度绝非没有意义,甚至是十分必要的。所以即使是不再奢求一种纯粹自我在场的巴特，其晚期作品的核心也仍然是对个人和自我的勇敢反思，也就是说，这些作品大部分都是带有自传性质的，尤其是用片段形式书写而成的《罗兰·巴特自述》。在这部不同于传统形式的自传中，巴特赋予了片段的琐事以极高的地位，整个传记几乎完全是由琐事、习惯、爱好等构成的，既没有将他的一生作为一个总体，也没有将他看作一个在叙事中持之以恒的主人公，更没有以"我"作为各种事件的汇聚点和线索。正像巴特自己所说的那样，他没有传记，甚至，从他书写第一行字开始，他就不再能看见他自己了。因为从那以后，一切都是通过书写来表现的了，自我在巴特的笔下不再是一种"同一"或"在场"，而是由各种观念、自白和只言片语组成的混合体，一种各种片段的不稳定集合，一种话语的构筑物，并且不再有所谓的统一"主体"——那只是语言的效果，一种文学的自我而已。巴特的这种书写形式，显示了对于一个人的描述和记述，亦即自传，完全可以通过散乱的片段来完成，也正是在这些片段中，巴特所展示的自己人性的方方面面，组成了一个复杂、生动的巴特。同时，这种书写形式本身，也以其独特性对那种试图廓清某个人本质的自传提出了质疑。相比那种传统的自传，巴特的自述更像是一种游戏。

实际上，对于巴特而言，人是一种总在讲述、叙事的动物，在这个过程中，个体在不断地书写他们自己和身处的世界，而随着场所、背景、思绪的变化，这样的不断重写只会是片段、差异。基于这种观点，自传的范围就绝对不仅限于勒热讷那种相对狭义的定义，被他所排除在外的回忆录、私人书信、日记、自画像、自传体小说等种种书写，都符合这种对自我片段、差异的重写性质，因而可以被视为一种自传。甚至可以说，一切书写都是一种自我书写，因为正是书写帮助我们赋予所处的世界以意义，帮助我们感知、认识、思考和反省每个片段中的自我；只有不断地重新书写自我，才能使我们的意识生活得以继续存在，才能令我们适应在人生不同阶段所扮演的不同角色。书写既是去书写，同时也是被书写，所以每个人的生活本身都可以说是一个永不停止地敞开的"文本",就像巴特评说《罗兰·巴特自述》时所说,他不是要描述自己,而是写作了一个文本,称之为罗兰·巴特(Barthes, *Roland Barthes by Roland Barthes*: 56)。

然而,提出如何书写都是一种自我书写,并非要宣扬自我是书写的唯一关注对象,相反,正如德里达强调的那样,"如果书写不是在承认无限的间隔中撕裂自己以趋向他者,如果书写只是自我愉悦,只是为写而写的快乐,只是艺术家的自我满足,那么它就毁了自己,书写者也将在完满和同一性的充实中丧失自己"(Derrida, 1978: 75-76)。布朗肖也曾在《灾异的书写》(*L'écriture du désastre*)中表示:"书写自我,就是停止存在,将自己托付给他人,托付给读者,从此以后,读者的任务便是令你不存在"(Blanchot, *The Writing of the Disaster*: 64)。也就是说,书写必须趋向他者,即便这也就意味着否定自我和自我的分裂,意味着意义在书写的转折中发生异己化。

这种"趋向他者"和"异己化"首先体现为自传中自我的分裂。在《罗兰·巴特自述》中,巴特的"自我"就仿佛发生了自我分裂,分裂成一个主观的巴特和一个客观的巴特,前者审视、查询和参考着后者,而后者又并非仅仅是前者的屈从者。这两个巴特在书写中并没有实现同一,也就是说,自传的主人公仿佛并没有和自传的作者达成一种默契,他甚至故意时而用"我"时而又用"他"来称呼自己,仿佛那是小说中的某个人物在说话一样,正如他在该书的扉页所写的那样:"这一切,均应被看成出自一位小说人物之口"(Barthes, *Roland Barthes by Roland Barthes*: 1)。

这种分裂到了德里达那里变得更为明显。在《割礼忏悔》中,他就在解读奥古斯丁的"忏悔"时同样发现了自我的断裂,以及随之产生的"他者"的向度。对于他来说,自传可以被视为一种秘密的空间,但自传的论述并非揭示、显露内在的自我,揭发隐秘,而是去体验一种不可能的空间,去领略那些可以谈及却不可真正得以言说之物,因为其中总有着永不在场、永不能感知体验的他者性和异质性(罗伊尔: 151)。

而在对尼采自传《瞧，这个人》(*Ecce Homo*)的分析中，德里达也讨论了与此关联的问题。在他看来，尼采在自传中面临的最困难的问题，就是身份或名分的问题，亦即不知道自己在以谁的名义说话。比如当尼采写自传给自己看时，他的身份就根本无法确定，因为他写作时的"自己"与阅读时的"自己"不是同一个"自己"，阅读时的他已经变成了一个"他者"，而自传中的"自己"与写作时的"自己"也不是一个人，他无法书写自己的在场，只要文字一出场，它所代表的事物就不会在场。所以，德里达提出，当我们听尼采说"我是这样一个人"的时候，对于这个"我"，应当有一只"他者的耳朵"(Derrida, 1985: 34–35)，以走出"自恋者"的盲区，倾听通常听不到的声音，听出尼采其实是在以"另一个人"的名义说话，因为那个"我"其实已经变成了"他"。也就是说，当这种自我书写开始时，当自我开始讲述自己的生活时，作为代价，尼采的身体是不出场的，甚至是"死亡"的，此时此刻，其实是尼采的"另一个名字"在说话。这样，每一次开始新的讲述，其实都是在埋葬之前的自己。于是，在自传中不断被召唤回来的"我"，就不是以回忆的方式被想起的，而恰恰是以遗忘和重新开始的方式回来的，也就是说，自传就是不断地重写自己。就这样，自传通过不断埋葬、改写自己的过去来拯救自己，自传中的活是以现实生活中的"死"为代价的。如此一来，自传也可以说就是为"死"而写，因为名字与承担名字的身体并不同一，名字被书写而出时，便意味着身体的"死亡"。

2.6.2 死亡、书写与哀悼

在海德格尔看来，死亡是一种"此在"(dasein)从存在一开始就要承担起来的存在的方式，也就是说，死亡并不意味着存在的终结，而是人的一种存在方式，它作为不存在并不只是人的存在直线上的最后一点，同时也是存在的内在部分。因而，人的存在就是一种"向死而生"。那在这种"向死而生"的过程中，人的书写和死亡存在着何种关系呢？

福柯曾在《何谓作者》("What Is an Author?")中提出，用书写来避免死亡甚至赢得不朽，可以说是一种古老的传统，并举了古希腊史诗和《天方夜谭》(The Arabian Nights)这两个例子(Foucault: 117)。且不论这是否真的是一种"古老的传统"，很多作者喜爱以及从事写作的原因之一，的确是因为写作似乎扩展了他们的生命，给他们体验多种迥异于现实生活的机会，进而使他们感觉超越了肉身的生命，甚至超越了死亡。也就是说，所有带有"自我"意识的书写，都包含着一种超越最后边界——死亡的欲望。

其实，这种超越死亡的思想"传统"，与其说是文学写作的传统，还不如说是形而上学的传统。在苏格拉底看来，学习哲学就意味着去学习垂死和死亡；柏拉图也表示过，哲学的真理，就在于认识到与死亡的关联标记着我们生命的每一个时刻，正是与死亡的关联使人得以与世间万物产生关联。实际上，两位先贤口中与死亡的关联指超逸出当下的能力，它使我们得以将自身置于当下的生活之外，得以在超脱的理论姿态下"客观"地审视世界，这就是哲学家所谓的超越性。在传统哲学看来，一切对世界的认知都取决于这种能够忽略直接经验限制的能力，也正是凭借这种能力，人类才能跨越生命领域的极限，到达死亡的神圣域界。

然而，正如福柯所说，过往那种"传统"的书写观念，已经逐渐被一种与牺牲相关联的书写观所取代，曾经用以提供不朽的作品，如今开始拥有一种谋杀其作者的权力(Foucault: 117)。也就是说，在巴特的"作者之死"之后，书写究竟是令人得以逃避死亡还是趋近死亡，已经成为一个值得讨论的问题。

事实上，在尼采宣布"上帝死了"之后，当二十世纪的思想者不得不开始面对上帝的"隐退"、在场的消解和作者的"死亡"的思想境遇之时，西方的当代思想就已经变成了在一个上帝缺席的世界中，面对不可避免之死亡的思考。而这些思考必然与传统的哲学式超越迥然不同，其中具有代表性的，就是布朗肖的理论。

实际上，布朗肖从二十世纪四十年代到八十年代的几乎全部作品，不论是理论作品还是文学创作，都在重复思考着人与死亡的关系。他在评价卡夫卡时曾说："满意的死亡是艺术的报酬，它是书写的目标和证实"（Blanchot，1982：93）。但同时，书写又是"为了不死，将自己托付给作品的延续……天才对抗死亡，作品就是那种改头换面的死亡"（94）。对布朗肖而言，死亡，或者说死去，是无法停止的迫近，却又是永远不能逾越的一步；它应当是通过文学写作去体验的事物，而不是在哲学中被思考的观念。正是通过这种明确的区分，布朗肖显示了自己的作品和哲学传统之间的区别，但也对哲学思考有一定的启发作用。有学者认为，布朗肖针对能向死而生、将死亡效益化的哲学主体，通过文学中主体的消失揭示出死亡的被动性、不可被利用性，这一思想甚至可以被视为后结构主义思潮的起源之一（刘文瑾：252）。

布朗肖无法接受柏拉图以降的哲学家对于死亡的那种"超越"态度，他认为，哲学家的超然态度看似规避甚至征服了死亡，可实际上代价却是将死亡变成了一种理念，从而变成了变相的"自杀"，疏离乃至丧失了真正的生命。由此，布朗肖才会提出，哲学家无法真正理解死亡，它只有在文学的体验中才会显现自身，去书写就是去临近死亡，或者说，书写是"那种保持距离的死亡，是死亡的永恒折磨"（Blanchot，1982：66）。因为对于他而言，死亡不是通往人类终极可能性的路径，而是一种不可能性的可能性。布朗肖认为，对于死亡，人们首先体验到的往往是一种对自己的存在沦入虚无之中的恐惧，正是这种体验催生了书写的需求。也就是说，书写本来是为了趋近死亡，并克服对死亡与虚无的恐惧而生的，克服死亡恐惧的欲望往往表现为书写出最为杰出的著作，以使作者得以不朽的梦想。可死亡是根本无法避免或征服的，而书一旦被书写下来，也只会是一部永未完成的作品，作者永不会体验到作品的真正终结，相反，还会愈发远离自己的创作，逐渐消隐在匿名性之中。

布朗肖对此提供的解释是，这是由于文学的书写所使用的是独立于作者，早在作者出生之前就已经存在的语言，它不依赖于任何人，更无法在任何人的思想中寻得对应的意义。所以，即使作者本人死去，这种文学的语言也将继续存活，书写仍然将是"幸存"的，因为在某种意义上说，我们的存在根本无关于书写所用的语词。就像卢梭所说的那样，"我死之后，我的作品才使我开始生活"（卢梭，1986：283）。而在跨越生命最后的瞬间之前，没有人能真正获得一种绝对超然的姿态，亲手为自己的作品添上最后一笔。正如墓碑上的铭文总是由他人来铭写一样，即使是自传，也没有人能够署上自己最后的"专名"。

对布朗肖而言，文学就是一种不再像是从生者的唇间发出声音的语言，一切都弥漫着死后的气息。就这一点而言，文学其实与死亡达成了共谋契约——死亡不仅是这个世界的界限和通往另一世界的路径，更是文学语言的观念，它使得我们无法在文学世界中企及那所谓的"真实"（Blanchot, *The Work of Fire*: 328）。于是，我们期望着通过书写带来不朽，克服死亡的恐惧，可悖谬的是，我们最终只能在书写中明白，作品只会强化并实现死亡带来的损耗与虚无。从而，文学所打开的那个神秘的他异性空间（又称"外部"），也是关联着死亡与黑夜的空间，更是将死亡由可能性转为不可能性的空间。在这里，死亡会将人暴露在一种匿名性的、非个人性的力量之中，将人与自我相分离，面对一个无法抵抗的世界无能为力地徒叹奈何。

为了更为形象地阐明这种观点，在其《文学空间》之中，布朗肖更将对文学艺术的追求比作俄耳普斯（Orpheus）的冥府之行：为了挽救爱侣欧律狄刻（Eurydice）的生命（克服死亡），他凭借着自己的歌艺和琴艺打动了冥王，换得了让爱侣死而复生的机会，但却在返回阳间的通道上违背了冥王的禁令，忍不住回头看了欧律狄刻，导致她永远留在了死亡的国度，而他之后所吟唱的主题也只有死去的爱侣和爱侣之死了。俄耳普斯的艺术正如文学书写一样，本是带着征服死亡的允诺而去履践的，然而却最终证明了死亡的无法避免，使复生的希望（可能性）变成了绝望（不可能性）

(Blanchot，1982：171-172)。

在这一比喻的基础上，布朗肖提出，文本独立于作者意图的特性已经标记了它在书写场景中的不在场，这样一种不在场又标示了书写的要求——如同死亡一样，书写的要求是不能够根据"我"的某种可能性来理解的。因此，对布朗肖而言，说"我是一个作家/书写者"是多少有些荒谬的，因为书写正是"我"这种力量的消失。"我是一个作家/书写者"只有在书写只是一种单纯的行动，遵循着"白日的法则"时才成为可能，但书写的需求不同于书写的行动，它是出现于后者之中同时又摧毁后者的(Haase & Large：62)。

同时，对布朗肖而言，死亡与文学/书写的这种相互暗示与关联，也开启了对"他者"经验的路径。正是文学空间中涌动的与黑夜、死亡相联系的消极性，令人得以感受到包括他者在内的，与"我"相异的人与物；正因死亡将"我"暴露在一种始终处于垂死状态的匿名性之中，原本被认为专属于自己的死亡已经不再只属于"我"自己，"我"也只有在和他者之死的关联中才能让死亡成为死亡(Haase & Large：65-66)。从而，书写和死亡最终都将"使我们能面向他者，关心远处的和近处的他者"(布朗肖，2007：20-21)。

事实上，在死亡的问题上，"自我"与"他者"的关系并不陌生。不仅"自我"的最后一笔总是由"他者"来书写，在作为作者的自我死亡后，"自我"完成的作品仍然"幸存"以待"他者"的解读，"自我"向死而生及自我书写的过程中，也不会缺少"他者"的死亡。如果说在海德格尔那里，他者还只是给我们提供一种死亡的经验，仍然是外在于我们的客体和认知对象的话，那么当在其理论中反复强调"他者"的列维纳斯，在死亡之中分析出了"他性"，并将死亡的问题引向了自身与他者、自身之死与他者之死之间差异性的讨论时，他者的"他性"已经不再被自我的同一性记忆所同化，从而使他者超越于自身之外，使无限的被交还给了无限——此时"他者"的问题无疑已经变成了一种伦理学的问题。深受列维纳斯影响的德里达也曾强调海德格尔有关"此在等待它自身"的规定，并进一步阐发说，"此在"的等待自身可能只不过是在期待"他者"。换句话说，人们可以相互等待，这样人与他者之间的关系就不像是反思的镜像结构，而是人直接与异质的他者相一致。

德里达在后期偏向伦理学的理论中，对他者所采取的主要态度是"哀悼"。实际上，即使是自传这种最为"自我"的书写，其初衷也总是包含着对于他者之死的哀悼——奥古斯丁的《忏悔录》和德里达的《割礼忏悔》就都与对各自母亲的哀悼相关。而每部自传的书写进程中，也总是隐含着对他者死亡不同形式的哀悼，到了最后，自传（auto-bio-graphy）实际上变成了"对他者死亡的书写"（heter-thanato-graphy）。此时的"他者"已不再是之前用"他者的耳朵"在自我的名义当中听出的他者了，而是那些在我们的生命体验当中逝去的人们，那些需要哀悼的亲友。

对死者的哀悼是必须的，正如德里达曾经说过的那样，"我哀悼，故我在"（Derrida, *Points de suspension. Entretiens*: 331）。然而哀悼死者，死者是否就重新"存在"了呢？将死者内在化，会使哀悼成功，使哀悼成为作品，但这样就取消了朋友与亲人的"他性"，使得死者被遗忘，被全然抹去；但如果不去哀悼，尊重这种"他性"，哀悼就失败了，死者更是无从被纪念。所以哀悼的悖论在于：哀悼成功之际就是失败之时（夏可君：120）。

但面对一个个先于自己离去的挚交和故友，深知哀悼不可能性的德里达又不得不去哀悼，对于幸存者，哀悼成为一种"责任"。从而，在德里达看来，逝者的"幽灵"在伦理学和政治学层面考验着人们：为了与逝者的"友爱"，我们必须学会在幽灵到来之际与他们交谈，并对每个他者的到来持友好的态度，因为友好就意味着每个他者都是绝对他者；为了"正义"，我们也必须尊重不再存在或尚未存在的他者，我们的责任使我们不能忽视任何不在场的人，不论是在时间上还是空间上。这就是一种所谓的"友爱的政治学"，相关的思想在德里达后期的其他作品，如《友爱的政治学》（*Politiques de l'amitié*）、《论好客》（*De l'hospitalité*）、《多义的记忆——为保罗·德曼而作》(*Mémoires : pour Paul de Man*)、《永别了，列维纳斯》(*Adieu : à Emmanuel Lévinas*)等一系列作品中均有体现。而同样注意与"他者"的关系，强调"友谊"的布朗肖也曾说："在死亡的近旁，我们还必须'默默地坚守着'，必须去迎接隐秘的友谊。正是这友谊让我们听到了某个来自别处的声音"(布朗肖，2016：14)。

如果说书写是为了命名或唤醒名字以哀悼逝者的话，这书写或哀悼也并不能使那些历经无数坚守、因轻如鸿毛之事坍塌的逝者折返，唯有那些孱弱却耀眼的名字可以如同幽灵般留下，徘徊、萦绕于书写者、哀悼者之心。人们一次次谈及死亡的书写行为，也许并没有得到逝者事先的授意，也许只不过是在假借逝者的名义为之，然而这一切都是出于对逝者的友谊和爱，出于对他者的承诺与责任。只有凭借着这种友谊和爱，凭借着这种承诺与责任，当逝者如幽灵般返还时，我们才能够通过我们哀悼的书写，为他们再提供一个躯体。只有这样，他者的每一次到来才会是绝对"全新"的，正如每一次死亡也会是绝对"全新"的一样。

反过来说，在对我们的生命进行自我书写的自传当中，我们又何尝不需要他者的哀悼，只有他者的哀悼才能帮助我们(不断)完成自传中无法自我完成的那最后一章。我们的生命自传，我们的心灵与灵魂、感悟与秘密，只有得到他者同样报以的哀悼态度，才能被不断地重新发现和重新书写，不断地被赋予新的意义。

2.6.3 从面向"他者"到"它者"的目光

不难看出，上述关于自传与书写、死亡与书写的讨论，最终总会指向"他者"的问题。米勒甚至认为，"他者"可谓德里达全部著作当中最为重要的概念，其他的概念，如"延异"等不过是"他者"的不同称谓。然而，如果这种"他者"只不过是停留在"文本间性"或是"主体间性"意义上的"他者"，那它仍不过是相对于这一"文本"或"主体"的"对方"而已，与另一个"文本"或"主体"并无本质差异。而"书写"理论(理想中)所要朝向的他者,应当是德里达所强调的具有"绝对他性"的"全然的他者"。在德里达看来,"绝对的独一性"正是来自"人与他人间关系的绝对他性",也就是说,"承认每个人的差异就等于承认每个人的独一"(Derrida, 2008: 83)。从而,在神学的终极意义上,上帝与他人各自"他性"之间的区别也应当消弭,每一个他者都和上帝一样是全然、无限的他者。不过,主张一种"非宗教的宗教"的德里达强调他者或者他性的旨趣所在,显然并非神学意义上的。从他晚期探讨的诸如"责任""宽恕"等相关话题不难看出,他的"他者"更多是伦理学和政治学层面上的(杨慧林: 138–141)。

不过,无论是在何种层面上,"书写"强调的必然不会只是书写者自身,而必将走出自恋,面向"他者",即使是在最为关乎自我的书写——自传或是对死亡的书写中亦是如此。对此,我们不妨通过列维纳斯的"他者"理论,亦即在伦理学向度上影响了德里达的一系列理论的阐述,来理解书写问题中理应具有的面向"他者"的维度。

在列维纳斯看来,古希腊以降的各种"存在论",从柏拉图的"理念",黑格尔的"扬弃"他者归于绝对同一,到胡塞尔的"先验自我",海德格尔的"共在",等等,其实有一种共性:通过中介或中项的介入把他者还原为同一,以保证对存在的理解。而列维纳斯力图追求的"他者",并非这种被还原为同一的他者,而是绝不趋于同一的差异以及作为这种差异基础的"绝对他者"。为此,他认为必须从根本上瓦解西方的存在论传统,将"他者"从存在论中解放出来,使"他者"真正作为他者显现出来,而不是与"同一"成为对子的观念。因为"如果同一通过简单地与他者对立以建立其同一性,那么它早已是一个包含同一与他者的总体的一部分",而列维纳斯所追求的"绝对他者"正是以不能被总体化为基本特征的(Levinas, 1961: 35–38)。

虽然一再声明他所提倡的"他者"并非"同一"的对立项,但列维纳斯对"存在论"传统的具体批判还是不得不落在对"自我"—"同一"的质疑上，因为这质疑正是由他所提倡的"他者"带来的。而在列维纳斯看来，他者的陌生性，他者的不可还原为"自我"，以及他人的在场对"我"的自发性提出的质疑，一并实现了他所追求的伦理学（Levinas，1961：117）。"自我"的存在并不只是对自己的意识，那样的话，"自我"只会将自身的需要和自主性加之于世界，认为世间一切"他者"最终都要回复到"我"身上，转化为"同一"，为"我"服务。"他者"在这种经济的原则中只不过是经由"自我"和"同一"认知"总体"的工具。对于列维纳斯而言，只有真正面向"他者"，才能指向一种"无限"的世界。而面向他者的途径，就是他者的"面孔"。

在列维纳斯看来，"面孔"正是他者抵抗自我同化的途径之一，它是身体中向外部敞开最多的部位，以其无遮掩的裸露的双眼、直接而绝对坦率的凝视来反对着自我，以一种不能还原为总体关系的"面对面"方式"显现"在我们面前，无法被同化和客观化，禁止我们去征服，由此终止了同一与自我的不可抗拒的"绑定"，并打开了无限的维度。由于面孔意味着个体人类性格的印记，对每个人来说都是独一无二的，一副"面孔"就是非个人的、匿名的存在的对立面，它剥除了自我的"主人"优越感和一切面具，使我们如同肩负了某种义务般无法无视他者的差异性，无法继续"抹杀"他者的同化行为（Levinas，1961：98—99）。此处的"面孔"并不是建立在任何视觉认知的基础之上的，其意义完全不在于它的形状，因为每一时刻的他者的面孔，都摧毁和溢出着它留给"我"的造型的面孔，超越和破坏着自身的可见性。如此一来，面孔也就不是一种肖像或是再现，而是其自身的"痕迹"，我们只能通过可见之物感受乃至倾听（而非观看）不可见、不在场之物，亦即无限维度之所在。

由此，"面孔"所显现的"他者"也就并非一种经验的对象，而在本质上是一个对话者。在"我"与"他者"这种相互质询的对话中，我们之间的言谈表明了在"我"本身中不能发现之物，以及超出"我"经验的意义。从而，交流并没有消除"我"与"他者"之间的差异，而是肯定、强化了这种差异。"言谈"也就意味着"回应"。在这里,列维纳斯将"回应"和"责任"关联在了一起,从词义学上将"责任"(responsibility)解读为一种担负"回应"(response)的"能力"(ability)。从而,在面对他者的"面孔"时,"我"已经不自觉地肩负起了这种考验回应能力的"责任"。而"自我"承担的责任越多,就越需要袒露和开放自己,借由"他者"的陌生力量来放逐所谓的"自我"。在列维纳斯略为极端的主张中,这种向他者袒露自我的责任是无条件的。在他的伦理学中,支撑世界的不再是自我意识的主体,而是一个承担责任,在先于理解之前就听命于一切的主体,这样才能让"无限"超越自身,而这种屈从的方式,无疑就像信徒依从于那永不在场的上帝一样。在这里,列维纳斯借助了希伯来传统中对绝对他者——上帝与一般性他者之间关系的宗教观念,将希伯来思想的传统引入当代哲学之中,把"面向他者"与皈依上帝联系到了一起,并将从伦理上关心、理解他者当作走向上帝的前提,由此在"他者的面孔上打开了神圣的向度"(Levinas,1961:78)。伦理学也由此成为列维纳斯的"第一哲学"。

列维纳斯的这种伦理学思想在很大程度上影响了德里达,但也引发了后者的一些质疑和批判。在后者看来,将他者作为"无限"来理解是存在问题的,这样的他者只能是一个"绝对隔绝的"他者,列维纳斯所追求的作为第一哲学的伦理学也由于缺乏律法和概念而不能产生任何规范伦理。针对这些质疑和批判,列维纳斯在后期的著作中不断调整自己的思想,提出了尽量不陷入存在论范畴来表达的"别于存在",与面孔、责任相关联的"亲近"概念,以修正自己的观点,同时继续就相关问题进行深入阐述。

列维纳斯从伦理层面出发,最后进入政治学领域探讨他者,德里达在其影响下从政治伦理学层面上探讨书写与他者,也许并不能真的为书写,或者说为当代文明提供一条出路。但是,他们至少提供了一种让我们走出各种形式的自我中心,真正面向他者的思维方式。毕竟,只有面对面地直面他者的"面孔",而不是只强调自我的差异,我们才不会重新走上同化他者的旧路,而能获得某种从有限迈向无限的超越机会。

如果说列维纳斯的上述理论尚不能说明"他者"与"书写"观念之间的关联的话,那么在理论上既受列维纳斯影响、又与之形成呼应的布朗肖,则从一种别样的文学角度,强化了两个观念间的关联。对于布朗肖而言,书写的经验和伦理的需求本就是密不可分的,因为它们都将"自我"暴露在一种质疑作者——权威主体统治的需要之中。书写不是从一种权威的位置书写,而是在一种主体力量的"不在场"中书写,它不是一种意愿或决断下的行为,而是一种极端的被动性。布朗肖强调,他者打断了我们的主体性,而不是维护它。因此,列维纳斯所谓的伦理学并非一种对道德目标的追求或保护,而恰恰是一种持续的批判,是用特殊的语言不断"移置"着主体。

布朗肖更看重他者的"他异性",从而也更多地视他者为"外来者",所以他才会认为人与他者之间的关系是可怕的,因为两者之间没有任何中介的世界,没有上帝带来的宗教的豁免,只有赤裸的关联,一种极端中性的联系:人必须直接面对陌生外来者般的他者(及其"面孔")(Blanchot, 1993: 59–60)。在这种对他者的态度基础上,对他者的责任对于布朗肖而言也就不再是主体的"自由选择",或是不得不作出的决定及履行的义务,而意味着他者占据着"我"的位置,使"我"不能再独具优越感而继续成为"自我"。与此相似的是,在书写的要求之下,作者的"自我"也被那种先在于作者和读者的语言所具有的匿名性所取代和占据,无法获得对作品的绝对权威——文学的语言就是丧失自我掌控权的体验。他者和文学这种相似的近乎侵凌的陌生性,决定了它们拒绝被任何形式的自我还原、简约为某种单一的解释。

基于这种他者的理论,布朗肖对于当代政治学大多建立在公众生活管理或经济层面上表示不以为然。在他看来,政治学的理论应当建立在对于以"共同体"(community)为伦理基础的反思之上。因为自我与其他人类之间的联系不是一种认知，在我们能够交流任何确切的意义之前，自我和他人就已经分享了语言那暗示性的世界，以及它的书写和口头传统，也就是说，在任何实际的社会联系之前，自我就已经和他者产生关联了。因此，政治学不应负责解决如何组织人类共存的事实和数据问题，不应是对于文化和制度权力的经济性考量，而应当着眼于语言和书写这种共同体的源头。所以，对于布朗肖而言，从政治伦理学角度提出的共同体只有从文学的立场上才能更好地理解，而个体在这种视角中可以被理解为是与文学作品同构的，从而，文学以及文学共同体也就被布朗肖视为政治学的核心问题（Haase & Large：109）。

同时，由于我们与他者的绝对他异性间缺少一个中介，不得不直面陌生、外在的他者，我们就总是会趋于寻找一种中介。布朗肖所认为的理想中介，就是文学/艺术，而文学共同体就是在用作者和读者之间的关系模式，映射和解决自我与他者之间的关系。正如某个共同体的人在进入这一共同体之前并不真的需要相互熟知一样，作家在创作时，也不是为了特定的人而书写，即使其头脑中有某类特定的读者，那也不需要是实际存在于某处的。而当作品被人阅读时，即便读者抱着解读作者意图的目的，也会消解作者的原初意图，使作者最终隐匿到匿名性之中。也就是说，只有作品被阅读时，作者才能达成创作的目的，但这也恰恰是其作者身份消失的时刻。对于布朗肖而言，这种"作者之死"，就是文学的政治学维度。在这种情况下，自我对作品的亲熟性会丧失，变得和他者的程度一样。在这种文学共同体的关系中，交流并不承诺分离的各方会在未来某个大同世界达成某种共识，它只确认一种没有任何担保和确定性的活动，那就是一种重新书写式的文学阐释活动。

布朗肖的文学共同体似乎说明，正如文学作品一样，我们生命的意义永远不是确定不变或命定的，更不是只靠自己就能决定的，"我"只有在与他者的交流之中才存在，而这些交流并不是指我对他者所说的那些话，而是源自先于自我的那些被书写了的语言。于是寻寻觅觅中，我们会在对生命的探索之中，于所谓自我内核之中，发现一种匿名的书写，正是它们构造着文学的作品。同时，文学共同体的另一种启迪是，若要悦纳陌生的他者，就必须接受对方语言和书写方式的特殊性，构成一种多元化的话语，使之永远不被简约为单一的意义，使个体不致成为普遍观念的具体实例。对于这样一种共同体，布朗肖提出的理想模式是共产主义。当然，这里布朗肖对共产主义的理解显然与我们通常的理解大相径庭，因为他提出的历史中另外一个符合这种模式的共同体是犹太人的共同体。

在布朗肖看来，犹太共同体缺乏交流并不是导致其离散的缺点，因为共同体本就不需要一种虚构的同一性作为其民族性的信条，而恰恰需要一种离散的观念来维系自身，以不断走出既定道路为其政治需求。当然，布朗肖也承认，尽管这种游牧或离散的生活方式成就了他心目中的理想共同体模式，但也恰恰是犹太人千百年来一直遭受迫害的原因之一。对此他的解释是，这并不是因为这种生活方式触犯了司法，而是其本身就因无视一种既定的（司法）系统，而对任何体制化的力量构成了威胁——正如他心目中的书写行动同样会造成的威胁一样。于是，"出走"在布朗肖这里成为一种政治伦理学意义上的基本诉求，它不是一种地理意义上的出走，而是将其自身视为可以被书写不断打断、重塑的开放传统（Haase & Large：118）。

如果说列维纳斯和布朗肖的"他者"始终都还是偏向于人，那么深受二人影响的德里达对"他者"的关怀，或许可以在某种意义上说，超越了列维纳斯伦理学思考的原题，甚至脱离了人类中心主义的思维框架。他对生命权利的讨论，逐步将他偏向人类"他者"的关注扩展至对动物"它者"的关注。德里达1997年的一篇会议论文《我所是的动物（随后）》（"The Animal That Therefore I Am (More to Follow)"）呈现出其晚近十余年来对动物问题思考的精华。

在新世纪动物问题研究、"后人类"成为热门之后，这篇文章使得德里达不断地被提及和援引。德里达在文中将对动物和自传的思考联系在了一起，他的思考始于一种自传性的"动物场景"：在家中的私密空间里，赤身裸体的德里达遭遇了猫的目光。通常说来，除非在面对动物的敌意时，人是很难留意到动物的目光的。而在德里达这里，要面对的不仅是列维纳斯的"他者"，还有以沉默的目光注视着自我的动物的"它者"。在这个场景中，人与动物都被德里达放置在了一种"赤裸"的生命状态中，实际上也就是将动物放在了一种与人类完全平等的生命个体的位置上，使得动物成为一种全然他者，需要人来思考其绝对他异性（德里达，2006：123）。德里达因动物的注视，因这它者的目光，而思考人与动物之间的界限问题，看到了"人类深渊般的界限：非人或无人，人的终结"（124）。既然人类和动物间有着"深渊般"的边界，也就意味着德里达绝非要抹除人与动物之间的差别，更不是要退回到动物性中去，而是用这种存在异质性和多样性的"深渊"，用动物"它者"的目光，来理解和定义跟随着动物来到世界且首先是动物的人，质问"人的自传"（138）。在德里达看来，人如何书写自己的自传，恰恰取决于人如何对待动物，而若以此论，人类的这份自传已经留下了无数不光彩的痕迹。

"自传，作为生物的书写，为自己的生命的痕迹，为自己的存在，作为记忆或者生物档案的自我影响或自我感染，会是一种免疫的活动"，此时德里达对于自传的理解，可说已较之《耳朵传略》(*Otobiographies : L'enseignement de Nietzsche et la politique du nom propre*)之时更进一步了，因为他不再只是宣传我们需要另一只"他者的耳朵"，而是坦陈"没有什么比自传更容易有害的了"（德里达，2006：164）。当人们过分注重自我而进行自我书写时，不免会走向过度的自我关注，为自我进行各种辩白；而当曾经边缘化的"他者"以自传来强调自身的差异性时，也很可能走向另一种中心化的极端。不论是接下来的第三章中提及的，"他者"最具历史意义的象征——犹太人，还是第四章中以"自己的文学"抵抗男权文学的女性主义者以及强调族裔身份，强调被殖民、被奴役历史的后殖民主义者，都在不断让自传成为"受到变成自我免疫的威胁的免疫活动"（164）。

既然如此，对于自我的认识，对于人之为人的认识，不如回到"我思故我在"之前的状态，亦即打破人类中心的思维惯式，归于同为生命存在的本真状态，一种赤裸生命的状态(陈晓明：379)。从而，"不管某些自传的剧本在哪里上演，都必然有一个灵魂、一面镜子来从头到脚地反映"其赤裸的生命(168)，这种展露"赤裸的真相"的灵魂之镜，可以是我们应当对之友爱的邻人、他者，更可以是一样应当对之友爱的动物。而至于如何打通人与动物之间的通道，如何进一步展开动物存在的"追随论"，这些问题显然已经留给正在展开的未来之思了。

例如，后经典叙事学理论家戴维·赫尔曼(David Herman)的著作《超人类叙事学：故事讲述与动物生命》(*Narratology Beyond the Human: Storytelling and Animal Life*)，就借助对不同体裁文学作品的评析，在"自我叙事""动物传记""动物自传"等叙事要素的讨论中均涉及了自我与动物的问题。这种讨论的背后是赫尔曼对生态系统中万物平等的主张：他希望人类可以通过"自我叙事"的方式来看待自己在生物圈的地位以及自我与动物的关系，从本质上消除人类中心主义思想，同时还指出叙事行为完全可以由动物完成，宣告了动物在叙事过程中具有绝对主动权去完成自我身份的建构(宋杰：144-145)。这样的思路也许不能追溯到德里达的直接影响，但不能不说的确是在延续着德里达开启的相关讨论。

第三章 原创案例：论韩德尔曼对犹太教书写观的梳理[1]

当代知名美国学者韩德尔曼的两部犹太教研究代表性著作《弑摩西者》和《救赎的碎片》，全面而深入地梳理了希腊—基督教传统之外的另一种传统——犹太教的拉比阐释学传统。韩德尔曼提出，长久以来，犹太教的拉比阐释学传统因循着一种近乎异端的阐释模式，以移置、重读的方式对待传统，且正是因为对这种反转自身的"反叛"思想的不断生产和吸收，这一伟大传统才一直处于异乎寻常的传承过程中。同时她认为，当代影响重大的思想家弗洛伊德、德里达等人的理论，在某种意义上也与这一希伯来传统有着颇深的渊源，共享着相同的思路，他们也因此被她喻为"弑摩西者"。

韩德尔曼的"弑摩西者"理论，以及她对犹太教书写观的梳理，与前文提及的特雷西的观点可谓不谋而合。基于这种独特视角，书写理论并非1967年以后的一种全新的理论独创；而以一种不同的思路去读解书写理论，发掘其背后的希伯来—犹太教思想脉络的影响，无疑有助于当代理论研习者更好地理解书写理论。

---

[1] 本章主要内容曾以论文形式发表，参见王涛：《"弑摩西者"：异端重释的传承——论苏珊·汉德尔曼的犹太教书写观》，载《外国文学研究》2010年第5期。具体内容有所修订、增补。本书统一译为"韩德尔曼"。

3.1 书写与犹太教

从韩德尔曼《弑摩西者》一书上半部分对历史背景的论述当中，我们可以看到，在当代备受关注的"书写"其实早在西方文明的源头之一——希伯来文明的流变中就曾得到重视，与希伯来思想休戚相关的犹太教甚至可以被视为"书写的宗教"。然而，正如犹太人自国破、流亡、离散之后就在欧洲话语中处于边缘的位置一样，书写也一直被古希腊形而上学传统所贬抑；即便是从犹太教中孕育而出的基督教，也因种种原因，转而更多承继了古希腊的传统，成为一种本体论神学，同时也承继了对与精神对立的、犹似沉重肉身的书写及书写文字的轻视。韩德尔曼的论述以不同于德里达反逻各斯中心主义或语音中心主义的角度展开，客观上有助于在另一种宏观思想史的视野中理解书写长期被贬抑的原因，也在思想渊源方面为当代书写理论重新得以张目提供了一种更为深远的解释。

书写、犹太教，是如何与文学理论产生关联的？在《弑摩西者》一书的"方法论引言"中，韩德尔曼解释了这本讨论当代文学理论的著作是如何与神学关联起来的："当代的文学批评如今已成为某种神学的替代"（Handelman, 1982: xiii）。在她看来，现代阐释学及文学批评中的神学根源往往没有得到充分的认识，而且，与古希腊—基督教的传统相比，拉比犹太教传统与文学批评活动之间可能的关联，就更少为人所关注。造成这种结果的原因有很多，比如基督教会对拉比犹太教的污名化，不熟悉希伯来文化的人很难接触到犹太教资源，以及启蒙运动之前犹太人被长期驱逐到欧洲的思想生活之外（xv）。直到二十世纪基督教声望衰落，犹太人开始全面进入欧洲的思想生活之中，尤其是二战之后，犹太裔思想家的影响力越发占据主导地位，这种情况才开始得到改变。

事实上，韩德尔曼创作这本书的"缘起"，就是将拉康精神分析理论归入《米德拉什》释经传统的主张，而《米德拉什》在她眼中就是拉比犹太教释经法中通过自由联想追寻《圣经》文本意义的文类。韩德尔曼认为，在某种广泛的意义上说，这本书本身也是一种"结构主义者的《米德拉什》"（Handelman，1982: xv）。

韩德尔曼对拉比阐释体系和犹太教书写观的阐述，首先是树立与之对立的希腊—基督教式传统的原则。《弑摩西者》甫一开篇，她便用拉丁教会神父德尔图良（Tertullian）的话引出了希腊与希伯来思想传统间有时相互对抗、有时"暗通款曲"、有时又公开彼此"拥抱"的复杂而紧密的关系，并对十九世纪理论家马修·阿诺德（Matthew Arnold）的观点表示了赞同："希伯来和希腊"之间的张力定义了西方文化根本上的创造性辩证法。

但韩德尔曼随即强调，在两种思想传统，或者具体到神学层面上基督教和犹太教间旷日持久的"相爱相杀"关系中，该书关注更多的是对抗、争论的时期，而非融合、调和的运动（Handelman，1982: 3）。文学批评理论作为一种对于"书本"（book）的理论，也总是与对于"经书"（Book）的"释经之战"紧密关联在一起。在西方语境中，无论是经学阐释还是文学批评，如果忽视古希腊思想就无法理解。伽达默尔（Hans-Georg Gadamer）认为，古希腊哲学或多或少都始自这样一种内在理解，即"词语"（word）仅仅是一种"名称"（name），无法代表任何真实的存在。事实上，表达"词语"的希腊术语onoma，与"名称"是同义的。与之相对的是，希伯来语中表达"词语"的davar，不仅意味着词语，也表示"事物"（thing），这可以说是被希腊启蒙时期打断的词与物、言语与思想、话语与真理间最本源的联合。这种打断导致的最严重的后果之一，就是使词语变得可疑，并令探寻真理的人远离语言，趋向一种沉默寂静的本体论，或是朝向一种纯粹理性的符号系统，一种如同数学般人为建构起来的理想语言。

韩德尔曼随即回溯了在语言和解释问题上最具奠基性的两位理论家——柏拉图和亚里士多德。针对柏拉图，她选择了语言学历史上的关键文本之一，《克拉底鲁篇》。在这篇对话中，柏拉图提出了这样的观点：

词语通常意味着名称，是指称事物的形状而非事物本身的工具性符号。这种工具化的词语概念，使得图像的概念被符号的概念所取代，这不仅是一种术语上的转变，更传达了一种有关语言思想的划时代判定。此处的符号只意味着指称的抽象关联，而非关于其自身任何内容的实存。因而柏拉图认为，语言并非真实的，而只是对声音的模仿，它是有缺陷的、偶发性的；模仿物和事物本身之间存在着不可逾越的鸿沟，真知仅仅在不可变的形状领域中才是可能的。对于柏拉图的这种语言观，我们不难在基督教会压制字句、探寻经文精神的尝试中找到对应。

在指出柏拉图的观点其实完全忽略了解释的问题之后，韩德尔曼又转而讨论亚里士多德。在她看来，亚里士多德在两个方面追随了柏拉图：以数学模式作为逻辑学的根基，以及关注事物而非词语（Handelman, 1982: 5）。尽管亚里士多德用其"范畴"论取代了柏拉图的"形状"，但他仍然与柏拉图一样认为词语的领域并非意义和真理的领域。对于亚里士多德而言，他的逻辑学不是对词语的研究，而是对仅仅作为符号的词语的思考，以及对事物性质进行理解的思想。

与德里达一样，韩德尔曼在《解释篇》中找到了亚里士多德表示书写从属于话语的著名论断，并指出他将诗学和修辞学从形而上学中剥离出来，也在语言的思想史中造成了具有深远影响的分裂——这种分裂是拉比犹太教中不曾出现的。

在韩德尔曼看来，远早于德里达，希伯来《圣经》中关于上帝创世的叙述就对西方形而上学的整个传统构成了挑战。它宣称事物并非永恒的，世界曾有一个暂时的起源，物质是通过"圣言"形成的，这动摇了古希腊本体论的根基。若用当代的术语来评价，希伯来《圣经》的观点甚至可以说是一种对传统观念的解构：所有的造物都是偶发的，没有什么是必然的，也不存在逻辑上可推演的或理性上自明的自然法则，不存在形成了现实基础的、毋庸置疑的原则，一切事物都必须自虚无中不断被重新创造，它们在存在的意义上都是平等的，没有什么等级秩序。

韩德尔曼参考埃里希·奥尔巴赫（Erich Auerbach）在《摹仿论：西方文学中现实的再现》(*Mimesis: The Representation of Reality in Western Thought*) 一书中的"奥德修斯的伤疤"("Odysseus' Scar")一章中对荷马史诗和希伯来《圣经》的对比，指出前者的一切都发生在被统一阐明的背景之中，但在后者中，时间、空间、动机、目的，一切都是不确定的、偶发的，这种叙事意味着不再"再现"单纯的现实，或是仅仅讲述一个故事，它需要被阐释（Handelman，1982：29–30）。文本及其阐释不是割裂的两个实体，而是同一种启示的一体两面。

对于伯曼在《希伯来与希腊思想比较》中所表达的观点，韩德尔曼也表示了赞同，并提出与古希腊的"收束"趋向不同，拉比犹太教趋向的是差异、多样性、多重意义——而这也是许多现代文学所追求的，如意识流文学。韩德尔曼进一步阐发了伯曼关于两种思想侧重不同官能的观点：希腊思想看重的是视觉，是事物的完全在场，古希腊"神显"的方式是众神的直接显现，因此有再现、相似性、复制、镜像等视觉性的概念；希伯来思想看重的则是听觉，图像是被禁止的，这种不可见的启示是通过声音和不在场的文字来显示自身的。韩德尔曼的重要理论资源还有本雅明和肖勒姆。这两位二十世纪初的重要犹太思想家都赞同，上帝的创造性和启示性言语并非直接性和即时性的，因而需要"翻译"，而文本的物质性本身就已是一种"翻译"。

在犹太思想里，文字与本质间并不存在根本的差异，但犹太人并未如奥古斯丁指责的那样，将符号当成本质，从而形成一种偶像崇拜，他们之所以谨守文字符号，是因为他们认为本质与文字符号密不可分。在他们看来，抹杀符号和文字的作用，将文字符号和本质割裂开来，并最终推出一个具象的上帝，这才是一种偶像崇拜。所以对于犹太人而言，上帝的存在和神性是被铭写或追溯于文本之中的。

犹太教认为，"《托拉》先于世界"。在世界的空间和时间尚未创造时，在任何神圣文本被书写在物质的羊皮书上之前，《托拉》就被以黑火的文字书写在白火的背景之上。换言之,《托拉》不是自然的造物,不是宇宙的产物,而是宇宙的蓝图(Handelman, 1982: 37–38)。人们若想探寻造物的秘密,理解自然的规则,就必须借助《托拉》的文本,因此存在的一切方面都与《托拉》相关联,没有什么能够外在于它。韩德尔曼认为,我们完全可以从这个角度来理解德里达的"文本之外别无他物"(166)。与此相似的还有肖勒姆所说的"真理必须无遮蔽地存在于已经预先存在的文本中"(Scholem: 289)。此外,德里达在解读犹太诗人雅贝斯时提出,"世界存在因书存在",书才是本源的,所有事物在进入世界之前就已经从属于书,世界在根本上是通过诗歌铭写和译码读解建构或重构的一个密码文本,所有事物只有碰触到书时才能诞生(Derrida, 1976: 163)。这些可以视为对"《托拉》先于世界"的一种重新表述。

韩德尔曼认为当上帝的真实不再通过道成肉身将自己呈现为一种可维持的实质,而更多通过《托拉》来显示时,它借助的其实恰恰是自己的不在场。犹太教正是以对于不在场的上帝的信望而被定义的。从根本上说,这种"不在场"并不意味着在别的某处,因为那不过是转换了一个在场、感知或解释的位置而已;同样,它也不等于位于另一无法观看和认知之处所的实体,也不等于非存在,因为这些都仍未摆脱二元对立模式的窠臼(Handelman, 1982: 171–173)。可"不在场"毕竟还是本体论的术语,在韩德尔曼的论述中,适合用来描述这种"不在场"的是十七世纪喀巴拉主义者卢里亚提出的"隐退"。也就是说,为给有限的宇宙留下空间,上帝必须撤回到自身之中,隐退它的无限性,将全部力量都收束到一个单独的点上;在由此产生的空白空间内,上帝从这个隐退"点"之内以"自我否定"的方式来造物。

这种"不在场"也可以被视为列维纳斯所说的"上帝的痕迹"。在他看来,"上帝仅仅以他的痕迹来显示自身,就像在《出埃及记》中所说的那样,趋向上帝不是要因循着这并非符号的痕迹,而是要趋向那些立足于他性痕迹之中的他者"(Levinas, 1986: 359)。正是在此基础上,列维纳斯将问题引向了对于"痕迹""面孔"等伦理性的探讨，而这些问题对德里达的后期理论有着深远的影响。韩德尔曼将列维纳斯的"痕迹""面孔"理论与德里达最具代表性的延异、播撒、痕迹的理论联系在一起，进一步阐明了前者对于后者理论的影响，以及两者之间的差别。尽管两人的痕迹观念存在着很大区别，但都是在试图寻找并阐明"第三种道路"，而不是与本体论对立的二元论。

3.2 重写与弑摩西者

韩德尔曼对于"文本"概念及其与犹太思想之间关联的强调，可谓伯曼分析中未曾触及的"盲点"，也是她在伯曼观点基础上的阐发。韩德尔曼认为，不同于基督教将文本视为"流亡"或"曲径"，由于犹太教书写的神圣性，文本之外的运动才被视为"流亡"或"曲径"。犹太教的文本往往并非总体性的、封闭的已完成之书，也不是一个可以定位于某一空间、限定在可计量时间内的物质性事物，它甚至不是上帝在西奈山上授予摩西的神圣石版，而既是先于世界存在的《托拉》，又是从未完成的《塔木德》，是早已开始却又永远不会终结的敞开文本。这显然可以与德里达对大写的"书"和书写的区分，巴特对作品和文本的区分的理论相提并论。

在这种区分之下，犹太教文本追求的显然不是文字背后的单一隐义，而恰恰是含混性、不确定性和多义性。诚然，上帝的启示是神秘莫测、难以名状的，但正是由于它的无形式，正是因为作为一切意义源泉的上帝之名，在传统理解上没有任何"意义"，它才能够以种种没有限制的形式得以体现。

韩德尔曼认为，多重含义是一种需要阐释的编码速记，它总是以不连贯和无逻辑的碎片面目出现，所以文本中的每个字母都浓缩着许多隐义，就像弗洛伊德的"梦的文本"一样，需要在阐释过程之中去解读这些隐义。实际上,精神分析学家和犹太教拉比的共同之处就在于,他们都假设了一种以多义来显现的隐义——它并非在文本中作为一种具体化的本质被发掘出来,而是在解释的过程之中被发现的。正如本雅明提出的"翻译"之作用所在:"在每一个具体的文本背后都是一种理想的意义,被语言的外表所掩藏,翻译者的职责就是释放这种隐藏的意义"(转引自 Handelman,1991:87)。又如列维纳斯所说,"真理是隐秘的,包含多重向度,并可无限延伸",所以必须超越朴素显白的章句,解释其背后的奥秘,且"(真理的)文本不会凭借自身展现意义,而需要特别的人作为阐释者来阐发这种意义"(转引自傅有德等:763)。这就像德里达所分析的明信片,其上的信息看似是随意填写的,并且不加区别地对所有人公开,任人阅读,可是只有假想的收信人才能够从中领会发信人希望他理解的隐秘信息,其他人只能"对面不相识"。德里达之所以对明信片如此着迷,除了因为它是一种即时性的短暂书写之外,更因为它还是一种对解释最为开放的书写,只要是合适的人,即使没有特殊手段也一样可以破解其中令人费解的密码。

韩德尔曼解释说,提倡阐释与提倡书写并不矛盾。事实上,对于犹太教而言,书写《托拉》和口传《托拉》是同一启示的双生面:书写《托拉》是故意书写得不完整且含混不清以待口传《托拉》阐释,它就是空白和含混处留下的谜题的解释,是对未被书写之物的详尽探究。如果说《托拉》是与上帝的对话,那么口传《托拉》就是《托拉》的第二次生命,它就像是第一块诫碑破碎后,摩西制作的第二块诫碑,只有通过它,书写《托拉》才能得到理解(Handelman,1991:232)。因而,口传《托拉》与书写《托拉》具有同样的神圣地位。《托拉》不仅是用包含着造物秘密的火焰文字写就的,它也包含着阐释的适当方法。所以,阐释从西奈山便开始了。《托拉》有一个神圣的作者,但它也在不断地为其读者——阐释者所创造着,也就是不断被重新书写着(Handelman,1982:78)。

巴特的"作者之死"和将批评、阅读与书写合在一起的理论,以及德里达将阅读视为再书写的理论，都与犹太教的这种阐释观神似。这种阐释的观念是一种奇怪的混合，一面相信一种绝对的起源和权威，一面又相信人改变和克服它的能力，因为文本的启示总是向每一位读者的阐释敞开。不过，韩德尔曼重申了列维纳斯的观点，强调读者地位的提升并不意味着他能够任意地构建文本和阐释，或是以一种预先确定的教义去构建启示，因为启示于人身上的栖息并不是一种本体的同一，它们之间仍然保持着上帝和人之间的距离，被文本召唤去进行阐释的读者对于文本应是负有责任的（Handelman，1982：150）。

尽管由于实际情况的需要，口传《托拉》最终还是打破了禁止被书写的传统，被犹太教口传《托拉》集编注者"坦拿"编辑书写了下来，但《塔木德》的注解和讲解犹太圣经《塔纳赫》的《米德拉什》，是对书写《托拉》和口传《托拉》的双重回归，保留了对口头《托拉》的指涉，将所有师生之间的问答、辩论、对话、争议，以及拉比之间的不同意见都向读者敞开。这些包围在核心的神圣文本周围的注疏，总是充满了不确定性，甚至在个别论题上自相矛盾，最终以对话录的方式构成了一种真理的多元性。韩德尔曼重申，这是因为文本是意义的"生产"，而不是意义的"再现"，解读一个文本不是赋予其意义，而是要去发掘其蕴含的多义性。她同时再次点明，这种文本和阐释的观念，对于当代许多思想家和诗人都具有吸引力，尤其与后结构主义中能指无中心的嬉戏、解释的无穷性和反权威性等理论具有可比性，与德里达的双重书写、边缘书写也具有相通性。

肖勒姆提出，除注释外没有别的系统可以成为真理赖以获得理解的合法形式（肖勒姆：14）。可是，在这种不断生成意义的阐释和重写之中，"原意"是否还能得到保障呢？对此，肖勒姆承认，这种阐释和重写的方式几乎完全不能让人清楚地理解《圣经》，但不可否认的是，从这种新的角度看，《圣经》对期望在词语中发现生命和上帝之奥义的人具有强大的吸引力。所以，圣书最后变得有些与原意相违背是再正常不过的事情，后人所揭示的新意往往比原意更重要，这甚至可以说是圣书的"新生"（Scholem：290）。也就是说，对传统的继承并不是维持经文所谓的"原意"，而恰恰是要借助违背的方式来使之焕发新生。

基于这样的观点，韩德尔曼进一步指出，弗洛伊德、德里达以及众多后结构主义思想家，其实都共享了这种异端式的阐释模式，即都在用一种扭曲、替换和移置的方式对起源进行重写，甚至篡夺了"父亲"的地位，打破了传承的线性链条。以德里达为例，在《柏拉图的"药"》（"Plato's Pharmacy"）中，他就在引用柏拉图原文后"注释"说，如果没有苏格拉底之死，没有《智者篇》（Sophist）中"弑父"的行为，哲学论述就不能开始；如果没有对巴门尼德这一庄严父亲形象及其理论的暴力侵袭，没有他者和非存在的分裂性侵扰，书写和自由嬉戏就不会成为必然，所以"书写是弑父性的"（Derrida, Dissemination：163）。对于这种近乎精神弑父的行为，韩德尔曼借用弗洛伊德的《摩西与一神教》（Moses and Monotheism）中犹太人杀死摩西但又压抑谋杀记忆的假设加以说明，将弗洛伊德、拉康、德里达等人，甚至包括耶稣和保罗（他们缔造的基督教本身就是犹太教的"异端"，而基督教的教义和对待犹太教的态度无疑都是"弑父性"的）在内的异端阐释者一并喻为"弑摩西者"（Handelman, 1982：137）。

韩德尔曼指出，这些"弑摩西者"身上无不存留着"死去的父亲"（如弗洛伊德的摩西、"原始父亲"和他自己的父亲，德里达的诸多哲学之父，拉康的"父亲之名"）的复杂印记，在他们心中，混杂着悖逆的负罪感和挣脱"父亲"权威的快感；而能使他们真正自由的，正是这样一种个性化的异端阐释模式，一种有意的"误读"。当然，正如约翰逊在阐释弗洛伊德—拉康—德里达的这种重写式解读时所说的那样，"分析的行为总是逃不开这样一种状态，那就是成为对它要去分析的结构的重复"（Johnson, 1977：498），以往的痕迹总是不可能被新的书写完全涂抹掉。

弑杀摩西这一"原始弑父"事件留下的创伤反而联结了摩西与犹太

人，使得犹太民族得以在数百年间逐渐建立真正独尊一神的宗教；同样重演这种"原始弑父"的耶稣受难，也成全了基督教的诞生；弑父罪行带来的赎罪意识反而使得死去的父亲获得更大的权威，以"父亲之名"继续行使统治，也正是弑父带来的悔恨，为对于弥赛亚降临的期待提供了更大的刺激。按照与此相通的逻辑，在韩德尔曼看来，尽管"弑摩西者"们的实践与犹太教用重写的方式阐释文本的做法相似，看起来都是对上帝和传统的抛弃，但实际上他们却像是犹太教的回头浪子，以自己的背叛、颠覆或移置使《托拉》或传统在不断更新中得以不朽——因为律法只有在被违反时才得以确立。所以韩德尔曼才会总结说，"通过违背使律法不朽"的观念正是"弑摩西者"理论的共同核心（Handelman, 1982：166）。而"通过异端来回归传统"，正是肖勒姆所定义的"喀巴拉"之核心所在，甚至是所有犹太教神秘主义的一种共性（肖勒姆：9）。

　　正如德里达等人并不愿被视为传统的颠覆者一样，喀巴拉主义者也不认为自己是异端，而不过是"传统"（"喀巴拉"一词在希伯来语中的原义）的接受者。事实上，被传授以"喀巴拉"奥义的人，都是每一代人中的佼佼者，比如族长、先知和一些塔木德时代的拉比，他们唯有达到一定的圣洁程度，才可能通晓"喀巴拉"。因此，喀巴拉主义者同样可以是创造了《塔木德》体系的拉比们，也就是说，喀巴拉主义其实与拉比犹太教之间存在着精神传承上的关联（Handelman, 1982：196）。此外，作为一种神秘主义，喀巴拉主义绝不否认或无视人与上帝之间巨大的鸿沟；相反，它正是以对这一鸿沟的认识为开端，进而探求这一鸿沟的秘密或跨越鸿沟的隐秘通道，为此竭力拼接被宗教灾变击破的碎片（就像卢里亚对"容器破碎"的"复原"），并在一个新的层面上恢复被摧毁的秩序。肖勒姆认为，这样一来，"传统"也就意味着反叛与继承的结合，确立与废除的同时进行（肖勒姆：21）。

　　韩德尔曼注意到，这种思路正符合肖勒姆描绘自己的思想时所用的术语——"辩证"。他的辩证正是指一种在创造性和毁灭性力量之间的挣扎，这两种相悖的力量同时进行着确立和废除（Handelman，1991：7）。在肖勒姆看来，正是这种充满复苏和变革的传统，才是犹太教保持活力的秘要所在。在希伯来语中，表示"传统"的masorah一词本就含有"交托、传递、放弃"之意，上帝在将石版交给摩西之后抽身而退，等于将阐释的权威交托给人——正如对于德里达和巴特而言，作者的不在场恰恰给了书写文字以颠覆作者权威的力量——只有存在于神圣生命与人类书写和重释活动之间的能动过程，才是上帝启示意义不断产生的源泉（85）。

韩德尔曼指出，上帝选中口才不好甚至口吃的摩西来传道，而不是摩西能言善辩的哥哥亚伦（Aaron），这本身就是值得玩味的，也许他本来就期望自己的话在延宕重复造成的模糊与不确定之中，能够有为人所重新书写和阐释的空间。所谓的原初书写，本就是不存在的，随着上帝假摩西之手打碎第一块诫碑，所有最初的书写就已经是第二次书写了。如此，犹太教的书写除了确保记忆、记录圣言之外，本就是一种再创式的"行动"。

3.3　喀巴拉与布鲁姆

在文学理论领域，有一位当代理论家同样可以归入韩德尔曼的"弑摩西者"名单，那就是"耶鲁四子"之一——深受德里达影响的布鲁姆。布鲁姆的一部分理论脱胎于喀巴拉主义的思想，他甚至还为此特别撰写了专著《喀巴拉与文学批评》（*Kabbalah and Criticism*）。

布鲁姆对于喀巴拉的理解，几乎完全源自肖勒姆的论述。他在肖勒姆对于"传统"的重新定义的基础上提出，"异端的可以被认为是传统的"，比如喀巴拉主义和诺斯替主义（Gnosticism），"尽管是异端的，但在阅读和书写理论问题上又同时可以被视为传统的"（Bloom，1979：5）。在布鲁姆看来，喀巴拉就是对《圣经》的一种大规模"误读"，一种竭心尽力的解释，力求将自身从长期封闭、给所有后代都施以重压的汗牛充栋的经典中挣脱出来，并由此使阐释者获得一种可以加诸文本的论断权威和优先权。这种对于先驱文本的姿态，正是喀巴拉成为"西方自文艺复兴至今的文本修正论的最终模式"的原因之一（Bloom, 1975: 53）。韩德尔曼强调，布鲁姆将喀巴拉认知为一种有关书写的根本性理论，这是德里达没有认识到的，至少是没有明确指出的（Handelman, 1982: 218）。

当然，布鲁姆最为公认的贡献还是在于他将自己对于喀巴拉主义的接受，运用到其后结构主义的文学批评理论之中。他接受了肖勒姆的说法："诗人与喀巴拉大师之间是具有某种联系的，即便他们由于喀巴拉的神学形式过于显著而拒绝它"（Scholem: 194）。对于他而言，喀巴拉是一种能够使诗歌和批评变得更为有力的模式，甚至就连犹太教本身也被解释为一种文学的修正论，一种努力克服过去并成为自身起源的尼采式诗学。这正是他的"影响的焦虑"和"误读"理论的根基所在。

传统观念往往把前辈之于后辈的"影响"，视为前辈对后辈的传授和支配，以及后学对于先贤的模仿与继承。然而在布鲁姆看来，"影响"并不意味着对前人的简单继承，而更多的是对前人的"误读"、修正和改造。后辈和前辈之间其实存在着一种冲突的关系，比如在诗歌创作中，后来的诗人，亦即所谓的"新人"（ephebe）也渴望成为具有影响力的大家，跻身所谓的"强者诗人"（strong poet）之列，树立自己的文学地位；然而之前所有的前辈诗人，亦即所有的"强者诗人"形成的"传统"，就像不怒自威甚至咄咄逼人的父亲一样，使后来的诗人无可逃避地生活在一种绝对的压迫之下，也就是处于传统的阴影之中。时至今日，诗歌的主题和技巧已经被前辈诗人用得殆尽，后来的诗人很难改弦易辙、另起炉灶，避开前人歌咏过的主题或创就的技巧，由此形成的"影响的焦虑"，就像"父亲"形象给"弑摩西者"留下的复杂印记一样。为了回避这种"影响的焦虑"，后来的诗人会选择对前辈诗人进行"误读"，即采取一种有意误解、歪曲和修正的态度，对传统进行背叛和颠覆。这样他们才有可能在接受一部分前人影响的情况下，开创一种独创性的诗性空间，成为并取代父亲，就像

《失乐园》(*Paradise Lost*)中反抗上帝的撒旦，甚至是弑父的俄狄浦斯所做的那样。

同时，布鲁姆也接受了巴特等人的"文本间性"理论，认为并不存在纯粹的文本，只存在文本之间的关系，而这些关系取决于阅读和批评的方式。他认为，在阅读这种包含间性的文本时，意义总是趋于不确定，所以阅读必是一种延迟的、具有不可能性的行为。每一位有能力的读者或是后辈诗人的阅读和批评其实都应当是这样的阅读，即一种误读和重写相结合的阅读。

此外，布鲁姆还用一种解构的方式将喀巴拉主义的许多观念或术语解读为文学性的修辞术语。比如他将卢里亚的"隐退"与"反讽"联系起来，因为"隐退"意味着与表面意义相反：隐藏其实是揭示，只有通过收束和隐匿，上帝才能在创造之中显示自身，他不在场的形象在所有为其在场而树立的形象中是最佳的(Bloom, 1975: 70-74)。

在韩德尔曼看来，尽管肖勒姆和布鲁姆赋予阐释和重写以分裂、暴力的力量，为碎片中的救赎敞开了空间，但肖勒姆本身就是个激进的非正统派，布鲁姆又深受其影响，二人实际上都将"正统"犹太教定义在一种空洞贫乏的律法主义的基础上(Handelman, 1991: 56-57)。异端与非异端之间不大可能泾渭分明，肖勒姆用喀巴拉模糊了这种界限，可同时也有完全用异端取代正统的倾向。因此，韩德尔曼的目光落在了本质上仍属于拉比犹太教信徒而非神秘主义教派信仰者——列维纳斯身上，尽管他对律法不够"敌视"的态度会招致很多后结构主义理论家甚至神秘主义信徒的"反感"。

韩德尔曼运用列维纳斯的"丰产"(fecundity)理论深入探讨了有关异端和传统的问题。就父子关系而言，列维纳斯的"丰产"与肖勒姆和布鲁姆的"弑父"模式极为不同，但前者同样强调：在传承关系中，孩子永远是父亲的重新开始，传承不是对同一的重复，而是差异。不过对于列维纳斯来说，布鲁姆"影响"和"误读"理论提及的成为自身的起源并寻找一种自主原则的计划，还是残留着一种过分的自恋。他所提倡的"丰产"虽然也包含一种优先的多元性，但那是一种"多元理性"，一种不是为自身，而是为他者的理性。对于列维纳斯而言，传承意味着他者的引入，这样才会存在一种朝向无限未来的积极可能性：它涉及与过往的关系，但又包含某种全新之物，能够以一种不为时代所累和自由地重返过往的方式去宽恕、治愈、纠正过往。对于韩德尔曼来说，与"弑父"这多少有些令人触目惊心的隐喻相比，列维纳斯对于"丰产"的描述也许更有助于人们认识犹太教阐释传统的积极性和建构性。而且，这同样也适用于德里达等人的后结构主义理论。

尽管存在上述区别，列维纳斯还是与肖勒姆和布鲁姆一样，赞同犹太教特殊（甚至有时是异端）的阐释和重写传统是"有始无终"的：它肇始于《密西拿》，登峰造极于《塔木德》，时至今日仍未结束，仍有为数不少的拉比或学者在从事阐释和重写的工作。《塔木德》的编写到现在都不能算是已经完结，因为这种释经传统永远都是开放的，只有开端和不断的丰富、发展以及完善，而无休止之日，任何一种结论都只是暂时性的，每个人、每个时刻都可以，也应该用多重阅读与书写来为《圣经》或律法的启示作出贡献。对于列维纳斯而言，解经本身就像每天的祈祷一样，是一种虔诚的宗教行为，因为启示与意义正源于人的活动与神圣生命之间的不断互动，这种书写的传统也因此被他称为"活的传统"。如果缺少这种不断重新开启的大胆批判精神，由《塔木德》文本构成的犹太教就会被降格为对犹太历史或民间传说的固守，而辜负犹太人仍在经历的痛苦。法利赛派（Phariseeism）就是因为丧失了这种不断重新开启、根据时代重新诠释的"活的传统"，才会在新约时期变成固守严苛律法，将一切新的阐释视为"异端"的僵死教派，这才有了"弑摩西者"耶稣和保罗引领基督教的出现。

3.4 流亡与荒野

正如列维纳斯所说，尤利西斯（Ulysses）永远都是在回家中获得同一和对自我的认知，而亚伯拉罕（Abraham）却必须离开故土，去一个永远都无法归属的陌生异乡，才能意识到自己的他者身份（Levinas，1966：37）。犹太教起源于摩西这个流亡者，信仰的神也是一个流亡者的神，犹太民族对神的信仰和理解都是在流亡的经验中孕育的。犹太人不断出走，走向他方和未知的流亡，骨子里是他们对认同和同化的抗拒。正是由于抗拒认同和同化，他们才会不断强调本民族"选民"的特殊身份，并坚守被很多其他民族视为野蛮的"割礼"等习俗，而这些又反过来成为他们始终不受欢迎的原因。"不受欢迎"并非犹太人所欲，但是为了生存，为了保证自己的民族不致消亡、信仰不致泯灭，他们只能选择抗拒与流亡，即使会面临死亡的威胁，只能在生死的边缘上艰难地挣扎。在圣殿第二次被毁之后，犹太人彻底成为没有祖国的民族，于是阐释与重写经文便成为他们保持民族认同的重要传统以及使民族得以传承和延续的生产方式，犹太人也正是这样成为"书的民族"。或许可以说，犹太人之所以是犹太人，是因为他们代表了不断强调自身"差异"的他者；犹太教之所以是犹太教，是因为它从来不以某一特定的纯粹形式存在。

因此，自古以来，犹太人就被视为流亡在荒野中的他者，被视为闯入者、威胁者和替罪羊，就像他们所推崇的书写在西方形而上学传统中的地位一样卑微。与犹太人共享相似的"否定"原则的德里达，不就曾将犹太教定义为一种"书写的激情，对文字本身的钟爱和坚持"吗？（Derrida，1978：77）在德里达眼中，书写这一延异的游戏，正反映了犹太人作为无根流亡者的境遇：选择了书写的犹太人本身，也被书写所选择着，身为犹太人的困难就是书写的困难，因为他们生活在对同一个承诺的期望之中，而这一承诺却只能在一个不断推迟的时间中实现，他们所期望的弥赛亚，是一个不断到来却永远没有真正在场的幽灵。在所有古老的民族中，只有犹太民族把它的"黄金时代"安排在未来，而不是在过去。或许回应《圣经》的，就应当是不断地承诺但绝不实现，是信仰一个用不在场来满足其在场的弥赛亚。正因如此，身为犹太复国主义者的肖勒姆才会在"可见王国"胜利之时醒悟过来："我们胜得太早了！"(转引自 Handelman，1991：87)

所以，韩德尔曼认为，犹太人的传统是在流亡和灾难中学习，即以每一个时代的重新书写，来获得一种面对灾难的坚忍（Handelman，1982：189)。《托拉》在犹太教中核心地位的确立，正是在巴比伦之囚的流亡与复归过程中完成的；以卢里亚"隐退"观为代表的喀巴拉，正是在西班牙对犹太人进行大规模驱逐的背景下出现的。肖勒姆将喀巴拉解读为一种对传统的激进重释，是他这一代德国犹太知识分子在特殊时代下的价值选择；列维纳斯的"热爱《托拉》更甚于上帝"，也是在经历了大屠杀和集中营后提出的。他们都是在各自的时代中，就犹太教的问题尝试个人化的解决方式，体现了不同时代犹太知识分子的价值认识。哈列维强调，犹太人的苦难并不意味着上帝抛弃了他们，恰恰相反，如果说这是上帝对犹太人的"惩罚"的话，那正从反面证明了犹太人是与上帝紧密联结在一起的；如果犹太人学会面对这种惩罚与牺牲，继续在信仰中生存下去，就必能获得相应的救赎(傅有德等：254)。这样，犹太人流亡和救赎的意义，就变成了对苦难的反思，每一次苦难似乎都在呼唤，甚至逼迫犹太人重新立足当下、审视过去，在舍弃与流亡中获得新生，这便是犹太教历经磨难却仍然屹立至今的原因。在进入"理论之后"的今天，韩德尔曼也许正是要在犹太教的这种精神中为陷入困境的理论找寻前行的方向。

在对 meaning 一词词源的追溯中，布鲁姆发现它与 moaning 相关联，并总结说："一首诗的意义就是一首诗的倾诉"（Bloom，1979：1)。诗歌对于布鲁姆而言就是"哭墙"，亦即呻吟与意义的处所。所以，犹太人天生就象征性地拥有诗人的品质。犹太人和诗人并不诞生于此地而是他方，他们的流亡并非远离源头，他们的书写也并非对起源的回归，而是重新回归文本，回到他们从未到过的故园，在书写的皱褶中反思自身。布鲁姆认为，喀巴拉能够传授给当代阐释者和诗人的最大教训是：迟来的文本中低吟的总是徘徊的意义，正如迟来的犹太人总是流亡的人一样；这些承载着人类苦难的意义，从一个文本流浪到另一个文本，从一个形象转向另一个形象（Bloom，1975：89）。

对于德里达而言，具有相似意义的关键隐喻是荒野中的放逐。只不过这在德里达看来更像是一种自由嬉戏，而于布鲁姆则更像是在苦难的呻吟中企盼着回到那永远无法真正回去的家园（Handelman，1982：222）。本雅明和肖勒姆却未能抹去"怀乡病"式的归家冲动，而这是主张自由嬉戏的德里达和忽略"隐退"之后还有"复归"的布鲁姆所不认同的。尽管德里达和布鲁姆之间存在着自由嬉戏和苦难流亡的理解差别，但他们都宁愿选择在延宕与差异中，通过不断重写文本将自我放逐到一片对立的"应许之地"，用哈特曼的术语来说就是进行一种"荒野中的批评"（哈特曼：17），留下一道道书写的痕迹。

诚然，韩德尔曼对犹太教传统及书写观的梳理存在一些问题。其中最明显的是，她对于基督教传统和犹太教传统的论述和界定都有一概而论之嫌。学者卡尔·普兰克（Karl A. Plank）认为，韩德尔曼提供的历史背景，那幅耶路撒冷和雅典之间的"阐释竞争"的图景略欠说服力，而她对一神教的发展概而论之，淡化了早期基督教文学与犹太拉比模式共享的部分，低估了犹太拉比和早期教父释经模式共同滋养的文化（Plank：204）。正如韩德尔曼自己在第一章中强调的那样，她关注的是对抗和竞争，因而有意忽略了融合、共享的部分。这样一来，读者不免会有一种该书在希腊和希伯来思想之间树立新的二元对立之感。而且为了阐发"弑摩西者"的理念，韩德尔曼多少重蹈了布鲁姆的思想故辙，有将整个犹太教传统异端化的倾向，仿佛犹太教没有正统派、改革派、保守派和重建派之分，只有拉比犹太教或喀巴拉主义一样。这种二分法的结果便是在强调两种传统间的差异的同时，忽略了两者的共同性和相似性。虽然在《救赎的碎片》中，她也提到了列维纳斯调和希腊与希伯来传统的努力,但这并不能够彻底改变其理论过于简单和片面的底色。

事实上,现代基督教阐释学采取的态度与韩德尔曼所谓的异端重释模式已经十分相近,道成肉身已不复是不证自明的事实,而成为文本之中的一个事件,意义阐释也已成为一个核心问题,自然不再受控于她所说的"逃离文本的欲望"(Handelman,1982:83)。甚至作为她的理论阐发基础的犹太思想家的思想,如卢里亚的"隐退"和列维纳斯的"痕迹",在当代基督教思想中也都得到了某种呼应,如卡尔·巴思(Karl Barth)关于"上帝是在他所不是的形式中遮盖自己,从而彰显其所是"的讨论(Barth:40),又如迪特里希·朋谔斐尔(Dietrich Bonhoeffer)关于"与我们同在的上帝,就是离弃我们的上帝"的主张(Bonhoeffer:360)。

尽管如此,韩德尔曼的"弑摩西者"理论和"救赎的碎片"思想仍然具有其独特的意义。她在古老的犹太书写传统和后结构主义理论之间建立了一种关联,厘清了现代文学理论中的犹太拉比的内在特质,重新激发了古代释经问题的回响,这无疑为当下的理论思考提供了一种与众不同的思路:在背叛中回归传统,在重写中更新传统,在自由对待过往中更为积极地面向未来,在异端重释中使人类思想得以生生不息——这才是"弑摩西者"们的真正目的所在。

第四章 经典案例分析

从前文的论述中我们可以看到，书写中与自我关联最为密切的"自传"和"死亡"问题，最终都被导向了"他者"问题。在书写革命的影响下，他者——而不是同样延迟、成为痕迹的自我——成为人文学科话语的中心。然而，书写在"他者"问题上对当代西方人文学科最直观且广泛的影响，并非首要体现在政治伦理学或文学的纯理论讨论层面，而是体现在政治和文化的现实实践层面，或者说，带有政治色彩的文学批评之中。

特雷西提出，德里达、巴特等人强调书写重要性的新理论，已经超越了后结构主义和阐释学的理论讨论范围，有助于揭示潜藏于书写中沉默、冲突及压抑的部分，反对占据"主导"地位的话语对文本的控制，使文本中冲突的痕迹、压抑的部分及沉默的声音得以显明（Tracy: 391）。

这类观点无疑从理论层面解释了一向都被西方男性中心主义者视为"他者"的女性和有色人种（尤其是曾经被殖民过的种族），何以能从德里达等人的书写理论中汲取养分，并生发出各自的女性主义和后殖民主义理论。书写的重要性之所以被西方传统的主导性文化所"压抑"，正是因为书写总是能够传到"他者"的手中，而"他者"总是能够学会读懂压迫他们的机制。因此，压抑书写的欲望也就成了西方(男性)中心主义者压制"他者"被他们所压迫这一事实的欲望。如果"他者"想要摆脱被压迫的命运，争取自己的权利，掌握属于自己的话语，"书写"就是一条不得不去考虑的途径。

153

4.1 案例一:《她们自己的文学》与《美杜莎的笑声》

"书写革命"之后,女性主义文学理论领域出现了两派与女性书写相关的批评理论,即所谓的"英美女性主义批评"和"法国女性主义批评",前者以伊莱恩·肖瓦尔特(Elaine Showalter)、桑德拉·吉尔伯特(Sandra Gilbert)和苏珊·古芭(Susan Gubar)为代表,后者则以克里斯蒂娃、西苏和伊里加雷为代表。但正如塞尔登等人指出的那样,这种以国家来划分的方式虽有一定意义,但排除了第三世界的女性主义批评运动,且太过二元对立化和简单化,掩盖了两派之间的相似性。英美派中,最有影响力的莫过于肖瓦尔特的《她们自己的文学——英国女小说家:从勃朗特到莱辛》(*A Literature of Their Own: British Women Novelists from Brontë to Lessing*,下文简称《她们自己的文学》),该书依循经验主义的思脉,集中讨论了女性写作(文学书写)的特殊性,复原了女性作家的传统,勾勒出一部女性作家的文学史。法国派中,西苏的《美杜莎的笑声》("Le rire de la Méduse")可被视为倡导"女性书写"的宣言。将这两个文本对照起来分析,也许更有助于理解书写问题在女性主义文学理论中的当代阐述。

4.1.1 女性书写与女性传统

"女性书写"之所以能够成为二十世纪七十年代法国政治文化讨论的核心问题,与西苏的努力密不可分。在1975年至1977年间,西苏发表了一系列以女性书写为核心的著述,如《美杜莎的笑声》《新诞生的青年女子》(*La jeune née*)、《阉割还是斩首》(*Le sexe ou la tête?*)、《谈谈写作》(*La venue à l'écriture*)等。在《美杜莎的笑声》中,西苏指出,女性一直承受着强加于她们身上的巨大压力,一直被遮蔽在"黑暗之中",直至这篇文章写就之时,甚至还不存在独立的女性整体,不存在典型的女性(西苏:188-189)。在西方的文化传统中,女性始终处于被压抑、被控制和被支配的地位。从整个人类的族群角度来说,人类学家埃德温·阿登纳（Edwin Ardener）提出，人类学的民族志之中几乎都是男性的声音，而女性是"沉默"的，她们作为实实在在的存在被忽视或抹杀，她们的行为总是缺少应有的关注，甚至从整个分析中消失了（拉波特、奥弗林：129）。在哲学、宗教和文学思想中，女性也一直被这样对待。玛丽·伊格尔顿（Mary Eagleton）在其编选的《女性主义文学理论》（*Feminist Literary Theory: A Reader*）的序言中提出，整个女性主义都蕴含着对男性中心主义传统的质疑和反抗，这种传统总是倾向于强化男性和女性分别对应着普遍/个人、客观/主观、理论/经验等二元对立。为了打破这种等级差别，女性主义便总是强调个人、经验、身体等方面，而这些讨论又总是不免涉及女性与书写之间的关系这一核心议题（转引自塞尔登等：141–142）。

在肖瓦尔特和西苏的文本中，我们可以看到她们各自代表的思想传统，在质疑和反抗男性中心主义道路上的不同选择。深受德里达、拉康等法国思想家影响的西苏开篇明义地宣示女性必须参加书写，必须将自己、将女性写入文本，"就像通过自己的奋斗嵌入世界和历史一样"，她希望通过自己的呼吁达到击破和摧毁、预见和规划这两个目的（西苏：188）。不同于西苏，肖瓦尔特没有摆出理论斗士的姿态，她继承了经验主义传统，更希望在1977年发表的《她们自己的文学》中填补勃朗特三姐妹和多丽丝·莱辛（Doris Lessing）之间的空白，发掘并谱写女性自己的文学传统，系统地讨论女性书写的文本本身。

在第一章"女性传统"中，肖瓦尔特表示，自二十世纪六十年代以来，尤其是随着1968年前后妇女解放运动在英美等国的兴起，很有必要"建立一套更可靠的女作家批评词汇，写出更准确和系统的女作家文学史"（肖瓦尔特：6），以恢复女性作家在文学史中应有的合法地位，而她的这本书就是"力图描述英国小说领域内从勃朗特姐妹那一代至今的女性文学传统，并说明这一传统的发展与一切文学亚文化的发展具有怎样的相似性"（8）。

在发掘出被忽略和压抑的女性文学传统之后,肖瓦尔特又将这一书写传统划分为三个阶段。第一阶段是流行使用男性化笔名的十九世纪四十年代到1880年乔治·艾略特(George Eliot)去世的"女性阶段"(the Feminine phase)。这一阶段的女性作家有勃朗特姐妹、伊丽莎白·盖斯凯尔(Elizabeth Gaskell)、艾略特等,她们的写作类型可以归为"家庭写实主义",作品的核心关注在于女人在家庭和社会圈子内部如何对他人产生影响。这些女作家对家庭和社群中的妇女日常生活及价值观作了广阔而独到的探索,但与维多利亚时代的其他年轻女性一样,她们"所接受的压抑、掩藏和自我审查的修炼对她们产生很深的抑制作用"(肖瓦尔特:21),因而她们的作品不免还是会将居支配地位的文学和社会标准或男性审美标准内在化。第二阶段是1880年至1920年(妇女取得选举权)之间的"女权主义阶段"(the Feminist phase),代表作家是乔治·埃杰顿(George Egerton)、奥利芙·施赖娜(Olive Schreiner)等人。她们对主流文学方式提出异议,质疑对女性自我表达的多方限制,痛斥自我牺牲的信条,抨击父权制,并建构起女性受压迫的理论模型,为女作家的价值和权利辩护。她们甚至主张建立分离主义的独立乌托邦和妇女参政的姐妹团体,但也因此常常脱离写实主义,变得过于简单化、情绪化,沉溺于空想。第三阶段是1920年以降的"女人阶段"(the Female phase),代表作家包括多萝西·理查森(Dorothy Richardson)、凯瑟琳·曼斯菲尔德(Katherine Mansfield)和弗吉尼亚·伍尔夫(Virginia Woolf)。这一阶段继承了女性阶段和女权主义阶段的双重遗产——自我憎恨和撤离策略,同时转向内心世界,寻求个性和自我发现,减少对对立面的依赖,发展出一种特别的女人写作经验。

西苏在倡导女性书写时就强调,在持续的压制下,女性一直缺少发声的机会,而书写可以带来改变的可能,故可用作反叛思想的跳板,是变革社会和文化结构的先驱运动。可实际上,尽管女性作家的人数从十九世纪开始有所增加,但一直少得可怜,也缺少真正刻画女性的作品(西苏:

192)。十九世纪之前，从事写作的女性明显都处在被贬抑的边缘位置。诗人菲利普·锡德尼爵士（Sir Philip Sydney）的侄女玛丽·罗思夫人（Lady Mary Wroth）在十七世纪创作的十四行诗直到二十世纪才付梓，而她发表的散文体传奇更是遭到了某位勋爵的公开嘲弄："工作吧，夫人……但是唯独不要写书，因为比你聪明的女人从来不写作"（转引自沃特斯：39）。某位身份更加显赫的公爵夫人更是被这样批评："一个女性写作，这就是罪过；如此侵犯男性特权，绝对不可赦免"（40）。随着接受教育的女性人数的增加，十八世纪有了更多从事写作的女性，作品的体裁也更为多样，但依旧有像塞缪尔·约翰逊博士（Dr. Samuel Johnson）那样的著名男性诗人将她们口诛笔伐为"执笔的亚马孙女战士"（64）。

4.1.2 从女性作家的男性笔名到天使与疯女人

十九世纪似乎有一种女性大举进军文学市场的趋势，可这在肖瓦尔特看来不过是一种幻觉。她在《她们自己的文学》的第二章"女性小说家与写作意志"中清醒地指出，这是"企图用数量说明替代对本质现象的分析而已"（肖瓦尔特：34）。事实上，根据社会学调研的数据，1835年至1870年间女性在文学职业中所占的份额反而略小于其他时段。此外，与男性作家部分出身于贫苦的劳动家庭不同，当时的女性作家大多出身于中产阶级和贵族阶层，但这并不能给她们的事业带来保证。她们的事业模式在三个方面与同时代男性作家表现出明显差异：教育，维持生计的方式，以及初次发表作品的年龄（36）。在受教育程度上，在家庭和中小学校里接受教育的女性比例几乎只等于接受过大学教育男性的比例，而她们大部分均不是因为出身而是因为性别失学的，那些自学成才的女性作家往往也要假称她们的知识来自男性。与大部分男性作家都有其他职业和收入来源不同，十九世纪的中产阶级妇女除了写作，就只有教书和从事出版业等极少数维持生计的选择。而正是由于包括前述因素在内的种种现实困扰，大多数女性作家初次发表作品的时间是在中年或者婚后。当然，随着女性受教育机会和就业机会的增多，她们的入行时间也在慢慢发生改变。

继第二章探讨女作家使用男性笔名，以及维多利亚时代母性与写作不能兼容的问题之后，第三章"双重批评标准和女性小说"一开头便展现了十九世纪女作家的窘境：无论作品的题材、风格等如何迥异，只要她们未使用男性笔名伪装，其作品便会被批评家不由分说地归为一类，她们也因此被男性文学权势变成了争夺同一块小地盘的竞争者（肖瓦尔特：67）。男性评论者居高临下地对女作家评头论足，同时避免使用"女作家"（woman writer）一类中性的职业称呼，甚至把她们视为从男作家那里抢夺市场、窃取题材和读者的敌人。尽管也有批评家开始相对客观冷静地思考女性作家对小说艺术的贡献，但十九世纪的大多数期刊对男性和女性的作品使用了双重批评标准，这是不争的事实。大多数否定性的批评其实都预设了女性作品就是不如男性作品，而这种预设又总是与对女性身体的各种负面评判相关，比如弱小、易病、智力先天不足等。维多利亚时代的批评家认为，如果女人非要写作，就应当写小说。这种看法是一种偏见，因为它的潜台词是小说作为工具，可以把女性的短处、喜好换成叙述的特长（75）；而且很多批评家甚至认为，"只有不快活的、受挫折的女人才写书"（78）。如此一来，女性作家若想表现得出众，似乎就必须"毁灭"自我，效仿男性。

这两章中大多数男性文学批评家共享的立场，是将文学书写视作为男性的利益、律法服务的活动，这正是被西苏指责为"自我爱慕、自我刺激、自鸣得意的菲勒斯中心主义"传统的体现（西苏：193）。为了反抗这种代表"历史与文化的局限"的传统，西苏倡导的"革命方案"就是女性必须书写自己，只有开创这种新的反叛的书写，才能实现女性历史上必不可少的决裂与变革。唯有通过书写，女性才能返回曾被收缴的自己的身体，才能夺取发声的机会，依照自己的意志做一个获取者和开拓者；只有通过面向女性的书写，女性才能接受一直由男性崇拜所统治的言论的挑战，确立自己的地位（193–195）。

与此类似，在评价男性批评家对艾略特的评论时，肖瓦尔特明确地提出：

> 女小说家完全可以令人信服地描写普通女人的生活——那些没有权力，但靠潜移默化、榜样作用和缄默影响了周围人的人，因为她们自己就是从这样的人生中走出来的……女性文学批评背后强大的功利主义动力——这本书对我们有何裨益？——部分是时代精神使然，但它同样也是寻找新式女主人公，新榜样和新人生的努力。（肖瓦尔特：90）

正是在这样的观念和定位之下，第四章"女性小说的女主人公"选择了夏洛蒂·勃朗特（Charlotte Brontë）和艾略特作为十九世纪四十年代开始进行文学创作的女性榜样。女性作家很难像男性作家一样与同时代的作家交流，所以她们往往只能从前辈那里汲取经验和信心。维多利亚时代的评论家倾向于将女作家们非此即彼地归入乔治·桑（George Sand）和简·奥斯汀（Jane Austen）这两个支系，勃朗特和艾略特也分别被视作这两位前辈的"传人"，因此她们的创作个性常常被忽略。而当她们成为女小说家的代表性人物时，她们不可避免地成了新一代的范型，并因此成为女性作家奉承和妒忌的对象。

肖瓦尔特对前辈和后辈女性作家之间关系的评论，很容易让人联想到布鲁姆的"影响的焦虑"理论。当然，同为美国女性主义理论家的吉尔伯特和古芭对布鲁姆理论的借用要更加明显。两人在合著的《阁楼上的疯女人：女性作家与19世纪文学想象》(The Madwoman in the Attic: The Woman Writer and the Nineteenth-Century Literary Imagination)序言中提出，自维多利亚时代以来，代表父权——男权的文学理论依附于基督教的创世说，神化了男性作者；由author一词的词源和其衍生词authority所包含的权威、创始、增殖等意义，可追溯男权传统带来的性别歧视。她们将"笔"(pen)视为男性"阳具"(penis)的象征,表明创造力被预设为男性的特权,文学其实一直处于男性特权的统治之下。因此,女性一旦开始创作,就必然要面对"身份的焦虑",要在男权传统的标准和自身的创作探索之间找到自己的位置。

此外,较之肖瓦尔特对《简·爱》(Jane Eyre)的分析,吉尔伯特和古芭更进一步。在重新解读奥斯汀、玛丽·雪莱(Mary Shelley)、勃朗特和艾米莉·狄金森(Emily Dickinson)等著名女性作家的作品时,两人指出这些作品呈现了两种极端的形象:一种是天使般完美而永恒的女性,就像简(Jane)那样;另一种则是疯妇般充满焦虑和愤怒的怪物、魔鬼,就像被锁在阁楼上的"疯女人"梅森(Mason)一样。"天使"符合男性对女性顺从、缺乏自我的想象,"疯女人"则代表拒绝放弃自我,从而被男性妖魔化的女性。这两种极端相反的形象恰恰代表了女性作家内心两种矛盾的声音:疯女人是女性被压抑的创造力甚至叛逆的女性作家本身的象征,而小说结尾往往是天使取得"胜利",这又表明了女性作家总是不免要屈从于男权传统的无奈。在吉尔伯特和古芭看来,女性主义文学批评应当力求还原女性的本来面貌,既拒绝做天使,又拒绝被妖魔化为疯女人,同时她们也强调女性独特的性别经验,即她们自己的身体,她们自己的"书写"。在这里我们不难发现,吉尔伯特和古芭与所谓的"法国学派"其实同样受拉康理论的影响,由此看来"英美派"与"法国派"的划分方式就显得不那么绝对了。

与第四章探讨的女性小说中的女主人公形成映射的,是第五章对女性笔下男主人公的评述。男性经验的领域对大多数女性作家来说都是盲区,所以不只男性评论家认为女作家笔下的男性显得十分可笑,"很大程度上只是女人自身某些层面的投射"(肖瓦尔特:124),就连勃朗特等女作家也承认刻画男性人物时不得不依靠想象,因而存在很多不足。与女性人物中存在"天使"和"疯女人"类似,女作家笔下的男主人公,也有模范男性和粗鲁男性之分,他们可以说是女性幻想的产物。前者是女作家内化了维多利亚时代社会价值的某种范型，正如肖瓦尔特所说，创作这类主人公时女作家"认同的是男性社会的权力和特权，写男主人公使她们能设计出自己未能实现的理想和追求"（128）。而罗切斯特（Rochester）和希斯克利夫（Heathcliff）一类粗鲁、邪恶的男主人公虽然不是相貌堂堂、彬彬有礼的君子，可"他们的叛逆精神和力量强烈地刺激了女主人公，使她激动不已，同时也调动起她欲改造之的能量"（130–131）。在女作家的笔下，男性与女性的差异得到了越来越多的书写，但极端倾向也开始出现，即将男性视为缺乏情感而只有理智、逻辑和意志，将父权制文化简单地等同于心理、精神上的贫瘠。女性小说中反复出现的男性人物致盲、致残的母题，的确表现了这种敌视男性的态度，仿佛男性只有沦为弱者，才能在无助中理解女性。

4.1.3　从惊悚小说中的抗议到失败的传奇

不过，在勃朗特姐妹、盖斯凯尔这一代，女作家对父权制文化的抗议总还是较为隐忍的，直到她们相继离世之后的十九世纪六十年代，女性才开始更积极地打破男性在出版业和文学创作领域的垄断。不仅越来越多的女编辑开始掌控杂志和出版社，也出现了以惊悚小说为代表的女性畅销小说创作潮流——这两者之间存在着商业上的密切关联——而这正是第六章"颠覆女性小说：惊悚小说和女性抗议"的主要内容。尽管从文学价值的角度看，这股蔚为大观的潮流似乎让勃朗特姐妹所代表的黄金时代堕入了黄铜时代，但惊悚小说却使得女性作家更直接地"表达了女性的愤怒，挫折，和性的能量"（肖瓦尔特：149）。前述致盲、致残的敌意也得以在小说中升级为更加暴戾的行为。颇令那个时代的评论家们惊讶的是，这些小说深受以中产阶级女性为主体的读者的青睐，尽管她们对书中甚至现实中女性加诸男性的暴行的热衷与平素的言行举止看起来是那么矛盾。肖瓦尔特指出，女性惊悚小说红极一时的现象表明，女性读者的确从这些小说中敢作敢为的女主人公身上"认出"了自己（164）。

这种女性的抗争一直延续到了十九世纪八十年代女性阶段结束及女权主义阶段开始的时期。正如第七章"女权主义小说家"所示,"女作家在明确表述及推行女权主义思想意识方面起了核心作用"(肖瓦尔特:170),当同时代的托马斯·哈代(Thomas Hardy)等男性作家认为新时代的廉价商业精神将摧毁艺术家时,她们却开始为女性才能更有用武之地的前景感到振奋。女权主义女作家们甚至认为,女性在精神上是领先的,因而有着担任领导的道德权利;她们主张向男性的恶习以及正在造成宇宙退化和衰落的男性性冲动开战,将女性的性动力升华为母性的理想模式。尽管有一些女权主义作家希望男人和女人一样,共同解放自身,可还是有不少极端主义作家将女性体现的利他主义美德阐释为一种垄断权,忙于在写作和社会活动中结盟和抗争。

自十九世纪九十年代起,女权主义阶段的文学随着争取妇女选举权运动而与政治实践结合在了一起,同时也延续了女作家们自六十年代开始的分歧,即支持或反对女性选举权。到了二十世纪初,争取妇女选举权运动出现了更富于战斗精神的倾向:女作家争取选举权同盟成立,她们纷纷创作短篇小说、诗集、戏剧来表达主张,激扬斗志。即使是在反女性选举权同盟的内部,身为第一任主席的汉弗莱·沃德夫人(Mrs Humphry Ward)也吸收了很多女权主义的观点,并且无论她对选举权斗士采取的激进方式如何反感,也还是会让自己笔下的女主人公"不由自主地为其他女性遭受的贫穷和痛苦而动容"(肖瓦尔特:216)。由此可见,一些女性作家反对或对争取女性选举权运动感到恐慌,但这并不代表她们就是"落后"的一方。事实上,即使是长时间被视为英国女性文学领军人物的伍尔夫,也常将那些"斗士"描写成寻找自己生活中所缺乏的激情的边缘人。正如肖瓦尔特总结的那样,争取女性选举权运动给女作家们带来了许多挑战和威胁,使得她们无法获得解放的感觉,反而因安全独处空间的丧失而从社会运动中撤退,甚至抵制这些运动带来的变化。

第九章"女性美学"显示,这种撤退较为普遍地存在于二十世纪初最后一代维多利亚女作家那里。尤其是第一次世界大战以后，当女作家们看到女权主义战斗精神与男性的好战精神如此相像时，她们越发惊恐，不希望被充满暴力的"自我"控制。因此，"这一代作家的小说看上去奇特地非个性化和克己隐忍，但同时又是毫不遮掩并持之以恒的女性化作品"，对于她们来说，在争取选举权过程中生发、转变的女性美学"注定成为另一种形式的自我毁灭，而非一种自我实现的途径"（肖瓦尔特：224）。这一代女作家的小说依然抨击男权主导的技术、法律和政治，且贬低男性道德，但小说女主人公会因被自己的意识所累而成为牺牲品。在这些女作家的笔下，女主人公们的成长就是一部部因软弱、缺乏意志而不断逃避风险并最终归于失败的传奇。

4.1.4 从"双性同体"到"大笑的美杜莎"

那么，强调女性与男性差异的女性文学书写，是否就此走上二元对立的另一极，与菲勒斯中心主义的传统书写形成彻底的对立呢？对于这个问题，西苏和肖瓦尔特都有自己的看法。对于西苏而言，传统的两性观念说到底还是源自男性的阉割恐惧，是为了维护男性的荣耀，而她看重的"双性同体"（androgyny）观，则是"每个人在自身中找到两性的存在，这种存在依据男女个人，其明显与坚决的程度是多种多样的，既不排除差别也不排除其中一性"（西苏：199）。这也是她所推崇的女性书写特质。

与"双性同体"观念关系最为密切的女性作家，无疑是伍尔夫。伍尔夫处于所谓的"女人阶段"，是肖瓦尔特尤其看重的一位女作家，《她们自己的文学》一书甚至用了单独一章（第十章"弗吉尼亚·伍尔夫：遁入双性同体论"）来论述她。伍尔夫的《一间自己的房间》（*A Room of One's Own*）可以说是探讨女性书写传统可能性的早期宣言。在伍尔夫看来，性别和身份其实是一种社会建构，是可以挑战并发生形变的。同样，女性书写之所以与男性不同，并不是源自心理或生理上的差异，而是源自社会地位的不同；一旦女性最终在社会经济地位上获得平等，她们就自然能够充分发挥自己的才能。所以伍尔夫认为，女性书写不应当只是比较和对照两性经验，还应更多地发掘女性经验，也就是探索女性作家本身面临的问题。但同时，伍尔夫又有意拒绝一种"女性主义"。她时常感到自己的写作受到主流女性意识形态的束缚，力图从女性与男性的对抗当中超脱出来，所以她提出了"双性同体"理论，希望在所谓的"男性"和"女性"当中实现一种平衡。

然而，肖瓦尔特显然对伍尔夫的"双性同体"理论持怀疑态度，认为这不过是一种过分理想化的乌托邦神话。在她看来，伍尔夫本人恐怕也意识到了双性同体的理想不过是另一种形式的抑制，至多也就是一种自律；与其说伍尔夫推荐双性同体，不如说她是在警告人们不要卷进女权主义中去（肖瓦尔特：268）。在伍尔夫那"一间自己的房间"里，一个女性是无法同时充分表达男女两性的情感的，这样一间房间只会同时成为女性的避难所和牢房（246）。肖瓦尔特借用伍尔夫的意象进一步说明，一个女性必须杀死"房间里的天使"，消灭那个完美女性的幻象，才能通往自由之路，否则就只会将自己埋葬在"自己的房间"里。对于勃朗特来说，天使就是奥斯汀；对于女权主义小说家来说，天使就是艾略特；而对于二十世纪中叶以降的女性作家来说，天使就是伍尔夫本人（247）。不过，尽管肖瓦尔特对伍尔夫的"自己的房间"一说看似不以为然，这一理论确实对她产生了颇为明显的影响，书中不断探讨的空间、安全等问题，很难说没有受到伍尔夫的启迪。

在第十一章"女性美学之后：当代女小说家"中，肖瓦尔特将目光转向了伍尔夫以降的女作家。她认为，二十世纪三十年代到六十年代，随着选举权的获得、受教育机会的增加，女权主义越发远离了"女性"，因为越来越多的女性"相信自己过上了'解放了的'属于个人的生活，已经克服了从前女性角色的局限"（肖瓦尔特：278）。及至六十年代，莱辛在作品中发出警示：所谓的"自由女性"其实并不那么自由，她们仍然被困在依附男性的格局中。更有人撰文概述女权主义改革的失败，认为它未能从根本上改变女性的自我观照。

当代的女作家们仍在通过书写重申自己与以往女性之间的连续性,她们的文字体现了十九世纪女性文学的影响。然而时过境迁,当代女性文学书写显然会呈现出不同的面貌。在肖瓦尔特看来,三个阶段的特征,即女性的写实主义、女权主义的抗议和女人的自我分析在二十世纪社会政治关怀的语境中结合在了一起(肖瓦尔特:282)。在当代女作家中,肖瓦尔特最看重的显然是莱辛。在她看来,莱辛有力地扩充了理查森和伍尔夫的女性美学理论,其《金色笔记》(*The Golden Notebook*)具有里程碑意义,甚至可以视为莱辛"对20世纪女性及女性传统的终极陈述"(285)。可自那之后,莱辛便远离了女性关注,远离了她一度崇尚的社会现实主义,从女性个体、个人的意识转向了集体、社会、世界的意识。这一转变乍看突兀,可其实莱辛从写作生涯一开始,就在反抗自己身上的"女性"成分,因为"女性的"在她看来不仅表示脆弱和做作,而且还有阶级内涵。在对比莱辛与伍尔夫后,肖瓦尔特对于这种研究观点表示了赞同:"莱辛尚未能正视她自己作品中的基本女权主义含义,她还游离于'真正的女性观点'之外"(288)。

在肖瓦尔特看来,英国女作家对于妇女解放运动整体上就不像美国女作家那样热情、公开、活跃。随着很多禁忌的放宽,维多利亚时代那种认为女性经验狭隘、无关紧要的思想反而复苏了,一个女小说家要是刻意选择描写女性经验仿佛就缩小了她自己的潜能,把自己限制在了少数、弱势文化圈中。肖瓦尔特认为,将女作家束缚在女权主义的战车上,不准她们探索新问题的极端要求显然不利于女性书写传统的健康发展,可蔑视女性经验,坚持认为女性应当走出狭小区域去书写"世界的实在事务",同样具有破坏性。"女小说家面对的自主权问题……就是是否应为集体的文化任务而牺牲艺术家的个人发展和自由,或者是否应牺牲真实性和自我探索,而接受主导性文化对于应理解和描写的重要事务的定义"(肖瓦尔特:295)。如果仅以女性"自己的房间"为目的,就此退出政治世界,与所谓的"男性的"权力、逻辑和暴力脱钩,那么这个房间只会成为女性的坟墓；但若是以女性传统和女性文化的联系作为一个中心点，女性可以从自身的独立性中汲取力量，在世界上发挥作用，那么"在弃绝了幻想、双性同体和被男性同化之后，女性传统就会把握住艺术的未来"(295)。

行文至此，这些便是肖瓦尔特在这部于1977年出版的书中就女性书写传统、文化表明的观点和立场。与注重探讨空间问题和文学史流变的肖瓦尔特不同，西苏偏重理论阐释，将身体视为女性被压制的原因和场所，她在《美杜莎的笑声》中提出了由女性书写到身体书写的主张，呼吁女性勇敢地拿起笔来书写自己，书写自己的身体和欲望。她认为，只有这种身体书写才能使文本与肉体的愉悦建立紧密的联系，使女性回到前俄狄浦斯阶段，回到与母亲合而为一的阶段，也就是回归未经父权制扭曲的女性自我——西苏之所以强调女性书写用的是白色的墨汁，是因为那象征着母亲的乳汁(西苏：196)。尽管西苏强调这种回归女性身体和欲望的女性书写，但她对男性话语并非全盘拒绝。她的双性同体论与伍尔夫偏于中性的"双性同体"有所不同：西苏在使用可以令男性变为石头的美杜莎这一意象的同时，强调她理想中的女性是可以直视的，不是传统的男性书写中与死亡并置的无法表现之物，因为"她并不是致人死命的。她是美丽的，她在笑"(200)。

对于西苏的理论及其影响，肖瓦尔特显然并未无视，在1999年的增补版序言"这二十年：重返《她们自己的文学》"中，她重申了当年的创作宗旨，也回应了二十年来女性主义批评对于她这本书的误读和批评，表示如果是现在动笔来写这本书，肯定还会在"文学亚文化以及围绕后殖民研究出现的理论方面建立更广泛的比较基础"(肖瓦尔特，"序言"：9)。此外，她也表示，若是"女性书写"的终极目标只是"自己的房间"而已的话，那她等于是在"女性书写"这个术语出现之前就采取了反对"女性书写"理论的姿态。正如她在《荒原中的女性主义批评》("Feminist Criticism in the Wilderness")中强调的那样，女性的文学书写应当是一种双声话语，同时包括主导性的男性文学传统和失声的女性文学传统。

1999年版新增的最后一章"大笑的美杜莎"显然是对《美杜莎的笑声》的一种回应。这一章除了分析该书出版二十年以来女性文学在主题、话题、女主人公形象等方面的各种转变，还特别指出安吉拉·卡特（Angela Carter）的创作成为英国女性文学寻求突破的转捩点。肖瓦尔特对比了卡特创作中的"血腥的房间"与伍尔夫的"自己的房间"，表明了自己的最新认识。在她看来，女性的子宫虽然是血淋淋的房间，但却是必要的开端，卡特大胆而多样化的写作正在被更多的年轻作家引为榜样。随着女性作家笔下的"美杜莎"发生变化，肖瓦尔特也在书写女性作家演化的过程中领悟到：女性主义文学批评其实也是对女性自身的一种书写，"女批评家和女小说家一样，也要求在一切文类和领域得到承认并已经得到认可……女性写作的历史永远不会终结。它的故事将在不断扩大的语境中继续被重新想象，重新书写，并得到修正"（肖瓦尔特：310）。肖瓦尔特和西苏等其他女性主义学者和批评家一样，都"在文学史的大宅中给了女性小说一间批评的屋子"（310）。不过肖瓦尔特的立足点是文学文本以及创作历史和文化沿革，西苏等人则提供了更为理论化的支撑。

作为读者，我们看到新世纪的女性文学书写呈现出更为自由多样的主题与思想，优秀的女性作家不断涌现，她们既没有只书写自我的身心差异与经历，也没有一味地追逐主导文化对重大文学主题的定义。也就是说，女性作家的文学书写和女性主义批评家的理论书写，确实共同给予了女性一间可作为新生之地的房间——女性终于可以不是怀着悲痛，而是开怀大笑着自由出入其中了。

4.2 案例二：《逆写帝国：后殖民文学的理论与实践》

如果说女性主义批评，以及女性书写的相关理论和主张，是作为"弱势的性别群体"的"她者"向主流男权话语之下的理论及书写传统发起的一次挑战，那么在后殖民主义理论当中，同样离不开种族、族裔等"他者"群体和书写、文本之间密切关联的讨论。

4.2.1 "白色神话"与《逆写帝国》

后殖民主义理论家罗伯特·扬（Robert Young）在《白色神话：书写历史与西方》（White Mythologies: Writing History and the West）一书中提出，西方历史的书写往往难逃"同一与他者的辩证法"魔咒，这一看法显然深受列维纳斯的影响。在后者看来，历史首要命题构成了同一的帝国主义的一部分，而形而上学正是与他者维持着无限距离的关系（扬：20–21）。不过，对扬的后殖民理论思想影响更深的是德里达。在扬看来，《论文字学》一书对逻各斯中心主义的批判意义近乎众人皆知，但很少有人意识到，德里达的相关批评其实开启了对逻各斯中心主义的"种族中心主义"的关注（26）。事实上，《白色神话》的书名和术语都源自德里达。

当德里达用"白色神话"来象征形而上学的隐喻性质时，白色本身就包含了一种西方白人中心主义的内涵。用德里达的话说，"形而上学是重组和反映了西方文化的白色神话：白人把他自己印欧语系的神话，他自己的逻各斯，也就是他的方言'规范'，当成了希望被称为'理性'的普遍形式"（Derrida, 1982: 213）。实际上，我们已经在卢梭、黑格尔和索绪尔对表音文字的推崇之中见识过这种人种中心主义了。列维–斯特劳斯的理论虽然看似是站在遭受西方白人侵害的原始部族一方，但他的立场在本质上不过是一种自以为反人种中心主义的人种中心主义，因为他仍然和索绪尔一样，试图重新赋予那些被认为"没有文字的民族"所使用的语言以"真正语言"的地位，赋予它们以具有完整意义的"人类语言"的地位，而所谓的真正语言和人类语言，说到底还是以西方白人的逻各斯语言作为参照的。

可以说，德里达的解构策略是后殖民主义理论的主要灵感来源，但巴赫金（M. M. Bakhtin）的对话理论、安东尼奥·葛兰西（Antonio

Gramsci）的霸权理论，以及福柯有关权力与话语的理论，也都对后殖民主义理论产生了非常重要的影响。例如，往往被默认为最具代表性的后殖民主义理论家萨义德就是福柯的弟子。萨义德在其最为著名的代表作《东方学》（Orientalism）中指出，所谓"东方主义"，除了指四千年来欧亚两大洲之间的文化关系，以及十九世纪早期以来以东方语言和文化为研究对象的专门学科之外，就是指西方白人中心主义者长期以来将所谓的"东方"视为"他者"的种种意象、模式化的见解乃至意识形态。这些意象、见解和意识形态无一例外都是由西方学者概括和构造出来的"神话"。

但萨义德的《东方学》虽然梳理了西方殖民的东方主义话语，却并没有真正涉及"东方"本身，也并未正式提出"后殖民"的理论术语。之后霍米·巴巴（Homi K. Bhabha）、斯皮瓦克等后殖民理论家先后发表或出版了相关的理论著述，但真正首先正式确立、论述"后殖民理论"并探讨后殖民文学书写的，还是由比尔·阿希克洛夫特（Bill Ashcroft）、格瑞斯·格里菲斯（Gareth Griffiths）和海伦·蒂芬（Helen Tiffin）合著，于1989年出版的《逆写帝国：后殖民文学的理论与实践》（*The Empire Writes Back: Theory and Practice in Post-Colonial Literatures*，下文简称《逆写帝国》）一书。正如在时隔近二十五年的中文版"前言"中所说的那样，"不仅仅是文本性的问题，后殖民书写来源于对殖民权力的非殖民斗争：语言、国家、民族、种族和文化的斗争，有关于身体、声音、表现以及书写文字的斗争。这本书在文学研究中开始了一场革命，因为前殖民地人民所书写的文学非常有力地证明了他们抵抗殖民话语的能力"（阿希克洛夫特等，"中文版前言"：1）。在作者看来，后殖民理论产生后发展为一种书写的愿望，这种书写"可以包容不同文化传统的差异性，也可以包容以比较的方式来描述跨文化共同特征"，并以此在质疑欧洲中心关于语言、认识论和价值体系的普适性假设的同时，探讨不同的实践（阿希克洛夫特等：10）。

在"绪论"中，作者在辨析"什么是后殖民文学"时强调，不同于以往的"后殖民"往往只涉及帝国强权撤出以后独立时代的民族文化，该书所使用的"后殖民"一词，"涵盖了自殖民开始至今，所有受到帝国主义进程影响的文化"（阿希克洛夫特等，"绪论"：1）。若以此论，不只亚非拉文学属于后殖民文学，就连美国文学也因其"在过去两个世纪以来与帝国都市中心的关系"，可被当作各地后殖民文学的范例（2）。由于该书多以英语文学写作为例，作者在讨论英语文学学科本身与"后殖民"的关联之后，梳理了后殖民文学发展的轨迹，并提出了这样的问题：为什么在经历了以帝国中心的语言进行写作，经帝国许可由受过教育的"土著"或"被逐者"创作的文学之后，在帝国架构的中心已经在政治上被瓦解、独立文学业已出现的今天，仍然需要"逆写帝国"？那是因为凭借经典，这些曾经身为中心的帝国语言文学，尤其是英语文学，依然是文学品味和价值的评判标准，文化的霸权依然得以维持，后殖民文学仍然处在"孤立的民族分支"的边缘位置上（6）。

需要说明的是，作为一种与殖民文化根本对立的书写立场，"逆写帝国"（the empire writes back）一词并非阿希克洛夫特等人原创，而是来自印度裔英国作家萨尔曼·拉什迪（Salman Rushdie）一篇刊登于《泰晤士报》（The Times）上的文章。在文章中，他将二十世纪八十年代英国文坛一批带有鲜明民族文化特色的移民作家富有混搭特色的创作风格称为"逆写帝国"，以形容它对英国文学传统的强大冲击（转引自王丽亚：3）。拉什迪的"逆写"主要指移民作家的创作风格，且这种风格源自创作主体的双重身份。与此不同，阿希克洛夫特等人的"逆写"强调的则是原殖民地作家通过书写表述的文化象征和政治意义。

4.2.2 地方与移置

在第一章"开天辟地：后殖民文学的批评模式"中，作者条分缕析地阐述了迄今为止出现的四种解释后殖民文本的模式。第一种是强调独有特色的特定民族或地区性模式,如美国的民族文学和西印度群岛文学等地区文学。第二种是两个或更多地区的文学比较模式,包括美国、澳大利亚、新西兰和加拿大等白人侨居国家的文学之间的比较,黑人定居/侨居国家的文学比较,跨越以上两个地区的比较等几种主要类型,以及"黑人书写"这一特殊模式。论及此处,作者表示,很难找到合适的名称来指涉后殖民社会的文学,像"联邦文学""新英语文学""殖民文学"等名称均有其局限性;而"后殖民文学"之所以成为最佳选择,是"因为它既符合历史现实,也关注于能为书写提供最重要创造力和心理动力的关系"(阿希克洛夫特等:20)。第三种则包括各种复杂的比较模式,如:(1)关注地方和语言之间的分离,质疑用外来语描述后殖民社会地方经验的适用性,暗示非殖民地土著不可能具有"双重视野"的早期模式;(2)将后殖民文本的书写行为都视为殖民者和被殖民者关系下的政治、想象和社会控制的模式;(3)同样带有中心与边缘的二元对立底色,基于支配者和被支配者之间张力的比较研究模式。第四种则更为兼收并蓄,主张杂糅性和融合性是所有后殖民文学的构成元素,其理论源头可以追溯至巴巴乃至巴赫金。作者显然更为推崇这种模式,因为它打破了前述的二元对立,拒绝了语言标准规范的优势地位,"将解构性的文化交汇转变成平等地接受差异"(32)。在这种"差异/平等"的框架中,社会内部及各社会之间的多元文化理论或许才能继续得到探讨。

在随后的两章中,作者分别从重置语言和重置文本两个方面论述了"逆写帝国"的方式。由于帝国压迫的主要特征之一就是对语言的控制,作者在"绪论"中便用"大写"的English和"小写"的english对帝国传承的"标准"英国英语和后殖民国家的地方英语加以区分,但其实他们并不想用这种"大小写"的逻辑来凸显"中心"与"边缘"的差别。此外,作者认为,对"地方"(place)和"移置"(displacement)的关注被视为后殖民文学的主要特征之一,也与语言这一重要媒介紧密相关,并随后在第二章"语言重置:后殖民书写的文本策略"中对这一话题展开了更为详尽的探讨。该章仍以英国英语和地方英语写作为例，首先提出"重置语言以实现自我界定的后殖民书写"包括两种过程：一种是对帝国中心英语优势的弃用（abrogation）和否定，可谓语言解殖民化和地方英语写作的要素；另一种是对帝国中心英语的挪用（appropriation）和重构，它标志着重塑后的语言脱离了殖民优势地位（阿希克洛夫特等：34）。

在对语言"弃用"的相关分析中，阿希克洛夫特等人提出，在后殖民书写的初期，作家们往往被迫寻求与文化纯净本质相关的"另一种真实性"，但他们自身边缘化的日常经历却又不断与这种真实性概念的中心产生矛盾，因而必将会质疑、挑战甚至最终弃用这些中心性和真实性的概念。而弃用和挪用这两种过程往往是同步的：在弃用标准英语的同时，进行后殖民书写的作家往往会运用各种策略，将地方英语挪用为重要文化话语。由此，地方英语的书写以及这种书写所引入的丰富多样的结构和新词汇，对所谓的"英国英语文学"不断进行着再建构，使之更为恰当地被构想为"地方英语文学"，这也使得真正构成"英语"的概念最终开放自身，使自身具备了剧烈转化的可能性。这一过程中可选择的挪用策略有很多，如注解、未翻译的词语、交汇语言、句法融合、语符转换和俗语音译等，这些策略"通过生成文化差异和文化挪用的俗语来宣称，自己虽然用的是'英语'，但却是不同的英语"，后殖民书写由此"促成了英语文学的变化，击垮了强调英国英语文学经典是精英西方话语的思想前提"（阿希克洛夫特等：75）。

这一章可谓全书的精华。它不仅从文学创作实践和语言应用的角度描绘了后殖民书写从"地方"向"中心"发起的挑战，还从切实的经验层面解释了"语言重置"这一逆写机制的运作方式，讨论了各种挪用的技术，并结合具体文学文本分析了这些语法变异现象，为不够熟悉后殖民文本的读者提供了极佳的理解进路。

然而，语言的重置虽是后殖民书写彰显差异的重要手段，但从第三章"文本重置：后殖民书写的解放"中不难看出，书写本身才更具深刻的意义。正是"通过对书写权力的挪用,后殖民话语抓住了强加于己的边缘性",使杂糅性和融合性成为对文学和文化进行再定义的依据(阿希克洛夫特等:76)。标题中提及的殖民文本的重置,关注的也是对书写过程的掌握。作者认为,尽管口语文化绝不是后殖民社会的普遍模式,但书写文字不可预期的、语意性的世界,对有秩序性的、循环的、示例性的口语世界的入侵,十分有利于初期后殖民话语的建立(79)。"对交流手段的掌握,以及书面文字挪用对后殖民书写的解放,成为自我主张历程和重构世界之能力的重要特色"(79)。如对文本进行症候式阅读,可将后殖民书写的特征归结为三点:一为后殖民声音在帝国中心的失声和边缘化;二为对文本内部帝国中心的废弃;三为对帝国中心的语言和文化的积极挪用。

随后,该书用具体的作品,一一对应地阐释了这三种特征以及它们之间的相互转换。在这些个案分析中,中心与边缘模式中固有的权力概念也因遭遇挪用而被摧毁了。其中,路易斯·恩科西(Lewis Nkosi)的《配种鸟》(*Mating Birds*)被用来解读后殖民话语失声背后浅层和深层的"静默",而这静默又是挪用行为的前奏——只要掌握交流的手段,后殖民文本便能打破静默。在作者看来,由于阳具和笔在隐喻意义上均为权力支配的工具,《配种鸟》用黑人被引诱他的白人妇女诬陷为强奸犯并最终被囚杀的故事,不仅是为了讲述殖民压迫,更是为了讲述掌握书写文字而进行的斗争。一旦掌握书写的能力,就能留下自我更新的种子,获得再创世界的能力;当书写将意义释放到不断繁殖的可能性当中时,"标准语言"概念所代表的中心神话也会被永久地颠覆。而V. S. 奈保尔(V. S. Naipaul)的《模仿者》(*The Mimic Men*)讨论的后殖民文本中的模仿,既是对与后殖民经验疏离的素材的书写,某种意义上也是另一种"失声"。这类文本体现的,是与"中心"世界的"真实经验"相对的、毫无价值的、边缘的不真实经验。若想让处于边缘的经验得到充分认可,首先必须抛弃中心的经验及其认可的经验,停止模仿行为。讲述学习写作故事的米歇尔·安东尼(Michael Anthony)的《桑德拉大街》(*Sandra Street*),看似是在试图弃用将某种经验建构为真实性的文本结构，但其实是在通过颠覆文本结构使被解放了的"边缘"成为挪用的主体。同样发展了颠覆策略以推翻束缚后殖民文本的形式和主题的作品，还有蒂莫西·芬德利（Timothy Findley）的《旅途上的不需要》(Not Wanted on the Voyage)。这部挪亚方舟经典的重写作品，将逆写的方法拓展至帝国的中心：小说中作为他者的女性和动物所代表的杂糅性虽然或被摧毁，或被边缘化，但却仍然以其存在质疑和瓦解了建立在建构和排斥他者基础上的帝国中心的权力系统。而珍妮特·弗雷姆（Janet Frame）的《字母的边缘》(The Edge of The Alphabet)和R. K. 纳拉扬（R. K. Narayan）的《卖糖果的小贩》(The Vendor of Sweets)则以不同的方式和社会视角，描述了语言和形式完全被挪用时既有认识论瓦解的可能性——这样的社会不会再建构他者，自我将得以界定和坚持。

通过这些个案分析，作者试图说明，后殖民文本本身就是争夺话语控制权的争斗场所，这场争斗已逐渐"拓展成为关于主题、形式、文类定义，以及行文、习俗和价值隐性系统的论争"（阿希克洛夫特等：110）。其中，作者借用女性主义的"笔"与"阳具"类比分析《配种鸟》，多少有些牵强附会，但其背后那种非白人的土著掌握了书写的力量就等于获得了"逆写"的可能的逻辑，其实正是对列维-斯特劳斯"一堂书写课"中故事的"逆写"。然而，小说中身陷囹圄、等待处决的黑人偏偏使用了英语而非土著语言书写自己痛苦经历的设定，本身就存在一些值得探讨的问题。

4.2.3 本土性与理论重置

是否使用外来的英语进行书写是后殖民作家常常需要面对的问题。语言的选择与本土如何看待文学在社会中的角色和作用息息相关，而不同的地区存在着不同的问题，这就需要后殖民作家在抵抗的过程中寻找属于自己的文化。因此，作者在第四章"位于交叉路口的理论——本土理论与后殖民阅读"中对印度、非洲、定居者殖民地和加勒比地区的情况分别进行了阐述。

其中，印度本土文学文化传统并不亚于欧洲文化，它为现代本土理论汲取灵感和内容提供了深厚的基础，但本土美学传统如何融入当代文学实践和批评，还存在很大争议。且由于用印度方言而非地方英语写作是更为迅速和实际的选择，印度的英语文学写作多年来一直遭受各种批评和质疑；但在作者看来，即使未来印度的英语文学将被方言文学所取代，其令人赞叹的成就也将会在不断的研究和评论中得到证明。

在非洲和非裔文化中，艾梅·塞萨尔（Aime Cesaire）等人所坚持的"黑人性"（Negritude）概念成为非洲黑人美学和文学的基础。二十世纪五六十年代，弗里兹·法农（Frantz Fanon）在《黑皮肤，白面具》（*Peau noire, masques blancs*）等著述中肯定了黑人文化传统运动中的积极方面，同时也指出了"黑人特质"一类种族特色背后的虚构性和两面性，这使得被同化的黑人与非洲黑人之间缺乏认同感，前者甚至有时还因优越感而鄙视后者，但面对白人时又忍不住感到自卑，会欣然戴上象征文化优越性的"白面具"。《逆写帝国》的作者指出，在美国，黑人文化传统意识、法农及其追随者的论述，对黑人离散者的写作和黑人身份的理论发展有着重要的作用（阿希克洛夫特等：119）。其中值得一提的是盖茨在两面性问题上的阐发。在他看来，最重要的姿态还是回归黑人自己的古老文学传统，发展出与自身文化相适应的书写方式和批评理论，发出黑人自己的声音；此外还要回到黑人文本的"文学性"上进行细读，因为英美形式主义的批评方法实际上阻隔了黑人文本的"文学性"。但他同时也强调，黑人的创作和书写应当与主流白人文学之间呈现出一种对话式的文本间性，以此避免简单的二元对立；不应再将"黑"与"白"视为思考的基点，而应认识到它们是相辅相成的，且与社会紧密相关。不同于美国的非裔，在非洲本土，黑人文化传统常常发展成更有地理局限性的泛非洲意识形态，以尽力克服由殖民遗产所带来的国家及地区间的差别，体现共同文化特色

(119)。其中颇有代表性的是钦努阿·阿契贝（Chinua Achebe）、沃莱·索因卡（Wole Soyinka）、恩古吉·瓦·提安哥（Ngugi wa Thiong'o）、伊曼纽尔·恩加拉（Emmanuel Ngara）等人的理论或观点。

与外来殖民统治结束之后需要回归或重建自身文化的印度和非洲地区不同，美国、澳大利亚、新西兰一类的定居者殖民地需要的是创建一种"本土性"，同时又要与欧洲的传承观区分开来。研究者除了要处理好用原本语言写作的殖民定居者创作中旧大陆与新大陆的社会和文学实践关系，也要特别注意土著与殖民定居者之间的关系，毕竟使用本土语言写作的土著作家越来越多，而且由于这些作家处于心理和政治的双重边缘位置，他们所展现的颠覆固有文学概念的力量要比殖民定居者更为强大。

至于加勒比地区，这里汇集了种族灭绝、列强劫掠、奴隶贸易、种植园奴役、海外劳工长期滞留等殖民史上的各类"恶形恶状"，其后果之一就是不同人种的混合，而这无疑与强调血统或世系纯正的欧洲传统相悖。实际上，后殖民地区展开的诸多理论论争，其核心正在于血统纯正与文化种族混杂之间的关系（阿希克洛夫特等：146）。从作者概述的种种颠覆和挪用策略中，我们不仅可以看到加勒比后殖民理论的发展，还能看出这一地区在语言学、哲学及文学理论方面所蕴含的抛弃欧洲中心主义概念的极大潜力。

当被一元论和单一假设所遮蔽的复杂性，在边缘性和多元性的不断引导中得到展现，理论也因此获得了第五章"理论重置：后殖民书写与文学理论"中论述的"重置"。在这一章中，作者提出，应当避免将后殖民文学理论误解为完全独立于同时代理论的存在，但也不能简单地将欧洲理论定位为后殖民理论发展的"语境"。事实上，若是反观之，不只将后殖民书写吸纳入国际后现代话语的后现代主义从殖民实践的文化影响中获得了很多好处，就连十九世纪末二十世纪初西方现实主义的突破和现代主义的尝试，也与西方和被殖民的他者存在莫大的干系。比如，"掠夺非洲"时期引入的非洲文化，直接启发了欧洲现代主义者挑战欧洲中心的艺术普遍性，致使欧洲的文艺批评家不再只依据传统的观念来认定文艺的对象。也就是说，"发现"与欧洲文化在本质上和进程上完全不同的"他者"的文化，成为欧洲文化艺术生成和繁殖的重要因素（阿希克洛夫特等：150）。若将美国文化也归入后殖民的范畴（作者显然是支持这种论调的），那么美国的文化、文学就不再只是欧洲批评理论的单方面接受者，而是要早于后现代主义和后殖民主义，是对欧洲中心的持续颠覆和挪用。在这种你中有我、我中有你的相互影响和挪用关系中，作者认为：尽管可以理解很多后殖民批评家迫切地拒斥欧洲理论的做法，但这样做也等于是拒绝承认后殖民文本创作中的杂糅性同样存在于理论成果中（170）。

事实上，后殖民理论受以书写革命引领的后结构主义思想的影响还是颇为明显的，比如对中心主义、一元论的反对，对差异、不在场的关注和强调。但是，作者在第五章中也强调了后殖民语境并非只是被动接受和认同后结构主义，两者之间存在一些重要的不同点，其中之一就是前者对于"声音"的认可，因为本土语言的口语模式在后殖民文本中的插入或暗示是最重要的挪用策略之一（阿希克洛夫特等：175）。

在颇有几分德里达"大写之书的终结和众书的开端"意味的结语"地方英语胜于英国英语"中，作者再次强调，产生于后殖民社会的当代艺术、哲学和文学绝非欧洲模式的延续或简单应用，两者之间存在极其深入的互动和挪用。在这种情况下，不管是回归或再现前殖民文化的纯粹性，还是创造完全独立于欧洲殖民历史之外的国家或地区形式，均是不可能的，因为后殖民文化已经不可避免地具有杂糅性，只能在中心和边缘颠覆性的积极互动中重构。作者据此提出，后殖民文学必将颠覆将单一文化伪装成所有文化起源的预设，以各种小写的、地方的英语推翻所谓大写的、标准的英语的概念，从而使传统经典作品在去中心化的趋势中得以更新，同时通过客观公正的书写，扭转西方强加给殖民地人民的"妖魔化"形象，还原一个相对客观真实的"本土形象"，而后殖民研究所展示的复杂性，也将会令文学研究的概念获得重生（阿希克洛夫特等：209）。

4.2.4 "帝国逆写"与身份批评的当下困境

在2002年出版的《逆写帝国》第二版中,作者增加了第六章"反思后殖民:21世纪后殖民主义",回顾了第一版中提出的后殖民术语等争议,并强调:尽管如十余年来诸多评论家揭示的那样,殖民者从来没能将前殖民文化"斩草除根",但在脱离了殖民主义的直接影响之后,前殖民文化已不复帝国意识形态之下的原貌。作者自认为,相比"开创了后殖民主义话语"的萨义德,《逆写帝国》这种关于非洲、加勒比、印度的文学、艺术、社会文化研究的著作,才是在以"逆写"对抗中心关于合法性和权力的先验性假设(阿希克洛夫特等:188–189)。但正如作者所反复强调的,书中的后殖民术语并非简单的二元对立,即不是在被殖民者和殖民者、第三世界和西方之间的对抗中理解殖民关系,而是提供了一种将定居者殖民地同样纳入后殖民范畴之内的多元、杂糅的不同方式。

此外,在这新加入的一章中,作者承认了包括该书第一版在内的早期后殖民主义理论对西班牙乃至法国、葡萄牙等其他欧洲殖民强权的殖民地文学、文化的研究是存在缺失的,而这就要求具有后殖民视野的学者将目光进一步投往拉美、非洲以及东南亚的更多国家和地区。就像作者在结语部分新增的文字中表示的那样,"后殖民理论不是包罗万象的"——该书自然更不可能是——但它对其他学科的用途,对抵抗西方中心支配话语结构的用途,将会越来越明显(阿希克洛夫特等:209)。

然而,即便作者在二十年后附加了这样的补充说明,也并没有从根本上消除《逆写帝国》只以英语文学为关注点所引发的争议。因为它只是承认该书忽略了其他殖民国家的语言,而仍然没有对前殖民地国家的本土语言予以足够的重视。比如在前文提到的《配种鸟》中,等待死刑的黑人土著偏偏要用英语写作,依照二十年后的补充说明,这至多表明彼时本土化后的荷兰人后裔阿非利卡人的语言受到了忽视,而没有解释为何受刑的黑人在濒死之际不用自己的母语写作。

学者蒋晖指出,《逆写帝国》成书的1989年,正是以苏联为首的社会主义阵营开始出现危机，美国即将成为唯一的超级大国并开始主导世界之时，而该书将美国文学也列为后殖民反抗文学的代表，"如此设计不能不让人看到后殖民主义、全球化理论和美国的霸权在内的合谋之处"，而这到底是"逆写帝国"还是"帝国逆写"（蒋晖：80），也许倒真的是一个值得深思的问题。

　　与之相关联的一个现象是，来自前殖民地国家或地区的作家，如果想要获得世界文坛的关注与声誉，往往要精通英语写作，或者至少要获得以英语为主的、欧美文学奖项的肯定。这在《逆写帝国》的作者们看来，也许又是地方逆写中心的实例，可在那些作家本身所在国家或地区的民众看来，这何尝不是英语及其他前宗主国语言霸权的明证？在这种情况下，这些作家的个人成功，真的能带来实质性的改变吗？抑或只是身份批评在西方世界主流话语中一次又一次"政治正确"的作秀？而且，这些在西方世界赢得一定话语权的作家、学者，本身也在经历"精英化"的过程：一方面，他们不可避免地接受了西方话语的规训，谙熟游戏规则；另一方面，他们又必须坚持"身份"标志，作为自己所属族群的精英代表发声。这时就不免出现一些看起来或与初衷多少有些相悖的现象：如印度学者阿吉兹·阿罕默德（Aijaz Ahmad）将自己定位为"第三世界"的发言人，对萨义德、詹明信口诛笔伐，甚至将詹明信关于"民族寓言"的理论观点简化为"第三世界文学是一种民族寓言"的命题，无视后者对资本主义国家的批判，炮轰其为殖民主义言论，结果引发了一系列的论争；又如坚持为"地方""南方""下属"发声的斯皮瓦克，本人却总披着极为昂贵的纱丽，将身份标志以一种刻板而又等级化的方式表现出来。

　　回到《逆写帝国》这新增的第六章，除了对后殖民主义与文化研究、本土文化分析、神学、生态研究，兼与全球化、离散问题的种种结合与展望外，站在已进入二十一世纪二十年代的当下，在Black Lives Matter运动的影响余波中，这一章颇具时代新意义。虽然关于非裔美国人研究，作者只用了寥寥数笔，但文中强调，非裔美国人研究和种族研究一样，因种种复杂因素,其领域都远大于后殖民研究,且两者之间关系的研究充满争议(阿希克洛夫特等:192)。

在黑色族裔书写的问题中,最为复杂的是黑人女性的书写问题,正如贝尔·胡克斯(bell hooks)所说,黑人女性遭受的是一种"双重的不可见性"(double invisibility),"当黑人被谈论时,谈论的焦点在男黑人;当女人被谈论时,谈论的焦点在女白人"(转引自塞尔登等:283)。实际上,在其他弱势文化或弱势种族之中,女性也面临相似的问题,斯皮瓦克等人就讨论过这种"双重殖民"的问题;但是黑人女性的处境确实更显得艰难,以至于一些黑人女性主义批评甚至会反过来批评乃至敌视白人女性主义者。在她们看来,种族绝不是一个"附加的"问题,不能被简单地划归到性别差异的讨论之中。所以在她们的文学写作和批评理论这些总体意义的"书写"中,种族、性以及阶级的问题是同等重要的,它们之间形成了一种"交互诉求"(interarticulations)(285–286)。不过与女性主义选择的出路相似,发出自己的声音,建立可供识别的自己的话语和书写传统,体现自身的差异性等,仍然是她们的基本策略。

在黑人女性主义的批评理论中,我们也更容易发现女性主义与后殖民主义、女性主义书写与后殖民书写之间的相似性。《逆写帝国》的第五章也曾论及,作为被边缘化的一方,早期女性主义理论和早期民族主义后殖民批评一样,均试图倒置并取代原有的支配结构(阿希克洛夫特等:165)。但当差异性而非同一性被过分强调时,同样也会带来偏见。当全部的书写只书写自己,全部的话语力量只想发出自己的声音、强调自己的差异时,其实无异于在"自恋"的同时形成了一种新的中心和边缘,重蹈着自己所不遗余力批判之物的故辙,将自身之外的其他存在变成了新的"他者"——这样的批评和创作实践必将陷入不断对抗、缺乏建设性的循环往复之中。毫无疑问,这更容易导致极端意见的对立和社会的撕裂,而不利于任何实质性"共同体"的构建。因此,在现今时代,后殖民/族裔书写同女性书写一样,均将在一段时间内继续面临以下现实问题:如何避免将身份标志刻板化、极端化,同时也避免自身群体的等级化、精英化,走向新的二元对立。

| 第五章 | **研究建议与趋势展望**

二十一世纪已经过去二十余年了,"理论之后"或"后理论时代"也已经宣告了近二十年,二十世纪六十年代的那场"书写革命"仿佛已成如烟往事。但学术的生命力就在于,真正有意义的核心话题会经过时光的筛选留存下来,成为具有当下性的经典;或是因新的文学创作者、理论研究者而与新的发展趋势相结合,得到重读和再次阐发的契机。

女性书写和(少数)族裔书写问题

第四章中论及的经典文本各自助推的女性主义书写和后殖民书写问题,随着这几十年两类"他者"身份广受关注而得到了大量的研究。然而,除了前文已述及的过分强调自身的边缘、弱势身份以及差异性会给相关创作、研究设置藩篱之外,因对抗的继续存在甚至进一步升级,当下学术和社会文化现实的状况似乎也在恶化,更容易出现极端化的创作、学术见解,或是虽符合"政治正确"但却往往不能真正解决实际问题的学术话语。

以女性主义和女性书写为例。一方面,迈进文坛并逐渐赢得声望的女性作家越来越多,甚至在部分国别或语种文学中大有占据"多半边天"的趋势;女性主义研究也已经沿着"性别""身份认同"等线索向酷儿理论、跨性别理论延伸;以网络新媒体为依托的第四次女性主义浪潮也在不断涌动——"#MeToo运动"就是这一浪潮的典型。但另一方面，现实世界范围内男女平权的进展缓慢，部分亚洲、非洲、拉美国家的女性地位仍然不高，即便是欧美世界也存在着各种问题。文学和学术圈内女性地位的相对提高，并不能马上改变大部分社会在性别不平等方面的痼疾。在新媒体社交和短视频文化培养出的传播模式和审美取向下，很多深度的文学反思和学术理论，也许反而更不容易真正得到普及，更容易吸引关注的，也许还是强调自身的鲜明立场，甚至带有控诉、清算意味的"运动"。后者促发的无疑还是对抗，而非对话和理解。

而早已从后殖民语境扩大到包括(非法)移民、难民在内的(少数)族裔书写，不但与女性书写有着类似的困境，甚至还有更加复杂的情况。随着难民、(非法)移民在欧美世界引发越来越多的现实问题，主张包容、接纳外来他者和内部的少数族裔的多元主义，与不断重新抬头的民粹主义、白人至上主义等右翼话语的对抗也在不断加剧。新冠疫情下的Black Lives Matter运动，以及诸如(反对)针对亚裔的新的(反)种族歧视声浪的不断出现，都会在令疫病和种族主义成为新一轮西方文学理论热点的同时，让族裔书写的相关讨论出现在与以往的流散文学不同的新语境中。然而，至少到目前为止，不少学者发现，尽管很多人文学科学者参与到论争之中，体现了人文学界坚守的学术旨趣和智识目标，但也暴露了人文批评学科的局限。在现实面前，不论是将个人自由意志奉为神灵，将多元主义奉为圭臬的政府，还是强调本国优先，甚至支持白人至上主义的政府，其实都很难迅速调和矛盾、解决问题。而除去那部分支持民粹、右翼话语的知识分子外，不少左翼理论家们"为了绕开政治难题，同时竭力维护自身的专家地位、维持形象上的'政治正确'"，选择将政治和道德分开，"成功地把政治问题转化为道德谴责，免除了知识分子深入探求政治解释和追问罪行根源的责任"(萧莎：51)。而很多对身份认同、生存权利、政治权利等与族裔书写相关的问题的研究或声援，即便不是"表演进步姿态的纸上谈兵、兜圈子的学术玄谈"(51)，大多时候恐怕也只是同社交媒体上广泛传播的舆论一样，很难介入施政的决策层，其效应仍然要交给时间和更多真心阅读、思考的读者。

布朗肖研究和马拉美研究

相比本书中其他单独论述的理论家，一度曾在法国与萨特、巴特相提并论，并和巴特、德里达、福柯等人都形成互动及相互影响的布朗肖，在相当长的时间内，对其理论和文学创作的研究始终未能形成像其他几位理论家研究那样的"显学"，这或许与他个人的低调处世方式有关。当然，即便如此，除了本书较多引用的哈泽和拉奇的《导读布朗肖》(Maurice Blanchot)之外，近三十年内的西方学界还是出现了不少较为可靠且极具参考价值的研究著述，其中既有布朗肖研究的专著和论文集，如莱斯利·希尔(Leslie Hill)的《莫里斯·布朗肖和断片式书写：时代的变迁》(Maurice Blanchot and Fragmentary Writing: A Change of Epoch)和卡罗琳·贝莉·吉尔(Carolyn Bailey Gill)主编的《莫里斯·布朗肖：书写的要求》(Maurice Blanchot: The Demand of Writing)，也有将布朗肖与其他理论家放在一起讨论的理论著作，如蒂莫西·克拉克(Timothy Clark)的《德里达、海德格尔、布朗肖：德里达思想概念和文学实践的来源》(Derrida, Heidegger, Blanchot: Sources of Derrida's Notion and Practice of Literature)等。

布朗肖研究在西方学术界虽不够热门，但研究角度还算多而全；相比之下，我国国内的布朗肖研究最初更多集中在与其《文学空间》相关的理论，而与文学书写相关的沉默、中性概念，以及布朗肖偏爱的断片式书写和灾异书写，仍有进一步研究的空间。不过随着布朗肖作品的批量译介，这种情况在近几年得到了明显的改观，或许未来将会陆续推出一系列更有分量的研究专著，弥补学界的遗憾。

顺着布朗肖研究的深入，另一位对书写理论有着深刻"间接"影响的人，也许也会被重新发现——那就是马拉美。布朗肖、德里达以及另一位横跨数个学科和领域的法国当代批评理论家雅克·朗西埃（Jacques Rancière），都曾在其文学理念或诗歌中寻找诗学哲思。在布朗肖各个时期的著作中，都能见到马拉美的影子；布朗肖对于文学语言的理解与分析，他关于"沉默是文学书写之必需"的看法，也都源自马拉美的诗学（尉光吉：107）。德里达对于书写的物质性（如空白、字体、页面格局、标点、标题、注释等）意指功能的重视，也显然受到了马拉美在《骰子一掷，不会改变偶然》（"Un coup de dés jamais n'abolira le hasard"）等诗歌创作中利用文字排列、留白等物质属性来表露意指实践的启发。朗西埃更是在《马拉美：塞壬的政治》（*Mallarmé: La politique de la sirène*）一书中对马拉美的诗歌及诗学大书特书。这些都足以说明，马拉美与布朗肖一样，均是尚未被充分认识和发掘的理论宝藏，仅仅是与书写相关的部分就足以做更多深入的探究。

作为技术／技艺的书写与书写的物质性

从柏拉图到卢梭，再到列维-斯特劳斯，长久以来，书写更多地被当作一种技术，用以保存原本无法记录的当下瞬间或话语，同时保鲜并还原当时的语境，使生命的秩序和意义得以记录、保留和回忆。或者也可以说，它只是一种用符号反映经验并赋予其意义的实践。因此，书写往往被定义为"以符号形态存在的，一系列思想、观念、感觉的综合体，由此从过往的经验中创造并保留一套意义体系，以备后来检察、修改和细化"的一种技术（拉波特、奥弗林：373）。书写总是被视为一种知识、事实和经验的中立媒介，至多是一种认知甚至统治的途径、技术、工具而已。而传统哲学从古希腊开始就将技术当作工具遗弃在思维对象之外，认为技术即是无思，技术化就是走上遗忘自身及自身真理性的道路，人类的技术史也就被当成了人类自我背叛、自我异化的历史（斯蒂格勒：4）。

贝尔纳·斯蒂格勒（Bernard Stiegler）在《技术与时间》（*La technique et le temps*）中，用重读普罗米修斯（Prometheus）和埃庇米修

斯（Epimetheus）的希腊神话的方式改变了这种思维模式，也重新认识了书写。斯蒂格勒认为，人类的诞生可以说是一种偶然事件，是埃庇米修斯的遗忘和普罗米修斯的盗窃这双重过失的产物，所以真正创造了人类的其实是普罗米修斯和埃庇米修斯两位神灵。人类在被创造之时与其他动物一样身无长物，是埃庇米修斯遗忘的过失使得人类与动物世界发生了偏离——正是借助遗忘人类才真正降临。也就是说，不同于卢梭在《论人类不平等的起源和基础》中所作的预设，即人类最初是完全自然、毫无缺陷、自给自足的，斯蒂格勒认为，人类和其他动物的根本区别就在于，人类不具有任何与生俱来的可以赖以生存的属性、技能，也就是没有纯粹的自然本质。这种本质的缺陷非但不是对人性的否定，而恰恰是人性的真正起源所在。正是由于这一本质的缺乏，普罗米修斯才会盗窃技术赠予人类，人类才得以幸存下来，并与其他动物表现出差异。所以，技术绝非一种外在于人的、单纯的补偿工具，而是人之为人的一种属性，卢梭超越技术的纯自然属性不过是一种形而上学的虚构而已。

其实，根据海德格尔对前苏格拉底时代希腊哲学的梳理，技艺在原初意义上并不等同于手工艺（和艺术），它和自然也并不是对立的，它们在本质上其实都等同于一种"去蔽"（aletheia），亦即显露、呈现、代替某物，与人的存在本身紧密联系在一起。所以在海德格尔看来，早期希腊人的存在是种完美的存在，主体和客体还未割裂，自然、物性、生命自身、生活世界实际上是一体的。这种情况随着逻各斯哲学的出现而发生了改变，技艺逐渐被赋予与自然相对的人工性，被当作是干预、改变自然的。因此，在被斯蒂格勒等人重新发掘其意义之前，技术其实并非一直都被视为外在于人的替补工具。

书写的技艺总是会留下文字或痕迹，而这种留下文字或痕迹的物质性总是被传统思想拒斥或忽略。这是因为形而上学思想和本体论神学推崇的逻各斯或"道"是抽象、灵性的，一旦被物质化，就可能沦为形而下的"物质主义"或是变成偶像崇拜。而德里达等人的"书写革命"除了引发人们对于技艺、替代工具与人之为人属性之间关系的革命性思考之外，更多的还是有意突出书写的物质性。因此，空白、字体、页面格局、标点、标题、注释等书写的物质性要素，完全可以在创造性的阅读中被赋予意指的功能。如前文所述，德里达常常在文本的空白、边缘、数字、附和、离题、自相矛盾和含混之处重新解读出意义。在这种意义下，书写其实早已不限于常规的文字形式了。巴特早在《符号帝国》(*L'empire des signes*)之中，就已经从游历日本时所见到的各种文化符码当中读出了书写的意味。德里达在中后期探讨艺术的《盲者的记忆》(*Mémoires d'aveugle*)、《绘画中的真理》(*La vérité en peinture*)等著作中，实际上已将包括绘画在内的一切痕迹的刻画都视为一种"书写"了，因为书写的本质就是在时空中刻画痕迹。巴特中后期的《显义与晦义》(*L'obvie et l'obtus*)、《明室：摄影纵横谈》(*La chambre claire: Note sur la photographie*)等著作，更是干脆将绘画、摄影、戏剧、身体动作等所有可视性艺术，统统都视为"可视对象的书写"。特雷西认为，依循这一思路，"书写"的概念也就随之延伸为表示一切物质性的实践。因此，"句子和短语中的词，合音和乐句中的音符，模型内涂抹的油彩，浇铸后列队陈设的宗教偶像，习惯和日常生活的身体行为，制度和等级关系中规定的角色，等等，都可以被视为书写"(Tracy：392)。

较之导师德里达，让-吕克·南希(Jean-Luc Nancy)除了认同书写与意义的生成有关，更强调它与形象的生成之间的关联。在《世界的意义》(*Le sens du monde*)、《形象的基础》(*Au fond des images*)等著述中，南希曾表示，形象并不是事物的影像、拟像，它不是对于现实事物的摹写或再现，触动我们的不是形象所再现的事物，而是构成形象的线条或痕迹自身；形象触动我们这一说法，并不是指我们的心灵/思想在情感上或认识上受到形象所再现的事物—事件的触动，而是指形象—意义本身所具有的力量对于我们的身体/存在的触动(耿幼壮，2016：80-81)。因此，对于南希来说，绘画不是再现，它真正展现的就是绘画行动本身，这其实便是近乎"书写"的"技艺"本身了；它不仅仅将一副面容、一个环境视觉化，更展露了一个世界，展露了这个世界中不确定的意义整体。在《书写》一文中，南希更是明确表示，书写"有着一种洞穿、切开、切割的价值；它与标记、踪迹或者描画的价值相混合在一起"，它"描画了各种形式、线条、环形、点，它们承载了话语和意义、描画了意义，也就是说给予了意指一个外部的光晕、一种恩典或者一种平衡"（南希：2-3），从而进一步将绘画一类的技艺，与指向意指的外部、指向意义的无限敞开的书写关联在了一起。

而且，不只是在绘画、摄影、表演这种较为常规的艺术形式中，在一些亚文化行为（如涂鸦、文身）和先锋艺术中，也都能够看到"书写"的痕迹。若从"物质性""痕迹"等方面入手研究先锋艺术，杰克逊·波洛克（Jackson Pollock）的"滴画式绘画"，伊夫·克莱因（Yves Klein）的"身体绘画"，徐冰的《新英文书法》《天书》《何处惹尘埃》等，甚至蔡国强的《九级浪》《大脚印》《天梯》等焰火表演艺术，都可以作为"书写"进行个案分析。书写的物质性外延扩展之后，显然为人文学科对于物质文化的研究提供了更为广阔的空间，开拓出一种与以往不同的解读、研究思路。

书写与身体及感官的延伸

书写总是因与灵性相对的物质性而与"身体"关联在一起，从当代思想的视角看来，书写与身体的关联也的确是密切的。若想让身体成为身体，即让思想者对自身的身体产生感受，书写正是一种值得考虑的途径。正如前文论述身体与技术的问题时斯蒂格勒所说，人的身体绝非像卢梭预设的那样，是最完满的唯一工具，人的欠缺属性决定了人若想成为人，就必须借助技术的"代具"，而书写则是最佳途径之一。换言之，真正的身体是书写出来的——先书写，然后才有属于自我的、充满活力和生机的身体——而身体本身便成为书写铭写记号的处所所在。

对于身体与书写的关联,有两个值得注意,或者说值得研究的向度。

第一个向度是经由对欲望、愉悦的身体书写指向感官。卢梭描写自己隐私的《忏悔录》在当时已经算是令人瞠目结舌,但时隔几十年同样在法国出现的萨德侯爵(Marquis de Sade)更是惊世骇俗的奇人。他在相当长的时间内都被简单地视为一个色情文学作家、性变态者,"表现欲望"被他当作永恒的真理来描绘,其小说对欲望(或者说对色情)的描写完全是反美学的:没有象征、没有隐喻、没有婉转的措辞法,一切都是直接和粗鲁的,甚至往往直白露骨到令人作呕。他超越了传统禁忌的藩篱,仿佛患上了"多写症"(hypergrapia)一般不断地用文字去挑战各种无法形容、无法理解和无法容忍的"性事"。正如巴特在《萨德 傅立叶 罗犹拉》(Sade Fourier Loyola)一书中所解释的那样,那时的萨德处在一种极度的孤独之中,这令他感到恐惧,而恐惧又随即转变为欲望。对萨德来说,此时的欲望就是一种无法抗拒的想要写作的欲望,当它配上一种可怕而无法压抑的语言力量时,写作就成为可能,他要借写作说出心中压抑的一切(Barthes, 1976: 176-182)。也就是说,孤独和欲望正是他不断创作的动机所在,色情文学的书写,不仅是他性欲与书写这双重欲望的发泄,也成为他展现自己生命力的一种特殊方式。

在超现实主义者那里,书写已经成为个体对自身感觉乃至欲望强调的方式。在他们看来,欲望与书写似乎已经建立了一种密切的联系,但就欲望的感知、宣泄或获得所需要的载体而言,更为直观的显然还是"身体"。对于这一点,超现实主义者以及后来的众多"先锋艺术家"尤其不会反对。而真正明确地在理论中将身体、愉悦和书写(文本)联系在一起,并进而形成一种伦理态度的,还要属巴特。

巴特的《符号帝国》不只以一种有别于德里达的方式消解了柏拉图、保罗对书写—身体的贬抑,提出了"身体书写",更预示了在日后理论当中日益明显的享乐伦理学。书写不但不再是对真理和深度的表达,更成了一种欲望的享乐,因此才会有将萨德与夏尔·傅立叶(Charles Fourier

和依纳爵·罗犹拉（Ignacio de Loyola）相提并论的《萨德 傅立叶 罗犹拉》，巴特认为萨德的情色象征足以与傅立叶的社会主义构想和罗犹拉的宗教精神分庭抗礼。在1973年出版的《文之悦》（*Le plaisir du texte*）当中，巴特将这种与大洋彼岸兴起的性解放运动并不相同的"享乐主义"正式引入对文本的理论探讨之中，通过身体这一中介将文本和色情引发的愉悦联结了起来。巴特的书写也由此变成了一种用身体的全部感官进行的行动，如此写就的充满情欲和颠覆性的文字，就不再是为了反映某种真理的价值性写作，而是追求愉悦本身的文本。

与欲望、愉悦密切相关的身体书写，并非男性作者的专利，从某种意义上说，"延异"还原到"身体"就是一种"愉悦"的体验。深受德里达影响的西苏也提出过"身体书写"的观点，她呼吁女性打破沉默，勇敢地拿起笔来书写自己、书写自己的身体和欲望，使之不再只是男性讨论的"专利"。她认为，只有这种身体书写才能使文本与肉体的愉悦建立紧密的联系，使得女性回到前俄狄浦斯阶段，回到与母亲合而为一的阶段，也就是回到未经父权制扭曲的女性自我。女性主义艺术中的身体书写实践也不胜枚举。

第二个向度则是南希经由身体及其触觉对书写意义的外展。虽然深受德里达的影响，但南希将书写拓展为"外铭写"（excription）的进一步思考，却选择了德里达相对忽略的身体纬度，同时没有放弃与他者相关的伦理向度。正如前文所述，南希已经顺着书写的物质性以及书写与绘画等技艺的相通性，强调了书写向外部世界的展开，他实际上已将书写理解为意义朝向自身之外不断生成和运动的痕迹。他对书写的定义是"意义在超出意指行为，或超出自身的情况下发出声音和回响"，也就是说，书写不再作为意义本身的体现，而是像意义—世界那样构成共生同构和互文见义的关系，并产生回应和反响（王琦：136）。这种制造或生产意义的意义之溢出，就是南希所谓的"外铭写"。

对于南希来说，作为意义的溢出，书写及其意义的生成是与身体、触觉、人的感受性和感性经验联系在一起的。因为只有在身体及其界限上，让身体的"非知识"成为可触知的触觉，书写及其意义才能在身体与语言、身体与他者的接触中外展出来，并落实到一种原初语言和生命触觉上。书写与身体的关系也由此得以重构："失去的身体，是书写的热情。书写不能做任何事情，只能失去它的身体。一旦书写触及身体，书写同样失去身体。书写只能涂抹它和抹去它"（转引自王琦：136）。因此，所有的书写都可以视为捕捉触觉痕迹的尝试，是自我与他者相互感发的生命活动。在这里，我们不难看出南希延续了列维纳斯和德里达对于他者的伦理学关照。

如前文所述，希腊与希伯来两条思脉其实隐隐存在着各自对于视觉和听觉的崇尚，二十世纪的理论思想史中甚至可以梳理出从视觉中心转向听觉中心的倾向。南希虽然深受希伯来思脉的影响，却在解构身心二元论的同时，变相延续了莫里斯·梅洛-庞蒂（Maurice Merleau-Ponty）的"知觉现象学""身体现象学"的思路，选择了触觉作为切入口——这甚至反过来影响、启发了德里达。这才有了德里达针对南希思想而著的《论触感：让-吕克·南希》(Le toucher, Jean-Luc Nancy)。

南希的另辟蹊径也许只是一个起点。在"传情达意"的中介中，人类曾选择声音、图像和书写文字等途径，二十世纪后结构主义，或曰复归的希伯来传统背后对听觉的崇尚，对古希腊—基督教一脉视觉中心主义的反拨，也许原本就不是要形成一种非此即彼式的感官推崇，不是为了形成一种新的中心。而随着二十一世纪技术的发展，人们思考、传递信息的方式，乃至文学和文艺的形式，愈发不会只依赖单一的感官，因此南希等人开启的"触感美学"绝不是一种"触觉中心主义"，而会引向多维感官的互联、通感。在即将真正到来的万物互联时代，远程视听觉带来的触觉和现实感带来的远程"在场"，也许并不是痴人说梦。无论是在前沿理论还是在先锋艺术创作中，由依赖触觉的书写引发的新讨论、新创作会越来越多。而这其实已经涉及新媒体和跨媒介书写相关的纬度了。

数字文学研究与跨媒介创作中的书写

其实，作为符号的一种，从很久以前，书写与相同或不同媒介中的其他符号并不是"绝缘"的。从古代晚期到十八世纪的欧洲，相当一部分视觉艺术都再现了书面文本的主题，比如将书写文本转译为图像，或是在文本中插入体现字面义或象征义的插图，以更好地呈现书写、评注者的寓意，这在宗教经书的抄本中非常常见。反之，也有相当一部分图画当中包含文字形式的题词、题铭，有些图画则被用作书卷，作为书写符号的载体；这种形式甚至一直延续到二十世纪立体派画作中的标记、印刷品（碎片）、书写片段、标签、报纸和乐谱等绘画元素中。对于这类符号学问题，除了许多神学研究有所涉及外，也有如当代艺术史学家迈耶·夏皮罗（Meyer Schapiro）等人的研究可供参考。

麦克卢汉认为，"古腾堡革命"和拼音文字的普及都给世界带来了巨大的改变，印刷文化以冷静的视觉距离，取代了手稿文化中高强度的听觉—触觉文化，将西方经验中的视觉成分推向了极端（麦克卢汉、秦格龙：186–187），但也因此在感官经验的进一步分裂中更进一步地推进了文明的革新。而如今的电力革命、媒介革命将会产生的又一次书写形式的革新，不亚于是在重返麦克卢汉所谓的"古腾堡银河系"（埃科：83）。

站在当下回望从手抄本向大规模印刷过渡的过程，其间书写技术的物质性逐渐成为作为媒介的物质性，而随着"古腾堡革命"成果的普及，人与物质性的书写活动间的关系也越来越疏远，基于印刷技术与书籍的传统文学观也随之转变为脱离物理层面的"大写的文学"，使得印刷技术要素以自然而然同时也无关紧要的视觉形式呈现出来。实际上，物质性早已延展出了单个物体的边界，既是社会、文化和技术过程的产物，也是一种社会和政治实践（Bolter：18）。时至今日，不断涌现的各种新媒介以及不断走向成熟的数字技术，又带来了新的书写技术、视觉隐喻媒介和虚拟空间，除了延续印刷文本所具有的书写心灵的能力，更实现了与机器的共同协作书写，甚至建立了一种基于人脑协作的视觉—思维反馈环，从而构成了一种新的文本和文学的生成机制。数字文学也因此成为二十一世纪新的研究焦点。

对于数字文学研究，目前学术界主要有两种策略。一种是杰伊·戴维·博尔特（Jay David Bolter）、马克·波斯特（Mark Poster）等人的做法，他们倾向于使用后现代、后结构主义理论来分析数字文学，如博尔特认为，"后结构主义可以澄清超文本的文化意义"（Bolter：171）。在此类研究中，理想文本、互文性等后现代主义理论，对于研究数字文学的文本、叙事和审美等特征具有指导意义。但雷恩·考斯基马（Raine Koskimaa）等学者认为，在数字文学和解构主义之间进行简单比附可能具有误导性，会忽视数字文学自身的基本特性，不利于数字文学研究的持续和深入发展（李斌：55）。第二种则是迈克尔·乔伊斯（Michael Joyce）、简·耶洛利斯·道格拉斯（Jane Yellowlees Douglas）、N. 凯瑟琳·海尔斯（N. Katherine Hayles）等学者所坚持的数字文学媒介属性的研究方法，他们在文学交互性、非线性叙事、时间性叙事和本体互渗理论等领域颇有建树，凸显了数字文学对于传统文学的挑战与突破（56）。

不论是采取哪一种策略，数字文学研究当中都有着值得从书写的角度探讨的新问题或新动向，例如博尔特探讨电子书写的《书写的空间：电脑、超文本和印刷的矫正》（*Writing Space: Computers, Hypertext, and the Remediation of Print*）、马修·基尔申鲍姆（Matthew G. Kirschenbaum）关于"文字处理"的论述，海尔斯的"书写机器"（writing machine）概念。区别只是在于是否与德里达等人引领的"书写革命"有直接的关联和比较而已。

许多依赖多感官、跨媒介数字技术的艺术实践，也可以结合各类新旧书写理论加以阐释，比如与美国布朗大学的基于洞穴状虚拟投影系统（Cave Automatic Virtual Environment，简称CAVE）有关联的两个艺术创作：沉浸式诗歌《屏幕》（*Screen*）和投影画作《这（不）是写作》（*This Is (Not) Writing*）。在前者中，观者佩戴虚拟现实头盔进入实验室后，作品的文字陆续出现在四周的屏幕上，房间内同时响起由人声朗读的诗文内容。随着作品的深入，音效愈发嘈杂，接着墙壁上的文字开始剥离墙壁，朝着观者的方向飞奔而来，观者可以通过肢体动作辅助这些单词归位，也可将它们击碎；当单词剥离得越来越多，观者无暇顾及的单词无处可去，便会散落周围，自行爆破（张洪亮：128）。而在约翰·凯利（John Cayley）创作的《这（不）是写作》中，画家勒内·马格利特（René Magritte）的画作《形象的背叛》(*The Treachery of Images*)被投影于三维虚拟环境之中，画作中的烟斗和文字因而悬浮于这一虚拟空间中，并沿着一条处于它们的视觉中心的垂直线旋转。由此，"传统意义上的文学要素——文本、语言与阅读——需要全新的理解方式。文本不再局限于纸质页面或屏幕，文本在这一作品中指涉的是承载图像—文字（烟斗—句子）刻印的表面"（李沐杰：69）。这些数字文学研究的书写理论，与跨媒介创作中的书写实践，无疑为未来的书写研究开启了一些新的进路。

以上研究趋势展望，颇像一场诚惶诚恐、战战兢兢的"押宝"。至于本书，因为笔者学术功底和积累有限，也难免存在各种各样的缺憾和疏漏。一个外国文学研究的核心话题，其本身以及与之相关的学术研究，是不可能依靠这样一本小书穷尽的。若换一个角度，比如从符号的角度审视言语、图像和书写，也许又会呈现出大不相同的学术样貌。在此唯愿这本小书能为从事文学理论研究的青年学者们提供一些借鉴和帮助，可以作为依凭追索大家们开辟的理路，或是因他们的启发找到适合自己的研究进路继续前行。

"人生到处知何似，应似飞鸿踏雪泥。"希望笔者与各位学友一样，都能用手中的笔、身心的行动，在各自的文稿和人生的纸卷上，留下虽必将带有缺憾，虽未必刻意为之，但却又真正属于自己，也可留给同一路上的他人的痕迹。

参考文献

Barth, Karl. *Chruch Dogmatics: A Selection with Introduction*. New York: T & T Clark, 1961.

Barthes, Roland. *Writing Degree Zero*. Trans. Annette Lavers and Colin Smith. New York: Hill & Wang, 1967.

—. *Critical Essays*. Trans. Richard Howard. Evanston: Northwestern University Press, 1972.

—. *S/Z*. Trans. Richard Miller. New York: Hill & Wang, 1974.

—. *The Pleasure of the Text*. Trans. Richard Miller. New York: Hill & Wang, 1975.

—. *Sade Fourier Loyola*. Trans. Richard Miller. New York: Hill & Wang, 1976.

—. *Image Music Text*. Trans. Stephen Heath. London: Fontana Press, 1977.

—. *Roland Barthes by Roland Barthes*. Trans. Richard Howard. Berkeley/Los Angeles: University of California Press, 1977.

—. *Empire of Signs*. Trans. Richard Howard. New York: Hill & Wang, 1982.

—. *The Neutral*. Trans. Rosalind E. Krauss and Denis Hollier. New York: Columbia University Press, 2005.

Blanchot, Maurice. *The Space of Literature*. Trans. Ann Smock. Lincoln/London: University of Nebraska Press, 1982.

—. *The Step Not Beyond*. Trans. Lycette Nelson. New York: State University of New York Press, 1992.

—. *The Infinite Conversation*. Trans. Susan Hanson. Minneapolis: University of Minnesota Press, 1993.

—. *The Work of Fire*. Trans. Charlotte Mandell. Stanford: Stanford University Press, 1995.

—. *The Writing of the Disaster*. Trans. Ann Smock. Lincoln/London: University of Nebraska Press, 1995.

—. *Faux Pas*. Trans. Charlotte Mandell. Stanford: Stanford University Press, 2001.

—. *The Book to Come*. Trans. Charlotte Mandell. Stanford: Stanford University Press, 2003.

Bloom, Harold. *The Anxiety of Influence*. New York: Oxford University Press, 1973.

—. *Kabbalah and Criticism*. New York: The Seabury Press, 1975.

—. "The Breaking of Form." *Deconstruction and Criticism*. New York: The Seabury Press, 1979.

Bolter, Jay David. *Writing Space: Computers, Hypertext, and the Remediation of Print*. Mahwah: Lawrence Erlbaum, 2001.

Bonhoeffer, Dietrich. *Letters and Papers from Prison*. New York: Simon & Schuster, 1997.

Clark, Timothy. *Derrida, Heidegger, Blanchot: Sources of Derrida's Notion and Practice of Literature*. Cambridge: Cambridge University Press, 1992.

de Man, Paul. *Allegories of Reading: Figural Language in Rousseau, Nietzsche, Rilke, and Proust*. New Haven/London: Yale University Press, 1979.

Derrida, Jacques. *Speech and Phenomena: And Other Essays on Husserl's Theory of Signs*. Trans. David B. Allison. Evanston: Northwestern University Press, 1973.

—. *Of Grammatology*. Trans. Gayatri C. Spivak. Baltimore/London: The Johns Hopkins University Press, 1976.

—. *Writing and Difference*. Trans. Alan Bass. Chicago: The University of Chicago Press, 1978.

—. *Dissemination*. Trans. Barbara Johnson. Chicago: The University of Chicago Press, 1981.

—. *Positions*. Trans. Alan Bass. Chicago: The University of Chicago Press, 1981.

—. *Margins of Philosophy*. Trans. Alan Bass. Chicago: The University of Chicago Press, 1982.

—. *The Ear of the Other: Otobiography, Transference, Translation*. Trans. Peggy Kamuf. New York: Schocken Books, 1985.

—. *The Post Card: From Socrates to Freud and Beyond*. Trans. Alan Bass. Chicago/London: The University of Chicago Press, 1987.

—. *Acts of Literature*. Ed. Derek Attridge. New York/London: Routledge, 1992.

—. *Points de suspension. Entretiens*. Paris: Galilée, 1992.

—. "Des Tours de Babel." *Acts of Religion*. Ed. Gil Anidjar. New York: Routledge, 2001.

—. "Composing 'Circumfession'." *Augustine and Postmodernism: Confessions and Circumfession*. Eds. John D. Caputo and Michael J. Scanlon. Bloomington/Indianapolis: Indiana University Press, 2005.

—. *The Gift of Death & Literature in Secret*. Trans. David Wills. Chicago/London: The University of Chicago Press, 2008.

Foucault, Michel. "What Is an Author?" *Language, Counter-Memory, Practice: Selected Essays and Interviews*. Ed. Donald F. Bouchard. Ithaca: Cornell University Press, 1977.

Freud, Sigmund. *The Interpretation of Dreams*. Trans. A. A. Brill. Ware: Wordsworth Editions Limited, 1997.

Gill, Carolyn Bailey, ed. *Maurice Blanchot: The Demand of Writing*. Stanford: Stanford University Press, 2003.

Gusdorf, Georges. "Conditions and Limits of Autobiography." *Autobiography: Essays Theoretical and Critical*. Ed. James Olney. Princeton: Princeton University Press, 1980.

Haase, Ullrich and William Large. *Maurice Blanchot*. London/New York: Routledge, 2001.

Handelman, Susan. *The Slayers of Moses: The Emergence of Rabbinic Interpretation in Modern Literary Theory*. Albany: State University of New York Press, 1982.

—. *Fragments of Redemption: Jewish Thought and Literary Theory in Benjamin, Scholem, and Levinas*. Bloomington/Indianapolis: Indiana University Press, 1991.

Johnson, Barbara. "The Frame of Reference: Poe, Lacan, Derrida." *Yale French Studies* 55/56, 1977: 457-505.

—. "Writing." *Critical Terms for Literary Study*. Eds. Frank Lentricchia and Thomas McLaughlin. Chicago/London: The University of Chicago Press, 1998.

Lacan, Jacques. *The Seminar. Book III. The Psychoses, 1955-56*. Trans. Russell Grigg. London/New York: Routledge, 1993.

Levinas, Emmanuel. *Totality and Infinity: An Essay on Exteriority*. Trans. Alphonso Lingis. Pittsburgh: Duquesne University Press, 1961.

—. "On the Trail of the Other." Trans. Daniel Hoy. *Philosophy Today* 10 (1), 1966: 34-46.

—. "To Love the Torah More than God." Trans. Helen A. Stephenson and Richard I. Sugarman. *Judaism 28*, 1979: 216-223.

—. "The Trace of the Other." *Deconstruction in Context: Literature and Philosophy*. Ed. Mark C. Taylor. Chicago/London: The University of Chicago Press, 1986.

—. *Nine Talmudic Readings*. Trans. Annette Aronowicz. Bloomington/Indianapolis: Indiana University Press, 1990.

—. *Proper Names*. Trans. Michael B. Smith. Stanford: Stanford University Press, 1996.

Mallarmé, Stéphane. *Mallarmé: Selected Prose Poems, Essays, Letters*. Trans. Bradford Cook. Baltimore: The Johns Hopkins Press, 1956.

Misch, Georg. *A History of Autobiography in Antiquity*. London: Routledge, 1950.

Musaph-Andriesse, R. C. *From Torah to Kabbalah: A Basic Introduction to the Writings of Judaism*. London: SCM Press, 1973.

Nelson, Lycette. Introduction. *The Step Not Beyond*. By Maurice Blanchot. New York: State University of New York Press, 1992.

Plank, Karl A. "Review." *Journal of the American Academy of Religion 52* (1), 1984: 204.

Plato. *Plato: Complete Works*. Ed. John M. Cooper. Indianapolis/Cambridge: Hackett Publishing Company, 1997.

Rorty, Richard. "Philosophy as a Kind of Writing: An Essay on Derrida." *New Literary History 10*, 1978: 141-160.

Saussure, Ferdinand de. *Course in General Linguistics*. Beijing: Foreign Language Teaching and Research Press, 2001.

Scholem, Gershom. *The Messianic Idea in Judaism: And Other Essays on Jewish Spirituality*. New York: Schocken Books, 1971.

Sontag, Susan. "Writing Itself: On Roland Barthes." *A Barthes Reader*. Ed. Susan Sontag. New York: Hill & Wang, 1982.

Spivak, Gayatri C. Translator's Preface. *Of Grammatology*. By Jacques Derrida. Baltimore/London: The Johns Hopkins University Press, 1976.

Tracy, David. "Writing." *Critical Terms for Religious Studies*. Ed. Mark C. Taylor. Chicago/London: The University of Chicago Press, 1998.

阿奎那:《神学大全》(第一集 论上帝 第1卷 论上帝的本质),段德智译。北京:商务印

书馆，2013。

阿希克洛夫特等：《逆写帝国：后殖民文学的理论与实践》，任一鸣译。北京：北京大学出版社，2014。

埃班：《犹太史》，阎瑞松译。北京：中国社会科学出版社，1992。

埃科：《从因特网到古腾堡》，康澄译，载《外国文论与比较诗学》（第4辑）。北京：知识产权出版社，2017。

奥古斯丁：《忏悔录》，周士良译。北京：商务印书馆，1981。

奥古斯丁：《论灵魂及其起源》，石敏敏译。北京：中国社会科学出版社，2004。

奥古斯丁：《论秩序：奥古斯丁早期作品选》，石敏敏译。北京：中国社会科学出版社，2017。

巴特（巴尔特）：《符号学原理》，李幼蒸译。北京：中国人民大学出版社，2008。

波朗：《文学中的恐怖》，聂世昌译，载福柯等《文字即垃圾：危机之后的文学》。重庆：重庆大学出版社，2016。

伯曼：《希伯来与希腊思想比较》，吴勇立译。上海：上海书店出版社，2007。

布尔迪厄：《艺术的法则：文学场的生成与结构》，刘晖译。北京：中央编译出版社，2011。

布朗肖：《感谢（归给）雅克·德里达》，袁文彬、夏可君译，载南希等《变异的思想》。长春：吉林人民出版社，2007。

布朗肖：《来自别处的声音》，方琳琳译。南京：南京大学出版社，2016。

布吕奈尔等：《20世纪法国文学史》，郑克鲁译。成都：四川文艺出版社，1991。

陈晓明：《德里达的底线：解构的要义与新人文学的到来》。北京：北京大学出版社，2009。

德里达：《胡塞尔〈几何学的起源〉引论》，方向红译。南京：南京大学出版社，2004。

德里达：《解构与思想的未来》，杜小真等译。长春：吉林人民出版社，2006。

德里达、杜弗勒芒特尔：《论好客》，贾江鸿译。桂林：广西师范大学出版社，2008。

邓冰艳：《从"死亡空间"到"文学空间"——论布朗肖的中性思想》，载《外国文学》2018年第5期。

蒂利希：《基督教思想史——从其犹太和希腊发端到存在主义》，尹大贻译。北京：东方出版社，2008。

多斯：《从结构到解构：法国20世纪思想主潮》，季广茂译。北京：中央编译出版社，2004。

法农：《黑皮肤，白面具》，万冰译。南京：译林出版社，2005。

斐洛：《论律法》，石敏敏译。北京：中国社会科学出版社，2007。

斐洛：《论摩西的生平》，石敏敏译。北京：中国社会科学出版社，2007。

弗雷泽:《金枝》,徐育新等译。北京:大众文艺出版社,1998。
弗洛伊德:《摩西与一神教》,李展开译。北京:生活·读书·新知三联书店,1989。
傅有德等:《犹太哲学史》。北京:中国人民大学出版社,2008。
耿幼壮:《书写的神话:西方文化中的文学》。北京:中国人民大学出版社,2006。
耿幼壮:《敞开的视界:跨学科与跨文化视野下的文学研究》。北京:北京大学出版社,2016。
哈特曼:《荒野中的批评——关于当代文学的研究》,张德兴译。天津:天津人民出版社,2008。
豪威尔斯:《德里达》,张颖、王天成译。哈尔滨:黑龙江人民出版社,2002。
荷马:《伊利亚特》,罗念生、王焕生译。北京:人民文学出版社,2003。
黑格尔:《美学》(第二卷),朱光潜译。北京:商务印书馆,1979。
黑格尔:《美学》(第三卷上册),朱光潜译。北京:商务印书馆,1979。
黑格尔:《精神哲学》,杨祖陶译。北京:人民出版社,2006。
胡塞尔:《纯粹现象学通论》,李幼蒸译。北京:商务印书馆,1992。
胡塞尔:《逻辑研究》(第一卷),倪梁康译。上海:上海译文出版社,1994。
胡塞尔:《逻辑研究》(第二卷 第一部分),倪梁康译。上海:上海译文出版社,1998。
胡塞尔:《几何学的起源》,方向红译,载德里达《胡塞尔〈几何学的起源〉引论》。南京:南京大学出版社,2004。
胡塞尔:《内时间意识现象学》,倪梁康译。北京:商务印书馆,2009。
吉拉尔:《替罪羊》,冯寿农译。北京:东方出版社,2002。
蒋晖:《欧洲语言霸权是后殖民理论的灵魂——浅评〈逆写帝国:后殖民文学的理论与实践〉》,载《文艺理论与批评》2016年第1期。
柯恩:《大众塔木德》,盖逊译。济南:山东大学出版社,1998。
克里斯蒂娃(克莉思蒂娃):《人怎样对文学说话》,李幼蒸译,载巴尔特《符号学原理:结构主义文学理论文选》。北京:生活·读书·新知三联书店,1988。
库萨的尼古拉:《论有学识的无知》,尹大贻、朱新民译。北京:商务印书馆,1988。
库塞:《法国理论在美国:福柯、德里达、德勒兹公司以及美国知识生活的转变》,方琳琳译。郑州:河南大学出版社,2018。
拉波特、奥弗林:《社会文化人类学的关键概念》(第二版),鲍雯妍、张亚辉译。北京:华夏出版社,2013。
莱布尼茨:《人类理智新论》(下),陈修斋译。北京:商务印书馆,1982。
勒热讷:《自传契约》,杨国政译。北京:生活·读书·新知三联书店,2001。

李斌:《数字文学审美理论研究及启示:文学性、媒介属性与人机交互》,载《外国文学动态研究》2021年第2期。

李沐杰:《数字性作为文学研究视角》,载《外国文学动态研究》2021年第2期。

列维–斯特劳斯:《忧郁的热带》,王志明译。北京:中国人民大学出版社,2009。

列维纳斯(勒维纳斯):《塔木德四讲》,关宝艳译。北京:商务印书馆,2002。

刘文瑾:《列维纳斯与"书"的问题:他人的面容与"歌中之歌"》。北京:生活·读书·新知三联书店,2012。

卢梭:《论人类不平等的起源和基础》,李常山译。北京:商务印书馆,1962。

卢梭:《忏悔录》,黎星等译。北京:商务印书馆,1986。

卢梭:《爱弥儿:论教育》,李平沤译。北京:商务印书馆,1996。

卢梭:《论语言的起源:兼论旋律与音乐的摹仿》,洪涛译。上海:上海人民出版社,2003。

卢梭:《论科学与艺术》,何兆武译。上海:上海人民出版社,2007。

罗伊尔:《导读德里达》,严子杰译。重庆:重庆大学出版社,2015。

洛克:《人类理解论》,关文运译。北京:商务印书馆,1983。

麦克卢汉:《理解媒介:论人的延伸》(增订评注本),何道宽译。南京:译林出版社,2011。

麦克卢汉、秦格龙(编):《麦克卢汉精粹》,何道宽译。南京:南京大学出版社,2000。

南希:《书写》,简燕宽、张洋译,载夏可君《书写的逸乐》。北京:昆仑出版社,2013。

尼采:《看哪这人:尼采自述》,张念东、凌素心译。北京:中央编译出版社,2000。

诺里斯:《德里达》,吴易译。北京:昆仑出版社,1999。

培根:《学术的进展》,刘运同译。上海:上海人民出版社,2007。

皮特斯:《德里达传》,魏柯玲译。北京:中国人民大学出版社,2014。

萨特:《〈现代〉杂志纲领宣言(摘录)》,陈锌译,载中国社会科学院外国文学研究所文艺理论研究室编译小组(编)《法国作家论文学》。北京:生活·读书·新知三联书店,1984。

萨特:《什么是文学?》,施康强等译,载李瑜青、凡人(编)《萨特文学论文集》。合肥:安徽文艺出版社,1998。

萨义德:《东方学》,王宇根译。北京:生活·读书·新知三联书店,1999。

萨义德:《开端:意图与方法》,章乐天译。北京:生活·读书·新知三联书店,2014。

萨义德:《知识分子论》,单德兴译。北京:生活·读书·新知三联书店,2016。

塞尔登等:《当代文学理论导读》,刘象愚译。北京:北京大学出版社,2006。

尚杰：《德里达》。长沙：湖南教育出版社，1999。

尚杰：《精神的分裂——与老年德里达对话》。上海：同济大学出版社，2006。

施坦泽兹（诠释）：《阿伯特——犹太智慧书》，张平译。北京：中国社会科学出版社，1996。

斯蒂格勒：《技术与时间：爱比米修斯的过失》，裴程译。南京：译林出版社，2000。

斯皮瓦克：《从解构到全球化批判：斯皮瓦克读本》，陈永国等主编。北京：北京大学出版社，2007。

宋杰：《建构生物叙事学研究范式——评戴维·赫尔曼的〈超人类叙事学：故事讲述与动物生命〉》，载《外国文学动态研究》2021年第5期。

托多洛夫：《批评的批评——教育小说》，王东亮、王晨阳译。北京：生活·读书·新知三联书店，2002。

汪海：《布朗肖的"间隔诗学"》，载《基督教文化学刊》2017年第2期。

王丽亚：《论后殖民文学中的"跨国转向"》，载《外国语文》2015年第4期。

王琦：《外展与触感：让-吕克·南希论书写的意义问题》，载《西南大学学报（社会科学版）》2019年第5期。

威廉逊：《希腊化世界中的犹太人——斐洛思想引论》，徐开来、林庆华译。北京：华夏出版社，2007。

尉光吉：《沉默之花——布朗肖论马拉美与文学的语言》，载《外国文学》2018年第2期。

沃林：《东风：法国知识分子与20世纪60年代的遗产》，董树宝译。北京：中央编译出版社，2017。

沃特斯：《女权主义简史》，朱刚等译。北京：外语教学与研究出版社，2017。

伍尔夫（吴尔夫）：《一间自己的房间及其他》，贾辉丰译。北京：人民文学出版社，2003。

西苏：《美杜莎的笑声》，黄晓红译，载张京媛（主编）《当代女性主义文学批评》。北京：北京大学出版社，1992。

夏可君：《德里达书写死之绝境——与海德格尔、布朗肖特、莱维纳斯一道面对"死"》，载《论证》第3辑。桂林：广西师范大学出版社，2003。

肖勒姆（索伦）：《犹太教神秘主义主流》，涂笑非译。成都：四川人民出版社，2000。

肖瓦尔特：《她们自己的文学——英国女小说家：从勃朗特到莱辛》，韩敏中译。杭州：浙江大学出版社，2012。

萧莎：《疫病与种族主义：2020年英语文论研究回顾》，载《外国文学动态研究》2021年第3期。

亚里士多德:《形而上学》,吴寿彭译。北京:商务印书馆,1997。
亚里士多德:《范畴篇 解释篇》,聂敏里译注。北京:商务印书馆,2017。
扬:《白色神话:书写历史与西方》,赵稀方译。北京:北京大学出版社,2014。
杨慧林:《从"差异"到"他者"——对海德格尔和德里达的神学读解》,载《中国人民大学学报》2004年第4期。
张汉良、韩蕾:《罗兰·巴尔特的"中性"修辞学》,载《当代修辞学》2015年第3期。
张洪亮:《从观念先锋到媒介先锋:二十世纪以来的声音诗》,载《外国文学动态研究》2021年第2期。

推荐文献

Blanchot, Maurice and Michel Foucault. *Foucault/Blanchot*. Trans. Brian Massumi and Jeffrey Mchlman. New York: Zone Books, 1990.

Bloom, Harold. *The Breaking of the Vessels*. Chicago/London: The University of Chicago Press, 1982.

Culler, Jonathan. *On Deconstruction: Theory and Criticism After Structuralism*. New York: Cornell University Press, 1983.

Derrida, Jacques. *Glas*. Trans. John P. Leavey, Jr., and Richard Rand. Lincoln/London: University of Nebraska Press, 1986.

Eagleton, Mary. *Feminist Literary Theory: A Reader*. Oxford: Blackwell, 1995.

Gates Jr., Henry Louis, ed. *"Race," Writing, and Difference*. Chicago: The University of Chicago Press, 1986.

Hart, Kevin. *The Dark Gaze: Maurice Blanchot and the Sacred*. Chicago/London: The Universtiy of Chicago Press, 2004.

Hartman, Geoffrey H. *Saving the Text: Literature/Derrida/Philosophy*. Baltimore: The Johns Hopkins University Press, 1982.

Hayles, N. Katherine. *My Mother Was a Computer: Digital Subjects and Literary Texts*. Chicago: The University of Chicago Press, 2005.

—. *Electronic Literature: New Horizons for the Literary*. Notre Dame: University of Notre Dame Press, 2008.

Hill, Leslie. *Radical Indecision: Barthes, Blanchot, Derrida, and the Future of Criticism*. Notre Dame: University of Notre Dame Press, 2010.

Hillyer, Aaron. *The Disappearance of Literature: Blanchot, Agamben, and the Writers of the No.* New York/London: Bloomsbury, 2013.

Irigaray, Luce. *Speculum of the Other Woman.* Trans. Gillian Gill. Ithaca: Cornell University Press, 1974.

Kirschenbaum, Matthew G. *Track Changes: A Literary History of Word Processing.* Cambridge/London: The Belknap Press of Harvard University Press, 2016.

Lacoue-Labarthe, Philippe and Jean-Luc Nancy. *The Literary Absolute: The Theory of Literature in German Romanticism.* Trans. Philip Barnard and Cheryl Lester. New York: State University of New York Press, 1988.

McQuillan, Martin, ed. *Deconstruction: A Reader.* Edinburgh: Edinburgh University Press, 2000.

Moi, Toril. *Sexual/Textual Politics: Feminist Literary Theory.* London: Routledge, 2002.

Nancy, Jean-Luc. *The Sense of the World.* Trans. Jeffrey S. Librett. Minneapolis/London: University of Minnesota Press, 1997.

—. *The Ground of the Image.* Trans. Jeff Fort. New York: Fordham University Press, 2005.

—. *Corpus.* Trans. Richard A. Rand. New York: Fordham University Press, 2008.

—. *Corpus II: Writings on Sexuality.* Trans. Anne O'Byrne. New York: Fordham University Press, 2013.

Stiegler, Bernard. "Derrida and Technology: Fidelity at the Limits of Deconstruction and the Prosthesis of Faith." *Jacques Derrida and the Humanities: A Critical Reader.* Ed. Tom Cohen. Cambridge: Cambridge University Press, 2001.

阿甘本:《巴特比,或论偶然》,王立秋等译。桂林:漓江出版社,2017。

阿罕默德:《在理论内部:阶级、民族与文学》,易晖译。北京:北京大学出版社,2014。

奥斯汀:《如何以言行事》(上下),杨玉成、赵京超译。北京:商务印书馆,2013。

福柯:《词与物——人文科学考古学》,莫伟民译。上海:上海三联书店,2001。

盖茨:《意指的猴子:一个非裔美国文学批评理论》,王元陆译。北京:北京大学出版社,2011。

耿幼壮:《倾听:后形而上学时代的感知范式》。北京:北京大学出版社,2013。

古芭:《〈空白书页〉和女性创造力问题》,韩敏中、盛宁译,载王逢振等(编)《最新西方文论选》。桂林:漓江出版社,1991。

吉尔伯特、古芭:《阁楼上的疯女人:女性作家与19世纪文学想象》(上下),杨莉馨译。上海:上海人民出版社,2014。

杰伊:《低垂之眼:20世纪法国思想对视觉的贬损》,孔锐才译。重庆:重庆大学出版社,2021。

陆扬:《德里达的幽灵》。武汉:武汉大学出版社,2008。

麦克卢汉:《谷登堡星汉璀璨:印刷文明的诞生》,杨晨光译。北京:北京理工大学出版社,2014。

穆尔–吉尔伯特:《后殖民理论——语境 实践 政治》,陈仲丹译。南京:南京大学出版社,2001。

钱翰:《二十世纪法国先锋文学理论和批评的"文本"概念研究》。北京:北京大学出版社,2015。

斯皮瓦克:《后殖民理性批判:正在消失的当下的历史》,严蓓雯译。南京:译林出版社,2014。

维柯:《新科学》,朱光潜译,北京:商务印书馆,1989。

夏可君:《书写的逸乐》。北京:昆仑出版社,2013。

夏皮罗:《词语、题铭与图画:视觉语言的符号学》,沈语冰译。北京:商务印书馆,2022。

姚小平:《西方语言学史》。北京:外语教学与研究出版社,2011。

张京媛(编):《后殖民理论与文化批评》。北京:北京大学出版社,1999。

赵惊:《动物(性):传统与现代之间的人性根由》。北京:北京大学出版社,2013。

赵一凡:《从胡塞尔到德里达:西方文论讲稿》。北京:生活·读书·新知三联书店,2007。

索引

白色 11, 50, 166, 168
白色神话 11, 168
边缘 2-3, 6-7, 9-11, 13, 74, 111-112, 132, 135, 142, 157, 162, 170-174, 176-177, 180-181, 186
表述 2, 20, 23, 26, 68, 74-75, 77, 94, 103, 139, 162, 170
播撒 7, 89, 140
不在场 7, 15-16, 27, 35, 37, 50, 52, 59-61, 64, 70, 72, 82-85, 87-88, 91, 95, 101-103, 118, 123-124, 127-129, 138-139, 145, 147, 150, 177
差异 7, 10-12, 23, 28, 30, 36, 40, 53, 55, 57, 65-67, 69, 71-72, 77, 82-83, 85-89, 91, 93, 95-96, 99, 104-105, 112, 117, 123, 125-129, 132, 138, 147, 149, 151, 157, 161, 163, 167, 169, 171-172, 177, 180-

181, 185
阐释 7-8, 12, 20, 26, 57, 61, 69, 71, 74, 91, 106-112, 130, 134-136, 138, 140-149, 151-153, 162, 166, 173, 192
沉默 3, 6, 9, 22, 26, 42-43, 49-50, 53, 59, 63-65, 87, 104, 132, 136, 153, 155, 183-184, 189
重复 6-7, 15-16, 31, 35, 65, 71, 76-77, 81, 86, 89, 94-95, 121, 143, 145, 147
重写 4, 6, 8, 57, 62, 93, 95, 111-112, 117, 119, 142-144, 147-149, 151-152, 174
重置 171-173, 176
触觉 189-191
传统 3, 5, 7-12, 14-15, 20-21, 34, 38, 45, 49-51, 54, 56-57, 65-67, 73,

书写

78-80, 84, 87-89, 95-97, 106-108, 111, 114, 117, 120-121, 126, 128, 130-131, 134-137, 140, 142-156, 158-160, 163, 165-167, 169-170, 175-177, 180, 184-185, 188, 190-193

存在 7-8, 15, 22-23, 25, 28-30, 32, 37-38, 40, 43, 46, 48-50, 52, 59, 61, 63, 71, 73, 77-80, 82, 84-89, 91-92, 95-99, 101-102, 115-116, 118-119, 121-122, 124, 126-128, 130, 132-133, 136-139, 143, 155, 163, 174, 180, 185-186

大写之书 2, 4, 6, 85-86, 177

道 5, 7, 22-24, 26-27, 98-99, 101, 105, 139, 145, 152, 185

地方 171-172, 175, 177, 179

帝国 168, 170-174, 178-179

东方主义 169

动物 25, 32, 117, 131-133, 174, 185

读者 6, 17, 25-26, 43-45, 48, 56-57, 61-63, 78, 93, 95, 106, 108-111, 114-115, 118, 129-130, 141-142, 147, 151, 158, 161, 167, 172, 183

多元 8, 10-11, 51, 53, 65, 108, 111, 131, 142, 148, 171, 176, 178, 182

恶的书写 17-18, 37, 43, 85

二元对立 7, 9-11, 15, 19, 34, 38, 53, 63, 65, 74, 82, 88, 99, 139, 151, 154-155, 163, 171, 175, 178, 180

翻译 68-69, 72, 86, 99, 138, 141

丰产 147-148

否定 40, 45, 47, 53, 59-60, 62-64, 84, 89, 94, 118, 139, 149, 158, 172, 185

符号 5, 7, 9, 13-15, 23-34, 42, 52, 55, 60, 65-71, 74-76, 78-79, 82, 84, 86-89, 91-92, 99, 102, 104, 136-139, 184, 191, 193

父亲 8, 10, 16-17, 38, 41, 56, 143-144, 146-147

复归 68, 96, 150-151, 190

痕迹 7-9, 37, 71-73, 77, 81, 91-93, 102-104, 113, 116, 127, 132, 139-140, 143, 151-153, 185-187, 189-190, 193

后结构/后结构主义 1, 4, 6, 8, 51-52, 54-55, 58, 65, 81, 94-95, 103, 110-111, 113, 121, 142-143, 146-148, 152-153, 177, 190, 192

后殖民 4, 9-11, 132, 153, 166, 168-182

荒野 149, 151

回应 13, 46-47, 56, 59, 110, 128, 150, 166-167, 189

技术/技艺 12, 15, 32, 34, 38, 49, 163, 172, 184-187, 189-192

结构/结构主义 1-4, 6, 10, 33, 38, 46-48, 50-54, 56, 58, 65-66, 68-70, 72, 81-84, 88, 95, 110, 114, 124, 136, 143, 156, 172, 174, 178, 180

介入 6, 19, 41-46, 50, 54, 59, 63, 126, 183
经典 46, 100, 133, 145, 170, 172, 174, 177, 181
救赎 110, 113, 138, 147, 150, 152
喀巴拉 8, 96, 98, 139, 144-147, 150-151
可重复性 94-95
空白 7, 9, 50, 103, 110, 112, 139, 141, 155, 184, 186
理念 12, 15, 21-22, 28-30, 63, 73, 77-79, 90, 121, 126, 151, 184
零度 3, 6, 50-53, 64-65, 89
流亡 84, 104, 135, 140, 149-151
伦理学 12, 52, 65, 123-124, 126-131, 153, 188, 190
逻各斯 5-7, 15-23, 26-28, 30-31, 37, 40, 67-68, 70-71, 74-75, 79, 85, 87, 91-92, 96, 135, 168, 185
律法 21, 23, 27, 98-101, 105-108, 128, 144, 147-148, 158
媒介 12, 33, 43, 171, 184, 190-193
面孔 102, 127-129, 140
模仿 10, 14, 22, 32, 34, 56, 58, 94-95, 104, 137, 146, 173
能指 17, 24, 28, 51, 55, 57, 66-70, 79, 82-83, 85-89, 104, 108, 111, 127, 142
逆写 170-172, 174, 178-179
挪用 172-174, 176-177
女性书写/阴性书写 10, 154-156, 163-167, 180-182
女性主义 4, 9-11, 132, 153-155, 159-160, 164, 166-167, 174, 180-181, 189
偶像崇拜 5, 99, 138, 185
签名 95, 112
倾听/听觉 28-29, 33, 69, 75, 97-98, 108, 110, 119, 127, 138, 190-191
权力 9, 39, 53, 63, 87, 93, 120, 130, 159, 161, 165, 169, 173-174, 178
散文 42-43, 61-62, 113, 157
善的书写 6, 17-18, 27, 38, 41, 43, 85, 89
身份 10, 17, 40, 62, 70, 119, 130, 132-133, 149, 157, 160, 163, 170, 175, 179-182
身体 10, 19, 22-23, 25, 36, 75, 78, 80, 99, 101, 116, 119, 127, 155, 158, 160, 166, 169, 186-190
声音 9, 11-12, 15, 25, 28-30, 32-34, 41, 59, 63, 66-67, 74-76, 78-79, 91, 93, 98, 110, 112, 119, 122, 125, 137-138, 153, 155, 160, 169, 173, 175, 177, 180, 189-190
诗歌 8, 42-43, 45, 59, 61, 94, 139, 146, 150, 184, 192
世界 4, 6, 8-10, 21-23, 30-31, 42-43, 48, 54, 58, 61-64, 72-73, 78, 84-86, 91-92, 96-97, 100, 102, 110, 117, 120, 122, 127-130, 132, 137-140, 154-156, 165-166, 173, 178-

179, 182, 185, 187, 189, 191

事件 1, 6, 24, 27, 41, 46, 62, 73, 76, 80-81, 94-95, 104, 117, 143, 152, 185-186

弑父 8, 16, 143-144, 147-148

弑摩西者 8, 134, 143-146, 148, 151-152

书 2, 4, 6, 26-27, 61, 85-86, 93, 103, 109, 121, 139-140, 177

述行 94-96

死亡 12, 17, 19, 23, 30, 39, 50, 56, 60, 63, 79, 87, 94, 101, 112, 119-126, 149, 153, 166

所指 17, 24, 55, 57, 60, 66-70, 74, 82, 88-89, 104, 108

他者/它者 9-12, 17, 40, 63, 65, 87, 91, 93, 102-103, 110, 112, 118-119, 123-133, 139, 143, 148-149, 153, 168-169, 174, 176-177, 180-182, 189-190

替补 6, 14, 34-37, 73, 76-77, 81-83, 86, 185

替罪羊 38-40, 149

同一 5-6, 9, 12, 15-17, 19-20, 22, 30, 52, 67, 69-70, 74-77, 83, 86-87, 99, 110, 113, 115-119, 123, 126-127, 131, 142, 147, 168, 180

图像 12-13, 15, 22, 137-138, 190-191, 193

托拉 8, 23, 99-101, 105-108, 110-111, 138-142, 144, 150

外部 19, 29, 38, 40, 63-64, 73, 122, 127, 187, 189

文本 3-4, 7, 9-12, 20, 23, 26-27, 38, 52, 54-57, 61-62, 65, 68-73, 78, 85-86, 91-93, 95-96, 98-99, 103-112, 118, 123, 125, 135-136, 138-142, 144, 146-148, 151-155, 166-175, 177, 181, 186, 188-189, 191-193

文学空间 6, 63-64, 123

文字 5-7, 13-18, 20, 23-35, 37-42, 45, 47, 50, 55-56, 58-61, 66, 68-69, 72, 74-75, 77-79, 83, 85, 87, 89, 93, 98-99, 103, 105-106, 108, 110, 116, 119, 135, 138, 140-141, 145, 149, 165, 168-169, 173, 178, 184-186, 188-193

文字学 85, 87, 93

物质性 7, 9, 15, 18, 23, 35, 55, 59-61, 67, 75, 80, 98, 138, 140, 184-187, 189, 191

误读 8, 27, 62, 143, 145-147, 166

希伯来 7, 96-98, 100, 102, 106, 108, 128, 134-138, 144-145, 151-152, 190

写作 1, 6, 41-44, 48-50, 58-59, 61-63, 73, 78, 112, 118-121, 154, 156-158, 162, 164-165, 167, 170, 172-173, 175-176, 178-180, 188-189

心境/心灵 5, 12, 14-15, 19, 21-22, 25,

28-29, 32-33, 38, 40, 45, 68, 70-72, 74-76, 106, 116, 125, 186, 191
形而上学 2-3, 5, 7, 14-15, 19, 24, 26-27, 54, 56, 65-68, 73, 76, 78-80, 82, 84-85, 87, 89-92, 94, 96, 99, 106, 116, 120, 135, 137, 149, 168, 185
形式 9, 11, 17, 22, 24-25, 27, 29-30, 32-34, 43-45, 47-53, 66, 68-70, 73-74, 76, 82, 84-85, 87, 94, 97-98, 101, 105, 107, 113-114, 117, 124, 128-129, 140, 142, 146, 149, 152, 163-164, 168, 174-175, 177, 186-187, 190-191
悬置 60, 64-65, 92
延异 7, 71, 77, 81, 84, 87-93, 116, 125, 140, 149, 189
言语 2, 5-6, 13-18, 21-22, 24, 26, 28, 30-32, 34-35, 37-41, 47, 49, 51-52, 58-59, 68, 71-72, 74-77, 79, 83-87, 89-95, 106, 111, 136, 138, 193
言语中心主义 6, 10, 76, 79-80, 93
药 14, 16, 18-19, 36-38, 40, 86, 88
移置 8, 68-69, 72, 95, 129, 134, 143-144, 271
异端 5, 8, 143-145, 147-148, 151-152
意义 1, 3, 7, 11-12, 15, 20, 22, 24-28, 30, 35, 39, 42, 45-46, 50-52, 55-57, 59-63, 66-67, 69-70, 72-80,

82-83, 85-97, 103-106, 108-112, 114, 116-118, 122, 125-127, 130-132, 134-138, 140-142, 145, 147-148, 150-152, 154, 159, 165, 168, 170, 173, 179-181, 184-187, 189-190, 192-193
意指 7, 15, 17, 21, 24-25, 29, 52, 55, 69-70, 74, 88-89, 102, 184, 186-187, 189
隐退 8, 102, 110, 120, 139, 147, 150-152
隐喻 16-17, 24, 38, 41, 69-72, 82, 84, 96, 148, 151, 168, 173, 188, 191
影响/影响的焦虑 8, 146, 159
犹太教/犹太性 5, 7-8, 20-24, 27, 93, 96, 98-101, 103-112, 134-151
语言 1, 6, 10, 15, 20, 25, 29-30, 32-35, 42-43, 45-54, 57-61, 63-64, 66-69, 75, 77-79, 85-86, 89, 93-98, 105, 108, 113, 117, 122, 129-131, 136-137, 141, 168-174, 176-179, 184, 188, 190, 193
欲望 9, 88, 120-121, 152-153, 166, 188-189
阅读 9, 23, 26, 30, 37, 40, 43-44, 48, 56-57, 61-63, 70, 72, 78, 86, 89, 93, 102-103, 105, 111, 119, 130, 141-142, 145, 147-148, 173, 175, 183, 186, 193
在场 1, 5, 7, 14-16, 18, 23-24, 26-28, 30-31, 34-37, 50, 60-62, 64, 70-

71, 74, 76-77, 80, 82-89, 91-93, 98, 102, 104, 112, 116-120, 127, 138-139, 147, 149-150, 190

责任 39, 42-43, 48, 50, 62-63, 102, 124-126, 128-129, 142, 182

正统 147, 151

政治学 9, 124, 126, 128-130

指号 74-75

中性 3, 6, 50-53, 64-65, 129, 158, 166, 183

注视/视觉 12, 15, 22-23, 29, 33, 35, 97-98, 127, 132, 138, 187, 190-191, 193

自我 5, 7, 9, 12, 26, 28, 31, 34-37, 60-61, 64, 69-71, 75, 77, 83, 86, 89, 91, 99, 103, 110, 112-120, 122-133, 139, 149, 151, 153, 156, 158,

160, 163-167, 172-174, 184, 187, 189-190

自传 112-114, 116-119, 122, 124-126, 131-133, 153

作家 10, 42-50, 53, 57-58, 62-63, 123, 130, 154-165, 167, 170, 172, 174, 176, 179, 181, 188

作品 3, 6, 14, 38, 40, 43-45, 47-51, 55-57, 60-63, 77, 95, 111, 114, 117, 120-125, 129-131, 133, 140, 156-158, 160, 163-165, 173-174, 177, 183, 192-193

作者/作者之死 6, 16-17, 26, 42-43, 46, 48, 50, 56-57, 61-62, 65, 78, 86, 95, 98, 104, 106, 109-110, 113, 115, 118, 120-123, 129-130, 141, 145, 159, 189